Propagande noire

Georges Fenech
Alexandre Malafaye

# Propagande noire

*thriller*

KERO

ISBN : 978-2-36658-027-3

« Il faut de la force assurément pour tenir toujours la balance de la justice droite entre tant de gens qui font leurs efforts pour la faire pencher de leur côté. »

Louis XIV

# 1

*Le suicide! Mais c'est la force de ceux qui n'en ont plus, c'est l'espoir de ceux qui ne croient plus, c'est le sublime courage des vaincus.*

Guy de Maupassant

*Vénissieux, banlieue sud de Lyon, le 15 novembre*

« Fous le camp ou j'appelle les flics! » gueule le patron.

Honteux, Francis Véry se tasse devant le comptoir, incapable de réagir ou de s'excuser à nouveau; les mots ne sortent plus, ses yeux ne lâchent pas le ticket de caisse : trois euros cinquante. Le prix d'un demi qu'il ne peut régler. La dèche, à un point jamais atteint! Même aux heures les plus sombres de son deuxième licenciement.

Puis, réalisant que le taulier va le jeter dehors *manu militari*, il recule vers la sortie sous le regard alcoolisé des derniers clients, trébuche sur le rebord du paillasson, ouvre la porte vitrée d'un geste maladroit et sort, oubliant sa casquette sur le bar.

Dehors, une pluie cinglante le trempe comme un chien et ajoute la désespérance à l'humiliation. De sa dignité d'homme et de travailleur, il ne reste rien. Il vient de passer une soirée à errer de rades louches en bouges minables, à la recherche d'une hypothétique solution, claquant ses ultimes euros en bière ordinaire et mauvais whisky.

Il est seul dans la rue et avance lourdement, sans même prendre la peine d'éviter les flaques. À quoi bon? L'eau glacée ruisselle sur ses cheveux et s'infiltre dans son cou, glisse le long de son dos et de ses jambes pour finir dans ses chaussures. Il grelotte des pieds à la tête et se mouche plusieurs fois avec les doigts, dans un geste qui, quelques heures plus tôt, lui aurait fait horreur. Le trajet lui semble interminable et il ne parvient pas à chasser de son esprit torturé l'enchaînement fatal qui a fait de lui un moins que rien.

Vers une heure du matin, hagard, semblable à un rescapé du *Titanic*, il arrive devant son HLM des Minguettes et jette un œil inquiet à la façade stalinienne ; au douzième, chez lui, il constate que toutes les fenêtres sont éteintes. Tant mieux.

Il entre dans le hall d'un pas chancelant, le traverse dans le noir et, comme toujours, l'horrible odeur mêlée d'urine froide et d'œuf pourri le prend à la gorge. Il emprunte l'ascenseur rouillé et, enfin, arrive sur son palier. La porte n'ayant plus de secret pour lui, il pénètre dans l'appartement sans bruit, abandonnant son imperméable trempé sur le sol, un geste singulier pour cet homme méticuleux.

La gorge nouée, il se dirige vers la chambre de ses deux fils, huit et cinq ans, les regarde dormir et, retenant ses larmes, les embrasse sur le front avant de retourner dans le salon. Là, il ouvre en grand la fenêtre principale, celle qui donne sur les monts du Pilat ; d'habitude, il aime les contempler, surtout lorsque le soleil couchant les nimbe de ses rayons rouge orangé. Mais cette nuit, le brouillard a cédé la place à des bourrasques de pluie qui s'engouffrent et lui fouettent le visage ; un froid de cimetière envahit la pièce, happant dans un tourbillon humide et glacé le voilage en nylon blanc.

Anxieuse et incapable de trouver le sommeil, sa femme l'a entendu arriver. Elle allume le plafonnier et le voit sursauter avant de se figer comme un cambrioleur pris la main dans le sac. Frissonnante, elle lit sur son visage tourmenté la lueur folle qui consume son regard. Il lui semble qu'il est possédé, qu'une force supérieure s'est emparée de son esprit.

Elle sait qu'il traverse une sale période mais ils n'ont pas pu en discuter, d'autant que sa nature à la fois introvertie et timorée ne le pousse pas aux confidences. C'est un faible. Pourtant, elle ne l'a jamais vu dans cet état d'agitation et de démence et elle a peur.

— Francis, ferme la fenêtre, on gèle !

Tétanisé, il ne répond pas, ses yeux sont fixés sur le crucifix qui orne le mur du fond. Elle amorce un pas dans sa direction et ce mouvement le fait sortir de sa transe mortelle. Quand il recule, elle comprend ce qu'il s'apprête à faire. Son sang se glace.

— Ferme la fenêtre... supplie-t-elle. S'il te plaît...

La prière de cette femme aimante, qui a toujours tout accepté, le trouble, mais sa décision est prise. Il puise dans ses ultimes ressources pour soutenir son regard alors que le sien se brouille de larmes.

— Je... J'ai fait de grosses conneries... Nous sommes ruinés ! Mais... mais ce n'est pas de ma faute... C'est eux, tu comprends... EUX !!! Les survivalistes ! Ce sont des monstres ! Simultanément, il se hisse sur le rebord de la fenêtre.

Elle le voit faire mais il est trop tard. Son hurlement précède le cri de l'homme qui, à l'image du Christ en croix, écarte les bras avant de basculer dans le vide.

Trente mètres plus bas, de la vie ordinaire de Francis Véry, il ne reste qu'un amas de chairs et d'os brisés sur la dalle de béton, battu par une eau glacée qui emporte avec elle le sang du martyr et l'infamie de son geste.

Dans la poche de sa veste, la police retrouvera une lettre adressée à sa femme, le récit d'un naufrage et le nom des coupables.

# 2

*L'art de plaire est l'art de tromper.*
Vauvenargues

*Lyon, le 8 décembre*

Talonnée de près par Blandine, sa meilleure amie, qu'elle dominait d'une tête, Gaëlle Le Goff se frayait péniblement un chemin au milieu de la foule compacte qui obstruait la rue de la République. Un peu angoissée par cette marée humaine, elle appréciait cependant le spectacle offert par les innombrables lumignons qui scintillaient aux fenêtres de l'artère la plus commerçante de Lyon.

Comme chaque année depuis 1852 et même davantage, si l'on en croit cette légende de la Vierge qui aurait protégé la ville de la peste au Moyen Âge, la Fête des lumières battait son plein, signifiant à la Mort que les Lyonnais ne formaient qu'une seule et même grande famille unie contre l'adversité. Un public très nourri irriguait les avenues, les quais, les rues et les places de la capitale des Gaules, passant d'une illumination à un concert organisé sur le parvis d'une église, d'un café plein à craquer à un spectacle occupant l'entrée d'une traboule, d'un marchand de vin chaud à la table d'un vendeur de hot-dog ou de kebab-frites ; les odeurs d'épices et de cannelle se mêlaient à celles des merguez et des saucisses aux herbes. Il était difficile de résister à la tentation d'une halte gourmande, trop calorique certes mais rudement bonne. Ce soir, le tablier de sapeur et le saucisson chaud avaient de la concurrence !

Gaëlle, qui avait vécu sa première Fête des lumières à l'âge de quatre ans sur les épaules de son père, ne ratait jamais l'événement. Aucun crachin, fût-il pénétrant et glacé comme ce soir, ne la rebuterait, ni elle, ni le million de Lyonnais et de touristes venus des quatre coins de France.

Après un dernier combat contre la foule, Gaëlle poussa enfin la porte du Grand Café des Négociants dont les boiseries, les hautes glaces et les moulures dorées rappelaient les plus belles heures du Second Empire. Un serveur en livrée guigna cette brune à l'allure élastique qui traversait la première salle bondée, mais il ignora Blandine qui la suivait comme son ombre.

Par chance, toutes les tables n'étaient pas prises côté bar et les deux amies furent ravies de pouvoir se poser. La soirée démarrait à peine mais le besoin d'un premier verre de condrieu se faisait sentir, pour se réchauffer et s'étourdir légèrement. Elles devaient aussi accorder leurs violons sur le programme des réjouissances avant de rejoindre leur bande de copains en boîte de nuit.

Ôtant sa doudoune et son écharpe, Gaëlle balaya la salle de ses yeux bleu ardoise, étirés vers les tempes, avec une pupille légèrement verticale, ce qui donnait à son regard une fixité semblable à celle d'un chat. Elle remarqua d'un même coup d'œil les visages déjà rougis – et pas seulement par le froid – et un couple d'une trentaine d'années qui s'installait à la table d'à côté.

Il avait l'air du *jeune cadre dynamique* et elle, de la Barbie de province. Bien au chaud dans une besace en cuir, un chihuahua dont seule la tête dépassait ne quittait pas sa maîtresse des yeux. Blandine se pencha vers Gaëlle.

— Tu as vu comme il est mignon ?

— Mauvaise pioche, ma vieille, il est déjà en main !

— Je parle du chien, idiote !

Comme le serveur se faisait attendre, leur voisin se leva pour commander et proposa aux filles d'en faire autant pour elles. En revenant s'asseoir, il raconta que le loufiat était sourdingue et qu'il n'avait pas été facile de mimer « deux condrieu, un martini et une bière... » Ça les fit rire et ils rapprochèrent leurs tables pour boire un verre ensemble.

Ils se prénommaient Jacques – « Mais appelez-moi Jack! » – et Marie-Rose. Il encadrait une équipe de commerciaux dans une société d'affacturage dont le nom leur était inconnu et sa femme – ils étaient mariés depuis cinq ans – travaillait au CHU de Lyon, comme infirmière dans un service de soins palliatifs. Attirées par sa spontanéité et son ton direct, les deux jeunes filles acceptèrent de se présenter. Elles s'étaient rencontrées au lycée La Martinière et, devenues inséparables, avaient poursuivi leurs études à l'université Jean-Moulin, en fac de lettres modernes. Troisième année. Gaëlle la Bretonne se destinait au journalisme, pour devenir « grand reporter dans un quotidien national », et Blandine la Lyonnaise, à l'enseignement.

Tout en les questionnant, « Jack » nota que la plus grande avait l'ascendant sur sa copine et que cette dernière se rongeait les ongles au sang. D'abord léger et volubile, Jack orienta petit à petit la conversation vers des sujets plus sérieux tels que la crise, le chômage des jeunes, l'avenir et l'absence de repères.

— C'est pas facile d'avoir vingt ans aujourd'hui, résuma-t-il. Pour trouver l'équilibre et surtout ne pas craquer, il n'y a qu'une solution, il faut d'abord apprendre à bien se connaître.

Il leur parla de spiritualité, d'harmonie, d'éveil, de morale, de développement personnel, de liberté de conscience, du don de soi, du salut de l'âme. Le propos était en décalage avec l'esprit de la fête, pourtant les deux amies l'écoutaient attentivement car il avait du bagou à revendre. Intriguée, Blandine finit par lui demander s'il était philosophe ou bien pasteur. « Ni l'un ni l'autre! » répondit-il avant de révéler que sa femme et lui appartenaient à l'Église des survivalistes depuis une dizaine d'années.

— Les survivalistes, s'exclama Gaëlle, mais c'est une secte!

— Tout de suite, les grands mots, modéra Jack. Nous sommes des millions à travers le monde et il n'y a qu'en France où nous sommes traités ainsi, à cause des catholiques qui veulent sauver leur monopole. Mais ça fait deux mille ans que leurs curés professent l'amour et quand on voit l'état dans lequel se trouve la société occidentale, on est en droit de s'interroger, vous ne croyez pas? En tout cas, on a le droit de chercher d'autres voies. C'est ce que nous avons fait avec Marie-Rose. Grâce au travail accompli sur nous-mêmes, nous vivons en paix avec les autres, même avec les curés! ironisa-t-il. Bref, nous sommes libres et nous n'avons plus peur.

Patiemment, il leur expliqua les origines du mouvement survivaliste, leur raconta l'histoire de son fondateur, Ernst Blake – un Américain « qui a su briser ses chaînes ».

Gaëlle se tenait sur ses gardes, mais elle dut admettre que le discours de Jack ne la laissait pas indifférente; par ailleurs, le couple sympathique qu'il formait avec Marie-Rose était à l'opposé de l'image qu'elle se faisait des membres d'une secte fanatique ou apocalyptique.

— C'est pas mal présenté votre affaire, et vous avez l'air bien dans vos baskets, admit-elle. Alors c'est quoi le secret, vous avez lu tous les livres bouddhistes, fait des stages intensifs de yoga, fumé du chanvre pour découvrir l'extase et écouté en boucle le chant des baleines?

Visiblement amusés par ces clichés, Jack et Marie-Rose échangèrent un clin d'œil complice.

— Le secret, confessa-t-il, c'est que chaque individu est différent, qu'il n'y a pas de réponse ni de solution toute faite. Il n'y a que le travail, la volonté farouche de survivre et la méthode mise au point par Ernst Blake. La première étape consiste à établir un diagnostic. C'est ainsi que nous avons commencé, Marie-Rose et moi. Vous voulez essayer?

— Ce serait drôle que nous trouvions la lumière ce soir! ricana Blandine.

— J'espère au moins que c'est gratuit votre truc! temporisa Gaëlle qui, influence paternelle oblige, se méfiait autant des religions et des sectes que des politiciens et des astrologues.

— Vous plaisantez! Bien sûr que c'est gratuit.

Puis, se tournant vers sa femme :

— Tu as ce qu'il faut avec toi?

Bousculant le mini-clebs, elle fouilla dans son sac et en sortit deux feuilles roses, avec en haut et à gauche, le sigle des survivalistes, un enlacement de la croix auréolée et du triangle inversé.

— C'est un test de personnalité très simple, indiqua-t-elle d'une voix douce. Il faut cinq minutes pour le remplir, il n'y a que des cases à cocher. Le plus important, c'est la spontanéité de vos réponses. Pour chaque affirmation, vous devez dire si vous êtes absolument, plutôt, pas vraiment ou pas d'accord du tout.

Gaëlle hésitait encore à se lancer mais elle voyait que Blandine était tentée, d'ailleurs, elle avait déjà commencé à lire le questionnaire. Finalement, l'amitié prit le dessus et elle leva son verre.

— Prête?

Elles trinquèrent, finirent le condrieu et se livrèrent à l'exercice.

D'emblée, Gaëlle fut surprise par la nature des propositions – *Les animaux sont du bétail... La vie est trop courte... Les marées ont une influence sur mon comportement... Les programmes de télévision sont de bon niveau... À quoi bon faire des enfants... La Bible est un cadeau de Dieu... Les hommes politiques nous disent la vérité... Le sexe est une impasse... J'ai peur des chiens... Le travail m'aliène... Prier ne sert à rien... L'astrologie est une science exacte... Le mariage est désuet... Les cadeaux entretiennent l'amitié... Les extraterrestres ne sont pas un mythe...* – mais elle fut encore plus décontenancée lorsqu'elle leva le nez de sa copie et constata que Blandine s'appliquait vraiment. Quant à Jack et sa femme, ils patientaient en silence.

*Bizarre tout ça...* songea Gaëlle soudain mal à l'aise.

Pressée d'en finir, elle cocha les cases presque au hasard et termina la première.

Marie-Rose attendit que Blandine eût fini pour relever les questionnaires qu'elle parcourut rapidement tandis que ses lèvres allaient et venaient dans une moue dubitative.

— À première vue, annonça-t-elle, c'est... comment dire? Plutôt catastrophique!

*Tu m'étonnes que c'est cata!* pensa la jeune Bretonne. *Comme si un autre verdict était possible!*

— Vraiment? s'inquiéta Blandine alors que Gaëlle laissait échapper un bâillement forcé.

— Oui, mais c'est normal, il ne faut pas vous inquiéter, nous sommes tous passés par là. Maintenant, il me faut un peu de temps pour analyser vos réponses et établir votre profil psychologique. Passez me voir demain en fin de journée, je vous donnerai les résultats.

Elle posa devant Blandine, qui l'empocha aussitôt, une carte sur laquelle étaient notées ses coordonnées.

— Si nous ne voulons pas rater le début du spectacle, nous devons y aller, ma chérie, dit Jack en regardant sa montre d'un air détaché.

Il insista pour régler la tournée, le couple se leva et avec chaleur, Marie-Rose renouvela son invitation pour le lendemain.

Dès qu'ils furent partis, Gaëlle commanda deux autres verres de vin. Elle était trop contente de s'être débarrassée de ces enquiquineurs, ils avaient plombé l'ambiance !

— Ça va ? demanda-t-elle en constatant l'expression absente de Blandine.

— Oui, oui…

— Ne me dis pas que tu iras chercher tes résultats ?

— Et pourquoi pas ?

— Ce sont des charlatans ! Et ne compte pas sur moi pour t'accompagner. Mais si tu es bien sage ce soir, demain je t'achèterai l'horoscope…

— C'est ça, oui… répliqua Blandine en lui tirant la langue.

Gaëlle lui sourit puis évoqua le programme de la soirée. Il était temps de plonger dans la fête !

# 3

*Du combat, seuls les lâches s'écartent.*

Homère

*Lyon, lundi 7 janvier*

Déjà un quart d'heure de retard !

Agacé, une pinte de Guinness vide posée devant lui et *Le Progrès* ouvert sur la page qui lui était consacrée, Renan Le Goff attendait dans un coin discret de la brasserie O'Conway's, une imitation de pub irlandais jouxtant la gare de la Part-Dieu.

En vérité, il n'était pas enthousiasmé par l'idée de rencontrer cette Lisa Brioni, représentante de la Mission interministérielle de lutte contre les sectes (MILS) qui avait recommandé la plus grande discrétion pour leur entrevue. Voulait-elle, comme les autres, le dissuader de poursuivre ses investigations sur les survivalistes ? Au point où il en était, rien ne pouvait plus l'étonner, mais il redoutait que l'affaire ne se compliquât davantage avec l'intervention de cette mission gouvernementale qui dépendait directement du Premier ministre. Dès lors, il regrettait qu'Agathe, sa greffière depuis cinq ans, ait accepté de prendre ce rendez-vous non officiel. En vieille habituée des coups tordus réservés à son juge, Agathe avait cependant vérifié : il y avait bien une Lisa Brioni à la MILS.

*Ça sent le lapin… Cinq minutes de plus et je me tire !* pesta-t-il en regardant sa vieille Omega Seamaster pour la énième fois.

Trois ados encapuchonnés entrèrent dans le pub en roulant des mécaniques et marchèrent dans sa direction. Il les fixa du regard et, après une courte hésitation, ils choisirent un endroit éloigné du sien pour se poser. Avec son physique à la Kersauson, qui marquait naturellement la distance, les traits taillés à la serpe et la tignasse au vent, il ne risquait pas d'être importuné, même dans le plus mal famé des bars lyonnais. D'autant que le métier qu'il exerçait avec passion avait plutôt tendance à stimuler son autorité naturelle que beaucoup prenaient pour de l'arrogance.

Renan Le Goff était juge d'instruction.

Pour la grande majorité des Français, le juge d'instruction n'est qu'un des innombrables maillons d'une justice à l'organisation incompréhensible. Mais dans les faits, à partir du moment où il se voit saisi d'une affaire, le juge devient tout-puissant ou presque – super-flic et inquisiteur –, indéboulonnable, souverain dans ses décisions, seul habilité à délivrer des commissions rogatoires, à autoriser une surveillance ou une mise sur écoute, à ordonner des perquisitions tous azimuts (même dans un ministère), à décider du contrôle judiciaire et du placement en détention provisoire, à fixer les cautions, à interdire un lieu ou une fréquentation à des « suspects mis en examen ». Bref, armé du code pénal, son plus précieux auxiliaire, il détient le pouvoir de faire ou défaire des vies et des carrières, fussent-elles brillantes.

Renan avait pleinement conscience de ses écrasantes responsabilités et les prenait – il dormait avec ! – en loup solitaire, animé par un instinct de chasseur et un sens aigu de la justice, surtout lorsqu'il s'agissait de défendre le faible contre le fort, le pauvre contre le riche, le petit délinquant contre un système de plus en plus répressif.

Vers dix-neuf heures, il se décidait à partir lorsque la vibration du portable annonça un SMS.

*TGV en retard, serai là d'ici dix minutes. LB*

Qui lui avait communiqué son numéro ? Certainement pas Agathe.

*Pas normal, ça.*

Il comptait bien le lui demander, de même qu'il exigerait de voir sa pièce d'identité. Hors de question qu'il se fasse piéger par une usurpatrice car il ne savait pas à quoi ressemblait cette « LB ».

*Et même pas un mot d'excuse...* déplora-t-il, *aucun savoir-vivre...*

En attendant, il relut *Le Progrès* et son article en page deux, intitulé : « Suicide de Francis Véry : le juge Le Goff tient les survivalistes dans son viseur ! »

Renan n'était pas fâché de mettre la pression sur la secte et espérait bien faire mordre la poussière à ces dangereux manipulateurs de conscience, véritables escrocs déguisés en prédicateurs de l'apocalypse et en apôtres de l'harmonie cosmique ! Mais pour cela, il devait réunir suffisamment d'éléments qui prouveraient la nature criminelle de leurs activités. Or, plus il voulait en apprendre et plus les portes se fermaient. Ses contacts à la DCRI étaient restés évasifs, laissant entendre qu'ils n'avaient pas de dossier sur les survivalistes. Même le directeur des cultes au ministère de l'Intérieur, qu'il avait sollicité, persuadé qu'il obtiendrait un soutien de ce côté-là, lui avait conseillé de « laisser tomber » avant d'ajouter « ça ne nous concerne pas ». Renan s'était lourdement trompé.

Pire, en abordant le sujet avec des psychiatres pourtant habitués à traiter les cas de manipulation mentale, il avait perçu chez eux une réelle appréhension. À chaque fois, il était bien accueilli par les experts mais dès qu'il prononçait le nom des survivalistes, les visages et les lèvres devenaient muets. *Il y a quelque chose de pourri au royaume de la laïcité*, avait-il fini par conclure.

Il avait cru toucher le fond après le bref entretien que lui avait accordé un membre du Conseil constitutionnel. Mi-décembre, cet éminent juriste, proche du président, avait publié une tribune dans un grand quotidien national pour défendre les sectes et les placer sur un pied d'égalité avec les grandes religions, dès lors qu'une organisation disposait de croyances, de temples et de rites pour exercer son ministère. Il avait reçu le juge lyonnais à peine dix minutes au Café Marly, au cœur du Louvre, et n'y était pas allé par quatre chemins : « Le Goff, votre enquête ne repose sur rien. Un magistrat de votre trempe ne se laisse pas abuser par le suicide d'un individu dépressif... Vous perdez votre temps mon vieux et allez faire grincer des dents en haut lieu, à Paris et même à Washington! » Avant d'ajouter pompeusement : « Croyez-en un vieux sage de la République, rendez une ordonnance de non-lieu et occupez-vous des dossiers sérieux! Je crois savoir que vous n'en manquez pas... »

D'autres que lui se seraient couchés, par peur ou par ambition. Mais c'était mal connaître Renan Le Goff dont l'engagement dans une affaire était proportionnel à la résistance qu'on lui opposait. Plus obstiné, plus intraitable et plus incontrôlable, y'a pas! colportait la rumeur avant de rajouter que cet intrépide « dégainait les mandats de dépôt plus vite que son ombre »! De fait, il n'était pas rare de voir des individus trembler et même pleurer avant de pénétrer dans son bureau. On le prétendait incorruptible, insensible aux pressions. Ses origines bretonnes – le Finistère! –, un père marin-pêcheur et une éducation chez les Frères de Ploërmel n'étaient certes pas étrangers à sa détermination et à sa pugnacité. Toutefois, cette réputation de « juge de fer », même si elle le servait, ne lui plaisait pas car elle occultait la dimension quasi chevaleresque de son engagement. Il n'était pas sévère par goût, mais par nécessité, et la justice des hommes, la vraie, avait nécessairement du cœur.

Seul défaut de la cuirasse : les femmes. Renan était un séducteur impénitent. À quarante-cinq ans, il aimait le beau sexe, jeune de préférence, tombait amoureux comme une midinette, pouvait bâtir des châteaux en Espagne et divorcer six mois après avoir convolé en justes noces. À trois reprises déjà, il avait déchiré son contrat de mariage et noirci les pages de son livret de famille. Avec chacune de ses ex, il conservait de bonnes relations, sauf avec la mère de sa fille qui avait cru à la passion éternelle.

Devant ses rares amis, il vantait avec drôlerie les civilisations qui avaient adopté la polygamie, se présentait en victime de ses bons sentiments et se comparait volontiers à un Adam parachuté dans une pommeraie. « Comment résister à la tentation? »

Dans le fond, le Breton était un gentil, mais il fallait être l'un de ses intimes pour le découvrir.

Il était dix-neuf heures quinze quand Lisa Brioni pénétra dans le pub. Elle pensait n'avoir aucun mal à repérer Renan Le Goff mais avec le choc thermique – un froid mordant venu de Sibérie s'était abattu sur la France – ses lunettes se couvrirent de buée. Elle les retira, souffla sur les verres pour dissiper la condensation et aperçut enfin le juge occupé à lire le journal. Il lui parut plus vieux que sur la photo de son dossier personnel tenu par la chancellerie, pavé de dix centimètres qu'elle avait pu consulter à titre officieux. Mais elle l'aurait reconnu sans cela pour l'avoir déjà vu à la télévision, participant à des émissions sur la justice au cours desquelles son engagement syndical à gauche et son franc-parler faisaient de lui un contradicteur redouté et un chouchou des journalistes.

Bref, elle s'apprêtait à rencontrer un magistrat jugé « difficile » par sa hiérarchie et abordait la confrontation avec une certaine anxiété, d'autant que la réputation de ce « Casanova ! » – un commentaire manuscrit inclus dans le dossier – risquait de lui compliquer la tâche. Elle devait conserver l'ascendant sur Renan Le Goff et contrôler l'entretien pour parvenir à ses fins.

Lisa avança, répétant une dernière fois son entrée en matière.

Enfin, elle arriva devant lui, posa sa mallette à même le sol et tendit une main ferme.

Concentré, Renan interrompit sa lecture, leva les yeux sur l'ombre qui le dominait et eut une bonne surprise qu'il dissimula tant bien que mal. Il s'attendait à rencontrer une bureaucrate austère et poussiéreuse, genre ancienne de l'École des douanes… mais non. Il avait devant lui une agréable jeune femme au teint mat coiffée d'une longue natte brune. Ses lunettes à montures d'acier lui donnaient un air chaste qui contrastait avec son allure sportive et décontractée.

Il se leva, marmonna un « bonjour » en serrant la poigne énergique de cette fonctionnaire plutôt glamour tandis qu'elle se présentait en deux phrases lapidaires : « Bonjour monsieur le juge. Lisa Brioni, je suis secrétaire générale adjointe de la MILS. Pardon du retard et de cette convocation inhabituelle. »

Il voulut l'aider à enlever son manteau mais elle refusa tout net d'un mouvement qui manifestait une intention de garder ses distances. Alors il en profita pour regarder ses fesses, lorsqu'elle se tourna afin d'accrocher sa pelisse à un portemanteau.

Elle s'installa sur une chaise, l'invita à en faire autant – un comble ! – et posa sur la table un bloc-notes à feuilles jaunes et un stylo-plume, ostensiblement impatiente de rentrer dans le vif du sujet. À peine eut-il le temps de commander deux kirs, il en oublia même de lui demander la façon dont elle avait obtenu son numéro de portable ou de justifier de son identité.

— En préambule, j'ai plusieurs questions à vous poser, annonça Lisa Brioni.

— D'habitude, c'est moi qui les pose !

— Pas cette fois, désolée, lui opposa-t-elle, bien décidée à le contrer. Mais si vous préférez, nous pouvons en rester là, je serai de retour chez moi plus tôt et votre enquête se soldera par un échec cuisant. Soyons clairs monsieur le juge, vous avez besoin de la MILS, mais la MILS peut se passer d'un magistrat orgueilleux !

L'attaque était directe et Renan serra les mâchoires. Surtout, une question se posait avec acuité : pouvait-il avoir confiance en cette femme ? Au point où en était l'instruction, que pouvait-il lui arriver de plus, si ce n'est de recevoir une nouvelle exhortation à classer l'affaire ? Hélas, cette fois, elle viendrait de l'organisation censée combattre les sectes.

— Allons-y...

— Merci. En premier lieu, j'aimerais comprendre pourquoi un juge du pôle financier du TGI de Lyon se voit saisi d'une banale affaire de suicide.

Au sein de la magistrature, le pôle financier tout comme celui de l'antiterrorisme fait partie des plus prisés par les juges d'instruction.

— C'est un hasard. J'étais de permanence lorsque la plainte de Chantal Véry nous a été transmise et je ne me suis pas attardé dessus. Ce n'était qu'un suicide et même si la veuve brandissait ses relevés de compte à découvert et la lettre de son mari accusant les survivalistes, j'avais d'autres chats à fouetter et quelques gardés à vue à auditionner avant les fêtes de fin d'année... Le dossier Véry s'est retrouvé sous une pile.

Il s'interrompit, pas vraiment fier de ce qu'il venait de raconter, car cela reflétait la réalité ordinaire et quotidienne des magistrats instructeurs. En raison des faibles moyens de la justice et de l'archaïsme de son fonctionnement, les juges français en étaient réduits à se montrer très sélectifs dans la gestion de leurs priorités, ce qui n'était pas sans conséquence pour les justiciables et leurs victimes.

Comme il tardait à reprendre le fil de son récit, elle le relança, évitant toutefois d'user de son tic favori pour bousculer un collaborateur ou un témoin : tapoter deux ou trois fois du bout des doigts sur la table.

— Et... ?

— Il y a eu un article dans *Le Progrès* intitulé « Plongée au cœur d'une secte », reprit-il. Le journaliste, que j'ai entendu depuis, a réussi à se faire recruter par une organisation concurrente des survivalistes. Plusieurs mois durant, il a suivi le cursus réservé aux nouveaux adeptes. Ce qu'il décrit correspond en tout point aux étapes de la descente aux enfers de Francis Véry, un pauvre type trop crédule qui s'est fait plumer par la secte. Véry a d'abord englouti ses économies puis souscrit plusieurs crédits et au total déboursé vingt-cinq mille euros jusqu'au jour où il s'est retrouvé à sec. Les survivalistes se sont alors comportés de façon radicale. Pas d'argent, pas de progression spirituelle ! Dépressif et ruiné mais pas totalement idiot, Véry a compris l'escroquerie et opté, un soir de folie, pour le suicide afin d'échapper à la honte et aux créanciers.

— Des cas comme celui-là, nous en recensons des dizaines chaque année, déplora Lisa Brioni, mais aucune enquête n'a abouti, les victimes se désistent, parfois elles disparaissent. Et si je comprends bien, sans cet article, l'affaire serait tombée dans l'oubli, une fois de plus...

Lisa Brioni se détendait un peu devant l'attitude conciliante du Breton. Jusque-là, il lui confirmait ce qu'elle savait déjà, la MILS s'étant procuré en secret une copie du dossier de l'instruction.

Elle goûta le kir et, de la pointe de sa langue, fit durer la saveur épicée-sucrée sur ses lèvres.

— C'est hélas très vraisemblable, confirma Renan qui n'avait rien perdu du spectacle. J'ai ressorti la plainte, entendu la veuve Véry, délivré plusieurs commissions rogatoires aux enquêteurs de la PJ et nous avons rapidement démonté le système financier des survivalistes à Lyon, une escroquerie redoutable fondée sur l'endoctrinement et l'emprise mentale.

— Là-dessus, nous sommes bien d'accord, mais si vous voulez faire tomber la secte, il va falloir prouver le caractère criminel de son projet et ne pas vous contenter des agissements douteux de quelques membres qui seront lâchés et désignés comme des brebis galeuses dès que vous aurez rédigé vos ordonnances de renvoi.

Lisa Brioni disait vrai, Renan dut se résoudre à l'admettre. À ce stade, il ne pouvait que traduire deux ou trois lampistes lyonnais devant un tribunal correctionnel – même pas les assises. Ça n'irait pas très loin. Il en savait si peu à propos des sectes en général et des survivalistes en particulier qu'il sentit la contrariété l'envahir. À moins que Lisa Brioni ne soit une envoyée de la providence, il n'arriverait à rien.

Il vida la moitié du kir et prit l'initiative de la conversation.

— Comment avez-vous découvert l'affaire Véry?

— La MILS est très bien renseignée. Nos services effectuent une veille nationale et internationale; rien de ce qui concerne les sectes, de près ou de loin, ne nous échappe. Vous ne le savez peut-être pas mais la France est la seule à disposer de ce genre d'organisation. Dans notre pays, la menace sectaire est prise très au sérieux.

— Voilà qui est difficile à croire! la contra-t-il. Jusqu'à présent, l'État et ses représentants m'ont plutôt mis des bâtons dans les roues.

— Ça n'a rien d'étonnant. L'ennemi est puissant, très bien organisé et infiltré dans tous les rouages de l'appareil politique. Ce n'est pas par hasard que nous sommes rattachés au Premier ministre, une position qui donne à la MILS une grande liberté d'action que beaucoup nous envient.

À l'expression incertaine qu'affichait le juge, Lisa Brioni sut qu'elle ne l'avait pas convaincu.

— En vous installant si près de lui, le gouvernement a peut-être fait un autre calcul, répliqua-t-il en levant un doigt accusateur. Celui de vous contrôler !

— Mais dans quel but ?

— Tout savoir pour ensuite éliminer les trublions dans mon genre. N'est-ce pas cela qui vous amène aujourd'hui ?

Déstabilisée par ces propos, elle secoua la tête, leva les yeux au ciel et dans le mouvement, une mèche de cheveux se détacha, lui barra le front et traversa son champ de vision.

— Vous êtes trop parano, vous !

Inutile de poursuivre dans cette voie, se dit-elle en plongeant la main dans sa mallette pour en sortir une grosse enveloppe kraft qu'elle posa devant lui.

— Vous vous trompez sur mon compte, Renan. Je suis votre alliée et ceci devrait vous en persuader.

Elle l'avait appelé par son prénom, spontanément, et s'en mordit aussitôt les doigts, craignant qu'il n'interprète cette marque de connivence comme un excès de familiarité. Leurs regards s'affrontèrent quelques secondes. Elle se félicita intérieurement de son flegme et poursuivit sur un ton plus impatient.

— Cette enveloppe est pour vous mais laissez-moi vous dire deux choses. D'abord, la MILS niera que nous nous sommes rencontrés et que ces documents proviennent de notre service. Ensuite, je dois vous mettre en garde. Êtes-vous certain de vouloir aller au bout de cette enquête ?

— Je n'ai jamais reculé et je n'ai pas l'intention de commencer ce soir !

— Bien sûr… mais avez-vous déjà entendu parler de la propagande noire ?

— Jamais. De quoi s'agit-il ?

— D'une méthode mise au point par les survivalistes pour se débarrasser de leurs adversaires. C'est redoutable. Croyez-moi, ils ne vous feront aucun cadeau !

D'un geste, elle retourna le journal et lut à l'envers le titre de l'article consacré à l'affaire Véry :

— Les survivalistes ont Le Goff dans le collimateur! Voilà ce qu'il faut comprendre. Même Berthoux, votre procureur, a reçu des instructions de la chancellerie pour vous surveiller de près. Au moindre faux pas, il vous aligne! Les coups peuvent aussi venir de la DCRI.

— Vous n'exagérez pas un peu?

Renan aimait de moins en moins la tournure que prenait la discussion et craignait de comprendre la manœuvre de la représentante de la MILS.

— Ne sous-estimez pas les survivalistes! Ernst Blake, leur président, a le bras si long qu'il pourrait tenir la main du ministre de la Justice et le forcer à signer votre mutation à Saint-Pierre-et-Miquelon!

Un instant, l'image laissa le Breton songeur. Et Lisa Brioni d'enchaîner, en tentant de coincer sa mèche rebelle derrière son oreille.

— Sur le papier, vous êtes peut-être inamovible[1] mais vous n'êtes pas à l'abri d'une révocation disciplinaire! À la moindre erreur, le Conseil supérieur de la magistrature vous sanctionnera. Vous ne pourrez pas dire que vous n'avez pas été prévenu. Renan, je vous le répète, vous risquez gros! Si vous laissez tomber, personne ne s'en offusquera.

D'une simple phrase, elle venait de tendre la corde à se rompre. La goutte qui fait déborder le vase.

— J'en étais sûr! explosa Renan. Vous jouez à me faire peur pour que je renonce. Bravo! Vous êtes très douée et vos supérieurs savaient ce qu'ils faisaient en vous envoyant!

Déjà, il était debout et sortait de sa poche un billet de vingt euros pour régler les boissons. Au même moment, elle mit la main sur la sienne, exerçant une pression franche. Il s'immobilisa. Jusque-là, le bruit des autres conversations couvrait la leur, mais de colère, le juge avait élevé la voix et quelques têtes s'étaient tournées vers eux.

1. À la différence des magistrats du parquet (substituts, procureurs et avocats généraux notamment) qui représentent le ministère public et dépendent du garde des Sceaux, ceux du siège (les juges, les vice-présidents et les présidents de tribunaux) ne peuvent faire l'objet d'aucune évolution de carrière sans leur total assentiment.

— Asseyez-vous, s'il vous plaît… Ne partez pas maintenant, ce serait dommage, insista Lisa Brioni.

Pour la deuxième fois, leurs regards s'affrontèrent ; la tension entre eux était palpable. Il la vit écarter sa mèche d'une main nerveuse et fut sensible à ce geste qui trahissait un manque d'assurance. Se trompait-il à son sujet ?

— Vous combattez vraiment les sectes à la MILS ? demanda-t-il, hésitant sur la conduite à adopter.

— Oui, et le contenu de cette enveloppe vous le prouvera !

— Pourquoi moi ?

La question était agressive, il voulait comprendre.

— Parce que… vous avez une très mauvaise bonne réputation, improvisa-t-elle.

La flatterie n'avait aucun effet sur Renan Le Goff ; il appréciait cependant de savoir que son intransigeance, sa rigueur et son intégrité suscitaient la crainte de sa hiérarchie et des politiques.

— Mais encore ?

— Dans cette affaire, il n'y a que des coups à prendre. Une fois la partie lancée, plus rien ne pourra l'arrêter. Pour l'instant, nous n'en sommes qu'aux préliminaires, si vous voyez ce que je veux dire…

Il voyait très bien et se rassit, autant l'écouter.

— Pour vous, je suis donc l'homme de la situation ?

— Mon président et moi l'espérons. De cette affaire, vous ne sortirez que de deux façons, en vainqueur avec les honneurs ou les pieds devant, couvert de honte, au mieux sans travail et au pire dans le cimetière de votre patelin natal.

*Quelle perspective !* songea Renan à qui personne n'avait jamais tenu un tel discours.

— Un combat à mort, en quelque sorte. C'est la secte ou moi. Et vous avez supposé que j'allais me dégonfler ?

— Je ne suis pas là pour penser et encore moins décider à votre place.

— En définitive, vous comptez m'utiliser.

— On peut voir ça comme ça, oui… À vous le sale travail et à nous de vous aider.

Le juge se vit dans le rôle d'Hercule face aux écuries d'Augias. Les références mythologiques lui avaient toujours plu, mieux, elles l'inspiraient. Il prit la seule décision qui s'imposait et, en gage de sa collaboration naissante avec la MILS, leva son verre pour trinquer avec Lisa Brioni dont il perçut le soulagement.

*Le Goff a accepté. Ouf! Mission accomplie*... songea-t-il ironique en lui adressant le premier sourire de leur entrevue.

Il commanda deux autres kirs; puis il mit sa large main sur l'enveloppe et la fit disparaître sous le journal, comme l'aurait fait un magistrat ripoux empochant un pot-de-vin. Un geste anodin en apparence mais qui risquait de changer sa vie, et pas seulement la sienne. Avait-il suffisamment réfléchi? Dans son esprit, la question ne se posait pas en ces termes. La justice devait passer, coûte que coûte.

— Bon... Et si vous me disiez plutôt ce que contient ce paquet. J'en ai pour toute la nuit à éplucher vos documents...

— Ils proviennent de Matignon, de la DCRI et de nos postes diplomatiques à l'étranger; pour certains, ils sont classifiés « secret défense ». Tout d'abord, vous trouverez un texte écrit par les survivalistes et consacré à la fameuse propagande noire.

— Ce qui m'attend, en quelque sorte...

Lisa ne releva pas et, du même coup, renonça à coincer cette maudite mèche.

— Ensuite, il y a une copie du rapport Megiddo[1] établi par le FBI.

— Que vient faire le FBI ici? s'étonna le juge. Depuis quand la police fédérale enquête-t-elle sur les sectes?

— Avant de vous répondre, laissez-moi planter le décor. Pour nos amis américains, la liberté religieuse est un droit fondamental qu'ils entendent faire respecter chez eux, mais aussi dans tous les pays sur lesquels ils exercent leur *influence naturelle*. Le fait que la France dispose d'une organisation comme la MILS indispose très sérieusement Washington.

— Dès lors, intervint Renan, j'imagine qu'une enquête diligentée par un *petit juge français* contre une secte américaine

1. Megiddo est le nom d'une colline de Palestine et sert de base étymologique au mot hébreu Armageddon qui désigne le lieu du combat ultime entre le Bien et le Mal.

emblématique ne peut qu'agacer l'Oncle Sam. Mais pourquoi le FBI s'en mêle-t-il ?

S'il prenait la pleine mesure de son problème et se voyait dans la peau d'un juge laïque, seul avec son code pénal, pour affronter un régiment de GI gavés d'hosties, il ne comprenait pas le rôle de la police fédérale dans cette affaire. Ce n'était pas logique.

— Les États-Unis ont beau être la patrie des gourous exaltés, des prédicateurs millionnaires et des courants évangélistes les plus délirants, le FBI fait son travail. Tout a commencé avec l'approche du passage à l'an 2000. À cette époque, les spéculations les plus folles ont circulé et de nombreux mouvements millénaristes ont recruté en masse. Certains ayant développé des idéologies violentes, racistes ou anti-gouvernementales, Louis Freeh, alors directeur du FBI, a estimé qu'ils représentaient une menace terroriste et les a fait surveiller de près.

— Tout ça, c'est de l'histoire ancienne !

— Pas tant que ça. Comme les craintes millénaristes se sont révélées fausses, les gourous ont rebondi, c'est même l'une de leurs spécialités. Il faut dire que les prédictions apocalyptiques sont abondantes. Depuis deux mille ans, toutes civilisations confondues, nous avons dénombré cent quatre-vingt-quatre dates annonçant la fin du monde.

— Rien que ça !

Bien qu'habitué aux manipulations en tout genre, Renan était loin d'imaginer un tel nombre.

— Sachant que cent quatre-vingt-trois sont déjà derrière nous... Aujourd'hui, c'est le 21 décembre 2012 qui concentre toutes les attentions. Selon certaines interprétations du calendrier maya, cette date coïncide avec un alignement particulier des planètes de notre Système solaire qui provoquera un cataclysme majeur à côté duquel le dernier tsunami au Japon sera relégué au rang de vaguelette, si bien sûr il reste quelqu'un pour établir une comparaison.

— Avec ma fille, nous avons vu *2012*, le film de Roland Emmerich, se souvint Renan, mais à l'époque, je n'avais pas fait le lien avec les survivalistes ni pris au sérieux ces théories apocalyptiques.

— Il s'agit pourtant du nouveau fonds de commerce des sectes !

— Que savez-vous des survivalistes à la MILS ?

— Beaucoup de choses. Ils sont trois millions rien qu'aux États-Unis. Leurs églises sont implantées dans cent quatre-vingts pays et recrutent à tour de bras au sein des populations désorientées par les dérives mercantiles de la société post-industrielle, le règne de l'argent et l'effondrement des valeurs morales. En outre, la secte a réussi à convertir plusieurs acteurs célèbres qui se comportent comme des ambassadeurs.

— Et leur chef ?

— Ernst Blake est la clé de voûte de l'organisation. Il se présente comme le fondateur du mouvement mais il n'a fait que reprendre à son compte l'idéologie et les méthodes d'un prédicateur des années cinquante, Barnaby Huron. C'est un homme d'affaires avisé qui se comporte en véritable tyran envers son entourage qu'il met à l'épreuve, souvent de façon grotesque. Mais ça marche ! Des gens sont prêts à mourir, ou à tuer, pour faire partie de son premier cercle.

Pour Renan, cet échange constituait une première depuis le début de l'affaire Véry : enfin, il obtenait de l'aide, un soutien précieux qui allait lui permettre de relancer son enquête. Et en prime, l'informateur était à son goût. Ça changeait ! Il aurait bien prolongé l'audition ailleurs que dans un bar.

— Comment les survivalistes recrutent-ils ? demanda Renan en conservant cette expression indéchiffrable qui mettait témoins et suspects si mal à l'aise.

— Ils disposent de commerciaux payés à la commission qui ciblent leurs proies et exploitent la fragilité passagère ou permanente des individus.

— Les survivalistes ne sont pas les seuls à utiliser la recette que je sache. Alors comment expliquez-vous leur réussite ?

— La personnalité de Blake y est pour beaucoup et les puissants soutiens qu'il a obtenus à Washington et dans le show-business font la différence.

— Que professe sa doctrine ?

— À l'origine, l'homme est bon mais il est victime d'influences néfastes qu'il faut identifier et neutraliser.

— Rien de très nouveau sous le soleil depuis Rousseau ! relativisa Renan.

— Certes. Mais l'auteur du *Contrat social* n'était pas un escroc ! Moyennant finance, les survivalistes vous proposent de suivre un premier cycle destiné à vous purifier et à vous libérer de vos entraves. L'objectif affiché est de préparer le salut de votre âme et d'assurer sa survie car il est affirmé que seuls les « êtres éveillés » accéderont à la vie éternelle. C'est un processus long, raison de plus pour ne pas différer votre engagement car l'apocalypse est pour bientôt ! Il y a huit degrés pour parvenir à l'état de « grâce cosmique ». Des victimes racontent qu'il faut débourser quatre cent mille euros pour parvenir au sommet de la pyramide.

— Pas mal... Et à part cette filière qui constitue apparemment la base de son financement, la secte dispose-t-elle d'autres sources de revenus ?

— Oh que oui ! Blake est un malin, il exploite à fond les peurs apocalyptiques. L'une de ses sociétés construit de gigantesques bunkers capables de résister à la fin du monde. Le plus vaste est implanté dans l'Arizona. Chaque place coûte cinquante mille dollars et des Américains par milliers ont déjà craché une telle somme. Il en bâtit un autre, très luxueux cette fois, dans un silo nucléaire désaffecté et là, chaque appartement coûte un million et demi de dollars ! Aux dernières nouvelles tout serait vendu. Une de ses compagnies installe aussi des bunkers à domicile et en a déjà commercialisé plus de dix mille.

— Mais comment fait-il pour tromper autant de monde ? s'étonna Renan.

— Il redistribue ! Pour s'acheter une respectabilité, Blake dépense sans compter dans des opérations à caractère humanitaire, pour l'éducation, la prévention, la réinsertion, etc. Mais en réalité, il autoalimente son propre système. C'est très judicieux. En parallèle, il sponsorise ses alliés politiques et dépense sans compter pour faire taire ses opposants. Voilà donc l'organisation que vous entendez défier, monsieur le juge!

— Et que je vais vaincre, soyez-en sûre!

Lisa lut l'heure sur la montre du juge et termina son verre.

— Je vous laisse découvrir le reste, toute la réalité sans fard... Toutefois, j'attire votre attention sur un sondage récent[1] : quarante et un pour cent des Américains s'attendent à un retour du Christ avant 2050 et cinquante-huit pour cent prennent l'apocalypse au sérieux. Je dois y aller, conclut-elle, mon train part dans quinze minutes. J'espère que l'aide de la MILS vous sera utile.

— Vous ne soupçonnez pas à quel point! Un dernier conseil, si je veux m'intéresser au calendrier maya et à cette annonce de fin du monde, vers qui dois-je me tourner?

— Vous avez du temps à perdre?

— Pas vraiment, mais ma fonction m'oblige à instruire à charge et à décharge. Je dois douter de tout, y compris de mes propres convictions.

Une démarche complexe pour qui voulait la respecter à la lettre et dont la dimension schizophrène n'était pas sans rappeler *Le Joueur d'échecs*, un de ses livres cultes.

— Dans ce cas... Le mieux placé pour vous renseigner s'appelle Don Alessandro. C'est un universitaire mexicain, un type parfois extravagant mais très érudit.

— Où puis-je trouver cet... expert?

Elle s'était levée et lui répondit tandis qu'elle enfilait sa pelisse.

— À l'ambassade du Mexique à Paris. Il occupe un poste d'attaché culturel. Mais ne vous y trompez pas, Don Alessandro est peut-être excentrique, il n'en reste pas moins une sommité mondialement reconnue dans son domaine. Nous le consultons souvent.

Renan la raccompagna jusqu'à la porte du pub.

— Nous restons en contact, mais faites bien attention à vous.

Elle ponctua cet ultime avertissement en posant sa main sur le bras de Renan qui apprécia ce geste inhabituel venant d'une femme qu'il voyait pour la première fois.

1. Sondage publié par le très sérieux institut PEW Research Center.

Renan la regarda s'éloigner – *un peu trop vieille pour toi, non ?* se dit-il avant de se raviser –, puis rentra directement chez lui en taxi, sans repasser par le palais de justice.

En temps normal, il aurait choisi de marcher, mais avec le dossier qui venait de lui être remis, mieux valait éviter les mauvaises rencontres.

Car Renan Le Goff aimait Lyon, l'enchevêtrement de ses quartiers, son dédale de ruelles et ses ponts, son atmosphère studieuse et son culte du secret entretenu par des générations de soyeux et de diamantaires. Par-dessus tout, il avait perçu la nature double de cette ville. Deux collines, deux cours d'eau, siège du primat des Gaules et cité maçonnique, important fief de la Gestapo et haut lieu de la Résistance. Tel Janus, une cité aux deux visages, avec ses paradoxes et ses ambiguïtés, ses codes et ses rites, où il valait mieux savoir lire entre les lignes et ne pas se fier aux apparences.

« Vous apprendrez à nous connaître ou vous partirez, car ici, même le gras est double ! » l'avait prévenu un ancien bâtonnier[1] descendant d'une des plus vieilles familles du cru. Une mise en garde qui, plutôt que d'intimider Renan Le Goff, l'avait *doublement* encouragé à faire son trou à Lyon ; d'ailleurs, il comptait bien y sévir une ou deux décennies de plus.

Mais ce soir, son esprit était loin de tout ça et c'est à peine s'il entrevit la Saône lorsque le taxi la franchit. Après son entretien avec Lisa Brioni, deux questions le tourmentaient : à quel moment les survivalistes allaient-ils lâcher leurs chiens à ses trousses ? Comment pouvait-il s'y préparer ?

La réponse était peut-être contenue dans l'enveloppe qu'il tenait fermement contre ses genoux.

1. Dans un barreau (ensemble d'avocats inscrits auprès d'un même tribunal), le bâtonnier est le président du conseil de l'ordre des avocats. Il représente ses pairs, arbitre les litiges et nomme ses confrères commis d'office.

# 4

*Un enfant n'a jamais les parents dont il rêve. Seuls les enfants sans parents ont des parents de rêve.*

Boris Cyrulnik

Gaëlle avait tenté de joindre son père à trois reprises depuis une heure. En vain. Boîte vocale. Connaissant ses habitudes, elle savait qu'il fermait son portable lors des auditions – mais il était trop tard pour ça – ou lorsqu'il s'enfermait chez lui pour décortiquer un dossier. Elle se dirigea donc quai de Bondy, emmitouflée dans sa grosse doudoune et son écharpe en polaire.

Il fallait qu'elle lui parle d'urgence, elle l'avait juré à madame Lenoir. Elle le devait à Blandine.

À chaque fois qu'elle se rendait chez son père, elle se remémorait son enfance. C'était immanquable : les images remontaient à la surface, comme des bulles de passé qui forceraient les portes de sa conscience. Était-ce à cause du divorce de ses parents, l'année de ses sept ans? De sa prime enfance, elle gardait des souvenirs déformés que le temps avait idéalisés, une vraie maman et un papa débordé qui se rattrapait à partir du samedi matin; attentionné, il lui donnait son bain, préparait ses repas, la promenait au square ou sur les bords de Saône, jouait avec elle sans jamais manquer de patience. Jusqu'au jour funeste de son départ.

À l'époque, personne ne lui avait expliqué les choses autrement qu'avec des poncifs, mais la jeune Gaëlle subodorait déjà la vraie cause : dans la rue ou dans les magasins, son *papa* se retournait trop souvent au passage des jolies mamans.

L'éclatement familial avait été brutal, sans concession et lui laissait de profondes blessures qui peinaient à cicatriser. Pour autant, il lui avait été impossible de détester ce père au regard d'azur sombre qui transperçait ses pensées pour s'adresser à son âme. Au contraire, elle se sentait confusément liée à lui – n'avaient-ils pas une multitude de points communs ? – même s'il l'intimidait toujours.

À seize ans, elle avait dû faire un choix douloureux, sa mère étant mutée à Paris, promotion oblige, au siège du groupe de cosmétiques qui l'employait. Gaëlle avait refusé de la suivre, n'imaginant pas une seule minute vivre dans une autre ville. Ce soir, et malgré l'inquiétude qui la rongeait, Gaëlle se demandait si elle lui pardonnerait jamais sa décision.

Elle parvint quai de Bondy à vingt heures, marchant vite pour se réchauffer. Elle revenait de chez madame Lenoir et avait passé la fin de l'après-midi avec elle, à tenter de la réconforter.

Comme elle possédait le code de la porte d'entrée et que l'interphone était en panne, elle grimpa l'escalier quatre à quatre jusqu'au dernier étage, évitant d'emprunter le placard qui faisait office d'ascenseur et l'avait déjà piégée de préférence le soir ou le week-end. Le souffle court, elle termina sa course dans le noir – le minuteur était capricieux –, priant pour que son père soit revenu du palais. Mais aucune lumière ne filtrait sous la porte et le carillon sonna dans le vide.

Contrariée, elle redescendit tout aussi vite et s'empressa de composer un numéro de téléphone avant de remettre ses gants. Il faisait si froid que ses mots se transformaient en phylactères ouateux.

— Madame Lenoir? C'est Gaëlle... Non, il n'était pas là, je suis désolée... Oui, je vous promets de le rappeler dans la soirée... D'accord, même tard... Je vous embrasse, courage.

À l'autre bout de la ligne, une mère que l'angoisse tenaillait. Sa fille avait disparu.

Sans un mot. Sans raison.

# 5

*Ceux qui jouent avec des chats doivent s'attendre à être griffés.*

Miguel de Cervantès

Vers vingt heures quinze, le taxi déposa Renan quai de Bondy, devant un petit immeuble à la façade ocre que le temps et la pollution avaient tristement patiné.

Il n'était pas fâché de rentrer, la journée avait été très longue, mais il devait encore travailler. D'abord pour se plonger dans le dossier de la MILS et ensuite pour préparer l'audition d'un chef d'entreprise qu'il avait convoqué le lendemain ; une affaire dont les répercussions politiques feraient grand bruit et qui l'obligeait à faire preuve d'imagination s'il ne voulait pas se retrouver désavoué par le parquet, dans la peau de l'arroseur arrosé.

Sans perdre un instant, il gagna l'appartement, évitant lui aussi l'ascenseur et gravissant les dernières marches dans le noir. Dès qu'il aurait deux minutes, il comptait bien envoyer une lettre gratinée au syndic, un sale type plein aux as qu'il espérait recevoir dans son bureau un jour prochain. Rien de tel qu'une bonne mise en examen pour rappeler les crapules à leurs devoirs !

Sitôt la porte fermée, il ressentit les bienfaits de la chaleur et eut envie d'envoyer tout balader, le temps d'une soirée, d'appeler une amie et de faire l'amour. Il posa négligemment parka, écharpe et gants sur un fauteuil, mit un CD d'Aretha Franklin puis brancha son portable sur le chargeur, la batterie ayant déclaré forfait après le SMS de Lisa Brioni.

Alors qu'il ouvrait le frigo pour se servir un verre de condrieu, un *ding-ding* annonça de nouveaux messages.

— Jamais tranquille ! grogna-t-il en attrapant le mobile.

*Papa, j'ai besoin de te parler. Rappelle vite ! Bises.*

*Allons bon... c'est quoi le problème cette fois... ?* soupira-t-il.

Il alluma une cigarette et composa le numéro de sa fille qui décrocha à la première sonnerie.

— Papa ?! Mais où es-tu ? demanda Gaëlle sur un ton proche de la réprimande. Je cherche à te joindre depuis deux heures !

— Que se passe-t-il ma chérie ?

— Il se passe que mon amie Blandine a disparu !

Renan ne put retenir un sourire. Il était habitué à ce que des proches ou des amis lui fissent part de leur inquiétude lorsqu'un événement insolite se produisait autour d'eux. Il s'agissait presque toujours d'une fausse alerte et Gaëlle était coutumière du fait.

— Peux-tu être plus précise ?

— Je crois qu'elle est entrée dans une secte !

Et de relater leur rencontre avec deux adeptes survivalistes le soir de la Fête des lumières. Le lendemain, cédant au caprice de Blandine, Gaëlle l'avait accompagnée pour connaître leurs résultats. Marie-Rose les avait reçues chez elle, dans le quartier Vauban, et avait confirmé sa première analyse – les tests étaient « catastrophiques » – et s'en était expliquée avec force détails, ce qui eut pour effet de déstabiliser Blandine. Ensuite, elle leur avait proposé de passer à la deuxième étape, des évaluations psychologiques plus poussées et un entretien avec un responsable de l'Église à Lyon. Gaëlle ayant refusé tout net, elles étaient reparties, mais quelques jours plus tard, Blandine lui avait avoué qu'elle avait revu Marie-Rose et commencé à suivre un programme spécialement conçu pour elle. « C'est cher, disait-elle, mais ça vaut le coup ! »

— Comme je n'ai pas voulu entrer dans son trip, elle est devenue distante, fuyante, elle a même plaqué son copain la veille de Noël et aujourd'hui, elle ne s'est pas présentée aux cours !

— Ça ne signifie pas qu'elle ait disparu, elle est peut-être malade.

Renan connaissait Blandine et s'il l'appréciait – *une gentille fille*, disait-il à la mère de Gaëlle –, il ne la considérait pas comme une grande aventurière.

— Tu crois ça, toi? s'emporta Gaëlle, sûre de son fait. Et comment expliques-tu que ni sa famille ni moi n'avons plus de ses nouvelles depuis le 29 décembre? Ça fait dix jours! Dix jours, tu te rends compte ?

— Calme-toi, veux-tu? dit Renan qui réfléchissait mieux à froid. Elle habite encore chez ses parents ta copine?

— Non, elle loue un studio derrière la fac, j'y suis passée, j'ai parlé avec ses voisins mais personne ne l'a vue au cours des derniers jours.

— Et je suppose qu'elle ne répond pas au téléphone.

— Non, on tombe directement sur sa messagerie!

Tout en questionnant sa fille et en prenant quelques notes sur une vieille enveloppe, le juge analysait la situation. Quelque chose ne collait pas. Avant que les gens ne quittent leur milieu familial pour vivre dans une communauté régie par une secte, il fallait des mois, voire des années et pas mal d'argent dépensé au préalable. Une étudiante peu fortunée n'offrait qu'un intérêt très relatif, et si l'on pouvait sans peine qualifier les survivalistes d'escrocs, ils ne pratiquaient pas le kidnapping, même s'agissant de jolies filles, une catégorie dans laquelle Blandine n'entrait que par une porte dérobée.

Dans sa tête, Le Goff listait les hypothèses qui pouvaient expliquer cette disparition : une fugue avec un nouveau petit copain, un voyage imprévu, une dispute avec ses parents, un accident, un enlèvement, un viol suivi d'un meurtre avec dissimulation du corps. Tout était possible mais fort heureusement, dans la très grande majorité des cas, la personne refaisait surface, évoquant un motif amoureux ou un coup de tête. Toutefois, cette absence de dix jours constituait un élément qu'il fallait prendre au sérieux.

— Écoute-moi bien, Gaëlle. D'abord, quoi qu'il arrive, tiens-toi à distance des survivalistes, ce sont des gens dangereux. Et donne-moi le numéro des parents de Blandine, je vais les appeler. Évidemment, si tu apprends quoi que ce soit de nouveau, tu me préviens.

— Promis ! On se voit toujours mercredi ?

— Bien sûr. Rendez-vous à midi et demi au Panier à salade Bonsoir, ma chérie. Ne t'inquiète pas trop.

C'était une tradition immuable depuis la majorité de Gaëlle, ils se retrouvaient chaque mercredi dans cette brasserie dont Renan apercevait la devanture en pierre par la lucarne de son bureau. Après avoir raccroché, il prit un moment pour relire ses notes et tenter de se faire une idée du problème, mais il disposait de trop peu d'informations. Par ailleurs, il avait appris à se méfier des évidences comme des apparences, l'imagination des criminels et des êtres pervers étant sans limites.

*Fichu métier...* songeait-il en se servant enfin ce verre de blanc, *comme si je n'avais pas assez d'emmerdements cette semaine...*

Lorsque la mère de Blandine répondit, Renan observa que son timbre était strident et nerveux ; sans doute la peur de recevoir un appel annonçant une funeste nouvelle.

— Oui... allô ?

— Madame Lenoir ? Renan Le Goff à l'appareil.

— Monsieur le juge ! Merci de m'appeler. Votre fille vous a dit... Avec mon mari, nous sommes tellement inquiets !

Une voix troublée, qui cherchait ses mots.

Renan commença par la rassurer, comme il l'avait fait avec Gaëlle en lui indiquant que de nombreuses raisons, la plupart du temps bénignes, expliquaient les disparitions.

Puis il voulut en savoir davantage. En quelques phrases hachées, la mère de Blandine résuma la situation, mais elle ne lui apprit rien de plus que Gaëlle.

— Sa disparition a-t-elle été signalée ?

— Bien sûr, nous nous sommes rendus au commissariat du premier arrondissement mardi dernier.

— Avez-vous fait part de vos soupçons envers les survivalistes ?

— Oui, nous avons raconté la même histoire.

— Et la police ne vous a pas proposé de porter plainte?

— L'officier nous a dit qu'il valait mieux attendre d'avoir des éléments plus probants.

— Quel idiot! Je vous conseille d'y retourner dès demain et de le faire.

Renan était plus qu'exaspéré par le comportement frileux des forces de l'ordre dès qu'il s'agissait des sectes et comptait bien donner un coup de pied dans la fourmilière.

Mais étrangement, madame Lenoir restait silencieuse.

— Allô? fit Renan.

— Oui, oui… je suis là…

— Vous m'avez entendu? Il faut porter plainte, madame.

— …

— Ne me dites pas que vous hésitez? Nous parlons bien de votre fille, non?

Cette fois, Renan ne pigeait plus rien.

— Je peux savoir ce qui vous retient?

— C'est que… Nous n'avons que des soupçons…

Dans la bouche de madame Lenoir, les mots sortaient avec difficulté, elle semblait maintenant mal à l'aise.

— C'est votre choix et je le respecte, mais soyons clairs. Si vous ne portez pas plainte et si je ne suis pas officiellement saisi, je n'ai aucun pouvoir.

— …

Il perdit patience.

— Qu'attendez-vous de moi à la fin?

La femme sentit qu'elle ne pouvait plus se dérober.

— Voilà… Nous espérions que vous pourriez agir de façon officieuse…

Renan pensa alors à son expérience depuis qu'il enquêtait sur le suicide de Francis Véry – toutes les portes se fermaient – et réalisa que la famille était cramponnée à sa peur.

— Avez-vous reçu des menaces? demanda-t-il pour obtenir une confirmation.

— Heu… non. Mais des appels anonymes avec un numéro masqué… Une dizaine depuis ce week-end. Personne ne parle mais… nous entendons une respiration… saccadée…

*Ça pue l'intimidation à plein nez!*

— OK, j'ai compris ! Voilà ce que je vous propose. Nous allons commencer par réunir un maximum d'éléments qui nous permettront de valider, ou non, l'hypothèse des survivalistes. Votre fille avait-elle beaucoup d'argent?

— Oh non... Quelques milliers d'euros, guère plus.

— Des bijoux, des objets de valeur?

— Non, non...

— Avez-vous trouvé quelque chose d'intéressant dans son studio?

— Nous n'y sommes pas allés... avoua la mère, penaude.

— Il aurait peut-être fallu commencer par là! lui reprocha Renan, irrité. Vous avez bien un double des clés, je suppose.

— Oui, oui... mais elles ne se trouvent plus là où je les rangeais. Son passeport a disparu aussi. Il était au même endroit.

— Blandine le connaissait ?

— Oui... Vous pensez que c'est elle qui...?

— Je ne pense rien! coupa Renan. Faites venir un serrurier. Je peux vous en recommander un qui ne posera pas de questions si vous l'appelez de ma part. Prenez son courrier, regardez ses relevés de banque, essayez d'ouvrir son ordinateur, fouillez ses placards. Si votre fille a vraiment rejoint une secte, son départ aura laissé des traces.

— Nous irons à la première heure... Et après, monsieur le juge?

— Nous aviserons! Contactez-moi demain soir.

Il lui communiqua son numéro de portable et conclut par quelques paroles réconfortantes.

Aussitôt après, il rappela Gaëlle, fit un bref récit de son entretien et lui demanda d'intervenir auprès des Lenoir : « Il faut les persuader de porter plainte! Sinon, je ne peux rien faire. » Reconnaissante, sa fille lui promit de les convaincre et le remercia. Lui, non! Il se voyait déjà avec une deuxième affaire survivaliste sur les bras.

*Curieuse coïncidence*... se dit Renan en raccrochant.

Si l'idée ne lui déplaisait pas – attaquer la secte sur deux fronts –, il gardait en mémoire l'avertissement de Lisa Brioni.

*La propagande noire…*

Cherchait-on à l'atteindre *via* des proches ? L'hypothèse n'était pas à exclure, même si à ce stade, le spécialiste des coups de billard à trois bandes qu'il était ne voyait pas de quelle façon les survivalistes pouvaient lui nuire en attaquant une amie de sa fille. Son intuition – un mauvais pressentiment ? – lui commandait cependant de ne pas attendre la prochaine offensive les bras croisés.

Dans la cuisine, il se servit un autre verre de blanc et parcourut ses notes sur un coin du bar. Une première mesure s'imposait. Dès le lendemain, il informerait le commissaire Loys Grümmel, l'un de ses plus fidèles alliés au sein du SRPJ, et lui demanderait de mener une enquête discrète sur la famille Lenoir. Il ne pourrait pas lui refuser ce service.

De retour dans le salon, il ouvrit l'enveloppe remise par Lisa Brioni, non sans une certaine fébrilité, et s'installa à son bureau Empire légué par son père, le seul objet, avec une lanterne en cuivre, qui lui rappelait la maison de son enfance.

Sa vieille Omega Seamaster indiquait vingt-trois heures lorsqu'il eut fini d'examiner les documents. Ils étaient de première main ; pas de quoi faire tomber les survivalistes mais assez pour orienter les recherches dans la bonne direction. Dans le même temps, il avait pris la mesure du danger auquel il s'exposait, mieux cerné leurs méthodes de démolition avec la propagande noire – *de quoi passer des nuits blanches !* – et savait désormais que l'adversaire qu'il comptait terrasser bénéficiait de moyens quasi illimités, sans parler des nombreuses protections en France et aux États-Unis. Aussi comprenait-il mieux l'avertissement du membre du Conseil constitutionnel.

N'ayant rien avalé depuis le petit déjeuner à l'exception de deux paquets de clopes, il mit une pizza surgelée aux anchois dans le four et ouvrit une autre bouteille de condrieu. Puis il se plongea dans la lecture du dossier qui occuperait une grande partie de son mardi.

Renan avait convoqué Richard Dorville, un patron lyonnais impliqué dans un vaste trafic de fausses factures qui semblait destiné à financer illégalement le parti du président de la République. La machine judiciaire s'était déclenchée à partir d'un banal accident du travail qui avait coûté la vie à un salarié. En perquisitionnant au siège de l'une des sociétés de Dorville – le chef d'entreprise était poursuivi pour infraction à la sécurité –, les enquêteurs étaient tombés incidemment sur des factures suspectes et les avaient aussitôt transmises à Renan.

Au vu des pièces, la mise en examen du chef d'entreprise semblait inéluctable. Restait à trancher la délicate question de son placement en détention provisoire. Car l'homme avait des amis influents et très haut placés. Selon un indicateur, il ferait même partie des intimes d'Hervé Legendre, le trésorier national du PRP (le Parti républicain populaire). Mais cela n'effrayait pas Renan, bien au contraire. Engagé au sein d'un syndicat de magistrats classé bien à gauche, il ne ratait jamais l'occasion de croiser le fer avec un pouvoir politique qui, trop souvent, soumettait les juges à sa botte et piétinait leur indépendance sans vergogne. Une situation intolérable à ses yeux et l'occasion d'un combat acharné qu'il mènerait jusqu'au bout.

Toutefois, aussi solide que fût son dossier, une stratégie procédurale en béton s'avérait indispensable pour éviter de se faire enfoncer par son adversaire en quelques heures. Jouer une telle partie au coup par coup relevait du suicide.

C'est en surfant sur le site du PRP qu'il trouva l'idée qui lui permettrait de frapper fort et du même coup, de s'attirer la sympathie de l'opinion publique.

# 6

*Les sectes sont des clignotants qui signalent un défaut dans les circuits de notre civilisation matérialiste.*

Alain Woodrow

*Lyon, mardi 8 janvier*

Miranda Gomez fermait la marche, évitant ainsi le regard baladeur de ses collègues. Les uns après les autres, les commissaires et les commandants de la DCRI Rhône-Alpes sortaient du bureau du divisionnaire lorsque celui-ci l'apostropha à la façon d'un capitaine s'adressant à la bleusaille.

— Gomez, vous restez !

Elle venait de participer à une réunion consacrée à la menace terroriste qui planait sur la France après l'ultimatum adressé par Al-Qaida au Maghreb islamique au président français s'il ne retirait pas sa loi interdisant le port du voile dans les lieux publics. De quoi mettre sur les dents tous les flics de France ! Les consignes de la DCRI étaient claires : placer le réseau d'informateurs sous tension maximum et analyser tous les *bruits*, même ceux de *faible intensité*.

*Que quiere el dueño ?* se demanda la commissaire en fermant la porte, avant de se placer face au divisionnaire, devant un imposant bureau en chêne massif. Elle n'en menait pas large. Pourtant, rien ne pouvait le laisser penser. Ni ses traits qui n'exprimaient jamais la moindre trace de stress, ni sa tenue décontractée, baskets, pantalon en toile et gros pull qui dissimulait son arme de service. Quiconque la croisait dans la rue était à cent lieues d'imaginer qu'elle était l'un des meilleurs éléments des services de renseignement à Lyon. Sa seule absence de fantaisie résidait dans sa coiffure. Des cheveux noirs qu'une courte natte tirait en arrière.

Bertrand Maréchal l'ignora pendant une longue minute, occupé à lire une note confidentielle apportée par son assistante.

Comme la plupart des agents de la DCRI, Miranda craignait cet ancien légionnaire, intime de Lucca Paoli, le ministre de l'Intérieur qui l'avait nommé à Lyon comme un joueur d'échecs place son fou. De cet as du contre-espionnage qui passait pour être l'un des hommes les mieux informés de France, elle n'avait pas réussi à en apprendre davantage que ses collègues. Il était lorrain, proche des réseaux corses, apprécié du pouvoir de droite et redouté par les politiciens de gauche qui n'avaient jamais osé lui faire la peau. Un grand serviteur de l'État, mais surtout de la raison d'État.

Bref, elle se méfiait de ce dur à cuire qui résistait aux alternances politiques avec l'assurance d'un vieux buffle et attendait de savoir, le cœur battant, ce qu'il lui réservait. Il était tellement imprévisible.

S'agissait-il de son dernier excès de vitesse ? La semaine précédente, elle s'était fait flasher et ce n'était pas pour le boulot. La cinquième fois en moins d'un an. Toujours à la bourre, elle compensait ses retards en roulant vite, très vite. C'était idiot et cette fois, elle risquait de perdre six points. En prime, Maréchal pouvait la virer du service. Il en avait dégagé certains pour moins que ça.

Enfin, il releva la tête et posa sur elle un regard immobile, indéchiffrable.

— Dites-moi Gomez, où en est l'enquête sur le suicide de Véry ?

Étant donné l'actualité, la question lui parut incongrue.

— Le juge avance vite, dit-elle sans rien montrer de son étonnement. Il est d'ores et déjà en mesure de renvoyer deux suspects en correctionnelle.

Elle connaissait le dossier car à la DCRI, elle était chargée de suivre les affaires instruites par Renan Le Goff. Une démarche illégale mais qui illustrait parfaitement les méthodes *border line* du divisionnaire dont la devise était : *Je sais donc je suis.*

— De qui s'agit-il ?

— Deux membres de l'Église survivaliste en contact direct avec Francis Véry et qui l'ont dépouillé de tous ses biens.

— Le dossier est solide ?

— Suffisamment pour convaincre un tribunal.

— Quelles sont les charges ?

— Abus de faiblesse, escroquerie et homicide involontaire. Le juge a réuni plusieurs témoignages accablants, mais pour l'instant il n'a pas rédigé les ordonnances de renvoi.

— Et quoi encore ? Il veut les assises pour ces deux hippies ?

*Ce foutu Le Goff fait encore des siennes !* fulmina le divisionnaire en pensée.

C'est le directeur du bureau des cultes au ministère de l'Intérieur qui l'avait prévenu que le juge lyonnais s'intéressait à l'affaire Véry et vivement encouragé à « surveiller ce dossier sensible, comme du lait sur le feu » !

— Je ne crois pas, non. À mon avis, il cherche à élargir le cadre de son enquête pour retenir le motif d'escroquerie en bande organisée et assigner la secte en qualité de personne morale.

Dans ce cas, l'affaire prendrait une tout autre dimension : ce n'était plus deux charlatans lambda qui affronteraient la justice mais une organisation et ses chefs avec à la clé un risque de condamnation pouvant aller jusqu'à la dissolution pure et simple de l'Église survivaliste en France. Un article du code pénal permettait en effet de requérir cette peine contre une personne morale, à condition, bien sûr, de réunir les éléments probants.

Sans émotion apparente, le divisionnaire vida le Thermos de café dans un mug aux bords sales qui avait laissé sa trace humide sur une pile de dossiers ; il n'en proposa pas à Gomez qu'il n'avait pas non plus invitée à s'asseoir.

Bien qu'il n'accordât jamais pleinement sa confiance, il suivait avec un intérêt bienveillant le parcours de cette jeune commissaire très bien notée qui s'était déjà taillé une solide réputation d'enquêtrice. Ses performances lui valaient d'être jalousée par ses collègues qui la croyaient prête à tout pour réussir, même à jouer de son côté latino auprès de sa hiérarchie ou de ses contacts. Rien de tel pour stimuler la concurrence entre flics, se disait-il souvent. D'ailleurs, il prenait un malin plaisir à enfoncer l'aiguillon et à la citer en exemple devant ses coéquipiers.

— Selon vous, Le Goff veut se payer la secte ? demanda-t-il après avoir avalé une gorgée de café.

— Avec lui, tout est possible, ses convictions politiques ne sont jamais loin.

Le Lorrain n'aimait pas cet électron libre de la magistrature, ce juge rouge qui, au pays de Robespierre, Jaurès et Cohn-Bendit, représentait une menace pour la paix civile. Tout ce qui venait saper les fondations de la République, à commencer par les soupçons sur la probité de sa classe dirigeante, ne faisait qu'entretenir un foyer de braises révolutionnaires. Il devait cependant reconnaître au Breton une qualité : ses bons résultats. Renan Le Goff était le juge d'instruction le plus efficace de la région. Mais cette fois, le divisionnaire se mettrait en travers de son chemin.

— Je ne vous le fais pas dire ! Qu'est-ce qui lui a pris d'ordonner le placement en détention provisoire de Richard Dorville ?

Convoqué la veille dans le bureau du juge, le chef d'entreprise soupçonné de trafic de fausses factures était reparti entre deux gendarmes et venait de passer sa première nuit en prison, et ce en dépit des hurlements du bâtonnier Bohler, son avocat.

— De mon point de vue, analysa Gomez, Le Goff est plus attaché à son indépendance qu'à tout le reste. D'ailleurs, dans la même journée, il a aussi mis en préventive trois militants anti-OGM, des faucheurs récidivistes.

— Il est fou ! S'il continue dans cette voie, il aura de sérieux ennuis. L'information ne doit pas sortir de ce bureau, Gomez, mais j'ai eu le ministre de l'Intérieur en ligne ce matin et, au Château, la détention de Dorville est considérée comme une déclaration de guerre. À l'état-major du PRP, ils sont paniqués : si Dorville se met à table, c'est tout le gratin du parti qui défilera bientôt chez Le Goff. Du coup, le président se retrouvera en première ligne et, ici, nous serons tous mutés à la circulation !

Sur le terrain glissant de la fange politico-judiciaire, Miranda Gomez préféra ne pas s'engager. Elle cherchait plutôt à comprendre les raisons de cet interrogatoire surprise, car, pour connaître un tant soit peu le fonctionnement de ce Maréchal qui maniait le bâton mieux que personne, son intérêt pour Francis Véry n'était certes pas motivé par la seule curiosité.

Comme elle se taisait, le divisionnaire termina son café, se pinça les lèvres pour roter et relança la conversation ; un éclat rusé perçait dans ses yeux.

— Prudente, Gomez ? Vous avez raison ! Revenons à notre sujet. Que savez-vous des survivalistes ?

Elle lisait maintenant dans son jeu. À l'évidence, le gouvernement ne comptait pas laisser la bride sur le cou au juge Le Goff.

— Ce sont les champions de la manipulation mentale et, à ce titre, ils occupent la première place au hit-parade des sectes les plus riches.

— Comment expliquez-vous leur réussite ?

Considérant que le risque lié aux dérives sectaires allait en s'amplifiant, Miranda s'était livrée à une étude assez approfondie au cours des derniers mois et répondit avec la maîtrise qui la caractérisait et faisait sa réputation, mais elle aurait bien aimé s'asseoir.

— Rien de plus simple ! Blake brandit le spectre de la fin du monde et annonce sa date, le 21 décembre 2012. Sa doctrine se fonde sur une interprétation du calendrier maya. Auparavant, il s'était servi du passage à l'an 2000 et...

— Abrégez Gomez ! J'ai compris. Blake agite un chiffon rouge et les gogos foncent tête baissée.

Miranda accusa le coup, supportant mieux les rebuffades du divisionnaire depuis qu'elle s'était remise à la boxe.

— Oui, monsieur. Le recrutement explose depuis vingt ans et le système est parfaitement rodé. Blake propose la panoplie complète du parfait survivaliste à qui il promet le bonheur éternel, moyennant finances bien sûr, car dans les sectes rien n'est jamais gratuit.

— Et vous savez ce qu'il fourgue à ses gogos ?

Il voulait des détails cette fois ? Elle n'allait pas le rater.

— Avec Blake, tout se vend. Ses nombreux livres et ses CD, ses prêches publics, des cours et des kits de survie pour affronter la fin du monde, des places dans ses abris anti-apocalypse et des bunkers à domicile, des stages d'éveil et des croisières à bord de son yacht de cent trente mètres, des gadgets électroniques et des vitamines en tout genre pour stimuler la libération de votre esprit enfermé dans des schémas conventionnels et aliénants, conclut-elle d'un air très sérieux pour contenir un sourire moqueur.

Maréchal apprécia très modérément la dernière pique du commissaire. Agacé, il triturait la pointe de sa moustache grise. Le bruit de son pouce à rebrousse-poil sur le crin dru précédait souvent une réplique acerbe du divisionnaire, ou une engueulade de première catégorie.

— Je vois... Et sans vous payer ma tête cette fois, Gomez, parlez-moi de cette prédiction maya.

— D'éminents scientifiques se sont penchés sur ce calendrier qui n'a pas fini de révéler tous ses secrets. Les connaissances des Mayas en mathématiques et en astronomie étaient si avancées qu'elles ont permis de fixer l'année solaire à 365,242 jours, ce qui représente un écart quasi nul, à peine dix-sept secondes, avec notre calendrier grégorien qui a été conçu beaucoup plus tard.

— Un coup de chance... relativisa Maréchal qui se fichait pas mal des Mayas et de leurs admirables calculs. Et ça suffit à faire de Blake un multimillionnaire ?

— Pas uniquement, il a intégré d'autres éléments pour asseoir sa prophétie apocalyptique. Par exemple, en se fondant sur une analyse plus minutieuse dudit calendrier, certains savants en ont déduit que l'histoire de l'humanité était contenue dans un temps global structuré par une série de trois cycles, le dernier s'achevant au solstice de l'hiver 2012, le fameux 21 décembre. Pour nous, décalage horaire oblige, tout s'arrêtera le 22 décembre à zéro heure trente-deux très précisément !

Le divisionnaire se demanda ce qu'il ferait cette nuit-là.

— Vous y croyez ? dit-il en étouffant un bâillement.

— Non... bien sûr. D'autres scientifiques aussi éminents ont remis en cause cette théorie. Pour eux, la prédiction de 2012 n'est qu'une fantaisie basée sur une grossière faute de calcul. Pour d'autres encore, il existerait un calendrier plus complet qui se terminerait aux environs de 2200.

— Ça nous laisse deux siècles... ironisa Maréchal avant d'ajouter en vieux brisquard du renseignement : en tout cas, je note avec satisfaction que vous êtes très calée sur le sujet. Ça tombe bien ! Remarquez, je ne suis pas surpris...

Piégée, Miranda Gomez se rappela l'histoire des troufions à qui le juteux demande : « Qui parle anglais ? » et aussi sec, celui qui répond par l'affirmative se voit affecté à la corvée de pluches.

Le patron se leva avec effort, déployant sa lourde carcasse qu'un début d'arthrite et des mauvaises réceptions en parachute rendaient douloureuse, et se dirigea en boitant vers le coffre-fort installé au-dessus d'une commode Napoléon III, vestige d'une époque où l'immeuble de la rue Vauban, le QG de la DCRI, pouvait s'enorgueillir d'être aussi bien garni que la préfecture.

De dos, il composa la combinaison, récupéra un dossier au milieu d'une pile et revint se caler derrière son bureau. Elle en profita pour regarder sa montre. Il était à peine huit heures vingt-cinq.

— Voilà de quoi compléter vos connaissances sur les sectes, Gomez ! Lisez ça et ramenez-le-moi. Interdiction de faire la moindre copie ! Vous comprendrez mieux pourquoi le zèle de Le Goff indispose l'Élysée.

D'une main aux phalanges noueuses, il lui tendait une chemise rouge sur laquelle elle put lire à l'envers « Église des survivalistes ».

— Bien monsieur, dit-elle en avançant d'un pas pour la prendre. Et ensuite, quelles sont vos instructions ?

— Le grand jeu, Gomez, vous me le surveillez de près ! Faites en sorte qu'il ne trouve plus rien et prévenez tous les services qu'il pourrait contacter de la boucler.

— À vos ordres.

La voix de Maréchal se fit alors moins autoritaire car ce qui allait suivre était encore moins légal.

— Ce n'est pas tout, Gomez. Je sais que vous entretenez de bons rapports avec ce magistrat, alors vous saurez comment faire... Il doit comprendre que son entêtement n'est dans l'intérêt de personne. Il faudra sans doute vous montrer très habile car la mission est délicate, je l'admets, mais nous comptons sur vous...

En clair, le divisionnaire lui demandait de circonvenir Le Goff, de l'amener à prononcer un non-lieu, par tous les moyens y compris en couchant avec lui ! Outrée, elle dut se retenir pour ne pas lui jeter le dossier au visage.

— Mes rapports avec le juge Le Goff sont strictement professionnels !

— Et mes propos n'avaient rien de désobligeant, Gomez ! la rembarra-t-il du tac au tac. Mais nous n'avons pas le choix et ne faites pas semblant de ne pas comprendre !

Avec un regard de butor, il s'était redressé dans son fauteuil, prêt à la bagarre.

Elle voulut riposter mais une voix intérieure, celle de son père qui hurlait « Non ! », l'en dissuada. De fait, une confrontation, aussi légitime soit-elle, avec l'un des hommes les plus puissants de la police française ne la mènerait nulle part, sauf à obtenir une mutation durable dans les Ardennes ou à Verdun, une sanction que son père ne lui pardonnerait pas. Cet Espagnol au tempérament ombrageux avait fui le franquisme et sacrifié le peu qu'il lui restait d'honneur et d'argent à la réussite de sa fille. Miranda ne pouvait l'oublier.

Pour commencer, il fallait qu'elle examine le contenu de ce qui lui était confié. Impossible de prendre une bonne décision avant. Elle songea alors à une autre difficulté qui risquait de se présenter à brève échéance. Autant en parler maintenant.

— Nous allons peut-être avoir un deuxième problème, dit-elle d'un ton acide. Une dénommée Blandine Lenoir a disparu depuis une douzaine de jours et sa famille pense qu'elle est aux mains des survivalistes.

— Il manquait plus que ça ! pesta Maréchal en tapant du plat de la main sur l'épais dossier AQMI qui n'avait pas encore rejoint le coffre-fort. Comment le savez-vous ?

— Par les remontées terrain. En fin de semaine dernière, ses parents ont appelé tous les hôpitaux de la région. Ils ont signalé sa disparition au commissariat du premier arrondissement en évoquant l'hypothèse d'un enlèvement par la secte.

— Il y a eu plainte ?

— Non, seulement une main courante...

— Tant mieux ! Nous pouvons encore agir. Faites en sorte que la famille change d'opinion, dissuadez-la d'accuser les survivalistes sans preuve, faites-lui peur, parlez de scandale, du qu'en-dira-t-on, de procès en diffamation, mais agissez avec doigté, Gomez, je ne veux aucune vague !

— À vos ordres.

Pensant que l'entretien était terminé, elle adressa un salut militaire désinvolte à son supérieur et se dirigea vers la porte.

— Ah, Gomez, pour votre excès de vitesse, 110 pour 50, vous avez fait fort cette fois !

*Mierda ! Qu'est-ce que je vais prendre !*

— Oui... Je suis navrée... Mais j'avais un problème urgent à... bredouilla-t-elle en se retournant.

— C'est bon, je vous couvre, intervint-il. Mais ne recommencez pas ! Avec vos conneries, vous finirez devant le conseil de discipline et je ne pourrai plus rien pour vous. N'oubliez jamais que nous devons montrer l'exemple. Allez, foutez-moi le camp !

Elle sortit et se fit violence pour ne pas claquer la porte.

Le divisionnaire resta un moment à réfléchir, faisant tourner son stylo entre ses doigts d'un geste mécanique et précis pour lui faire décrire une rotation parfaite.

L'affaire se compliquait avec cette disparition. Par ailleurs, il craignait que Gomez ne soit influencée par ses états d'âme et qu'elle ne fasse pas tout, vraiment tout, pour neutraliser le juge. *On ne peut décidément pas se fier aux femmes !* déplora-t-il en lui-même. Il appuya sur une touche du téléphone noir, celle de son assistante, et aboya :

— Prévenez le Portugais que je le verrai à midi ! Qu'il passe me prendre dans le parking !

De retour dans son bureau, Miranda Gomez était furieuse. De s'être fait piéger. De s'être laissée acheter. Un poids nouveau pesait sur ses épaules de jeune commissaire. Celui du devoir qu'il faut accomplir en mettant de côté ses valeurs, la morale et ses sentiments. Celui du passage du compromis à la compromission.

Elle voulut se réconforter en avalant un café bouillant mais le jus de chaussette sale proposé par le vieux distributeur mal entretenu ne fut d'aucun secours. Résignée, elle parcourut le dossier survivaliste et prit la mesure du territoire hautement miné sur lequel le juge Le Goff s'était engagé.

Pour comprendre la raison de l'énorme pression exercée par les États-Unis, la note blanche contenue dans le dossier précisait qu'Ernst Blake était un ami du président américain avec qui il avait fait une partie de ses études à l'université de Philadelphie. Accessoirement, Blake – quatre cent vingt et unième fortune américaine avec un milliard deux cents millions de dollars à son actif – figurait dans le top dix des sponsors du président qui, en retour, n'entendait pas se priver d'un si bon contributeur.

La commissaire termina sa lecture et réalisa avec amertume que le magistrat breton aurait de la chance s'il *survivait* à cette enquête face à des ennemis dont la puissance de feu n'avait pas de limites : la Maison-Blanche et ses *Men in black*; l'Élysée et son bras judiciaro-policier; le gourou et sa fortune.

Dans la tête de Miranda Gomez, les mots de Maréchal tournaient en continu, comme un mantra souillé : « Vous entretenez de bons rapports avec ce magistrat, alors vous saurez comment faire. » Oui, elle savait comment faire, mais pas sûr que cela conviendrait au divisionnaire !

Ni à son père, d'ailleurs. Tant pis. À trente-deux ans, il était temps qu'elle prenne ses propres responsabilités.

# 7

*Les ennuis viennent plus vite que ne se réalisent les désirs.*

Plaute

*Lyon, mercredi 9 janvier*

Alors que Renan remontait les quais de Saône en direction du palais de justice, avec l'envie de flâner quelques instants sur le marché de la Création – il affectionnait les toiles et les esquisses de l'école lyonnaise et notamment les Truphémus –, il reçut un appel de sa greffière. Qu'il vente ou qu'il neige, elle prenait son poste trente minutes avant lui, afin que tout soit prêt lorsque *son juge* arrivait.

— Des militants anti-OGM vous attendent de pied ferme, lui annonça-t-elle. Vous devriez passer par le petit dépôt de la rue Saint-Jean.

*Les nouvelles vont vite...* pensa Renan, étonné par la mobilisation rapide du syndicat paysan : les trois faucheurs récidivistes n'étaient incarcérés que depuis la veille, en soirée.

— Merci, Agathe. Je vais suivre votre conseil. Par quoi commençons-nous ce matin ?

— Une affaire de mœurs... Un prêtre s'est fait arrêter cette nuit aux abords du périphérique. Il aurait sollicité une relation sexuelle tarifée avec une mineure.

— Pas très catholique... ironisa Renan qui n'appréciait pas les dérives du clergé. Mais le proc aurait pu refiler l'affaire à Vilenovski. Nous sommes surchargés !

Cherchait-on à entraver son action en étouffant son cabinet sous une avalanche de dossiers mineurs ? Depuis le mois de décembre, le rythme des saisines avait doublé. La veille, il avait d'ailleurs fait le décompte. Cent quatre personnes faisaient l'objet d'une mesure de placement en détention provisoire, attendant une disponibilité du juge Le Goff. Un record inquiétant ! Non qu'il l'empêchât de dormir la nuit, mais cette accumulation risquait de lui faire commettre des erreurs. Or, dans son cas, mieux valait éviter les dérapages incontrôlés, on l'attendait au tournant !

— Je crains qu'on ne tente de vous pousser à la faute, déplora Agathe qui lisait dans ses pensées et n'ignorait rien des dessous pas toujours propres de la justice. Nous n'avons jamais été si proches de l'asphyxie. Je dois également vous signaler que ce curé est un proche du cardinal.

Autant dire que le dossier était sensible. Renan était prévenu.

— Qui est son avocat ?

— Le bâtonnier Bohler. Il est déjà là et trépigne d'en découdre avec vous !

— Ce roquet a aussi ses entrées à l'évêché ? Il mange vraiment à toutes les gamelles, celui-là. On va s'amuser un peu ! Mettez un mandat de dépôt au nom du curé bien en vue sur mon bureau. Je serai là à neuf heures quinze.

Col relevé, déjà à moitié frigorifié, il bifurqua place du Change, contourna les manifestants en empruntant ruelles et traboules, bien décidé à ne pas modifier ses habitudes, et poussa enfin la porte du café de la Cathédrale dont il appréciait l'ambiance *sixties*. Rien ne manquait ; ni le juke-box rutilant, ni le flipper multicolore, la guitare de Jimi Hendrix – une copie –, le poste TSF, les réclames à pin-up et les vieilles bouteilles de Coca.

Ici, loin des paysans en colère, des prévenus – *tous innocents !* –, des avocats plus ou moins rusés et des magistrats calculateurs, il faisait un bref voyage dans le temps, écoutait d'une oreille distraite les Chaussettes noires ou le King et lisait la presse du jour.

— On parle encore de vous dans le journal, m'sieur le juge !

Jeannine, la cinquantaine, posa sur le comptoir un grand crème et *Le Progrès*. Sa place était réservée, son journal aussi.

Et de fait, le grand quotidien lyonnais relatait ses exploits. En page trois d'abord, avec un article intitulé « Un fusible saute au PRP » et consacré au placement en détention du patron lyonnais Richard Dorville ; en page sept ensuite dans un papier qui revenait sur l'emprise exercée par les sectes et la « croisade du juge Le Goff », il était fait mention de la disparition de Blandine L. À la demande de Renan, le journaliste avait inséré le témoignage de sa mère qui, tout en gardant l'anonymat, laissait entendre que les survivalistes avaient récemment recruté et peut-être enlevé sa fille.

Il paya son crème, embrassa Jeannine et gagna le palais de justice par l'arrière, échappant à la vindicte de la cinquantaine de paysans qu'il aperçut de loin et n'eut pas le moins du monde envie d'affronter.

À leur tête, le leader de la Confédération paysanne parfaitement identifiable avec ses bacchantes rousses et sa grosse pipe Inderwick. Juché sur un cageot de légumes, porte-voix dans la main, il haranguait ses troupes et promettait une retraite anticipée au juge Le Goff sous l'œil des caméras de France 3 Rhône-Alpes et de Télé Lyon Métropole.

Non loin de là, les CRS se tenaient prêts à intervenir pour le cas où les manifestants tenteraient de prendre le palais de justice d'assaut.

À peine eut-il atteint le premier étage que le procureur Raoul Berthoux fonça dans sa direction et lui barra presque le chemin, laissant en plan le doyen des juges d'instruction, avec qui il était en grande discussion.

— Les sectes ne vous suffisent plus ! Il vous faut provoquer la colère des agriculteurs. Et par-dessus, vous placez en détention un chef d'entreprise pour des peccadilles ! Jusqu'où irez-vous Le Goff ? Vous voulez-vous mettre toute la France à dos ?

— La justice, monsieur le procureur, nous sommes là pour servir la justice ! répondit Renan sur un ton grandiloquent qu'il estima approprié à la situation.

— Reprenez-vous, que diable ! Rien ne tient dans cette affaire de fausses factures. Et rien ne justifiait que vous jetiez ces paysans en prison. Je vais bientôt penser que vous cherchez un tremplin médiatique. Mais vous vous trompez de pays, Le Goff, nous sommes en France, pas aux États-Unis, et la justice s'accommode mal de tout ce tapage. J'espère que vous me comprenez.

Renan comprenait surtout l'objectif de cette apostrophe matinale : ce haut magistrat, qui dissimulait son ambition sous une fausse bonhomie, rêvait d'une promotion à Paris et redoutait que le pouvoir en place lui reproche de ne pas maîtriser ses *petits juges*.

— Inutile de me faire la leçon ! Vous connaissez les règles du jeu aussi bien que moi, alors laissez-moi faire mon travail. Bonne journée, monsieur le procureur, conclut-il en le contournant pour rejoindre l'escalier monumental recouvert de moquette vert impérial.

*Après les fourches des paysans, les ergots du proc... Jamais deux sans trois ?* marmonna-t-il en se rendant au secrétariat commun de l'instruction pour consulter le tableau des affaires entrantes. Là, pas de chance, il tomba sur Martina Vilenovski, une grande blonde d'origine polonaise qui avait gardé de son pays l'accent et la froideur hivernale. Cette perche cagneuse le snobait depuis que Renan avait été inscrit au tableau d'avancement avant elle, une décision qui la cantonnait au traitement des affaires mineures, la petite délinquance, les délits routiers.

Mais cette ambitieuse n'avait pas renoncé. Grâce à Agathe qui était ses yeux et ses oreilles au palais – aucune rumeur, aucun *grincement de parquet* ne lui échappait – il savait qu'elle accordait ses faveurs au doyen Hermory dans l'espoir fou que ce dernier lui confie le pôle financier. Depuis, Renan la surnommait *la gourgandine* ce qui faisait beaucoup rire sa greffière.

Curieusement, Martina s'approcha, le gratifia d'un sourire et entama la conversation pour le féliciter des articles consacrés au « célèbre juge Le Goff ». Mais Renan n'était pas dupe, il fit mine d'être pressé et elle en vint au fait.

— Le doyen m'a suggéré de te proposer une cosaisine du dossier Dorville. C'est une grosse affaire, tu es débordé, ensemble nous ferions du bon travail et ça te soulagerait.

Il faillit s'étrangler devant le culot de la Polonaise. Surtout, la ficelle était grosse.

— La bienveillance de ce cher Hermory n'a pas de limite, répondit-il en finassant. Tu le remercieras pour moi et en cas de besoin, promis, je n'hésiterai pas...

Et il la planta, bras ballants. Le doyen croyait-il vraiment que Renan laisserait entrer ce loup des steppes – qui mangeait bio et militait chez les écolos – dans son cabinet ?

*Foutue journée... J'espère qu'ils vont me lâcher...* pensa-t-il en quittant la pièce. Pour une fois, il n'avait pas échangé le moindre mot avec les deux charmantes secrétaires du service.

Dans le couloir, il salua José, le factotum du tribunal, occupé à changer des ampoules.

Alors qu'il arrivait devant la porte de son bureau, Jacques Hermory le rattrapa, essoufflé par les trois étages qu'il venait de gravir à un rythme trop rapide pour son asthme. Le doyen prit une profonde respiration et tenta de se montrer paternaliste, une tâche que son physique de vautour pansu compliquait quelque peu.

— Tu devrais faire très attention, le parquet se tient à l'affût. Au moindre faux pas, Berthoux t'épinglera !

*Ça devient une manie !* grogna Renan en lui-même.

— Il faudrait être stupide pour ne pas s'en douter... Merci, Jacques, mais on m'attend !

Enfin, il s'assit dans son vieux fauteuil en cuir dont les accoudoirs usés laissaient par endroits percer la bourre. Toute la pièce, nichée sous les combles, était à cette image, la justice française était pauvre et ça se voyait.

Agathe posa devant lui une tasse de café, une capsule de lait et le dossier du père Chevrier.

— Je ne suis toujours pas parvenue à contacter Don Alessandro, dit-elle. Il est en voyage et l'ambassade du Mexique ignore quand il rentrera en France.

— Et zut !

Il s'était renseigné. L'expert recommandé par Lisa Brioni était un personnage ambigu, voire sulfureux et Renan s'était étonné que la MILS utilise ses services : il prétendait descendre d'un très illustre chaman maya !

— Comme rien n'est simple en ce moment, poursuivit Agathe sur le même ton neutre, je dois vous préciser que la juge Vilenovski a introduit un recours devant le CSM pour contester votre inscription au tableau d'avancement.

— Quelle garce ! Il n'y a pas cinq minutes, elle me proposait son aide dans l'affaire Dorville. Pour quel motif ?

— Elle a une année d'ancienneté de plus que vous.

— C'est aberrant, mais je ne vais pas me laisser faire ! Le CSM va entendre parler de moi !

Disant cela, il observait sa greffière qui se tordait les mains.

— Parlez, Agathe !

Elle regarda autour d'elle, comme si l'on risquait de la surprendre en pleine délation, et baissa la voix.

— Eh bien… vous allez avoir fort à faire car madame Vilenovski a le président du CSM dans sa manche. L'idée de ce recours viendrait même de lui.

— Mais comment savez-vous ça ?

— Je ne parlerai qu'en présence de mon avocat, monsieur le juge…

Renan sourit à cette réplique, tout en prenant la mesure du problème : pour forcer le président de la plus haute autorité judiciaire à intervenir dans une banale querelle entre magistrats, il fallait que le coup vînt de très haut – le ministère de la Justice ou l'Élysée. À moins que lui aussi ne couche avec la Polonaise ? *L'étau se resserre*, songea-t-il en pensant déjà à la lettre qu'il enverrait dès le lendemain à qui de droit.

Énervé, il voulut mettre le lait dans son café mais la capsule lui glissa des doigts et il renversa la tasse.

— Bordel de m… !!!

Vive comme l'éclair, Agathe sauva l'essentiel – le dossier Chevrier – tandis que Renan jurait comme un charretier, maudissant tour à tour les fabricants de lait, les Polonaises et le président du CSM. Son pantalon était bon pour le pressing.

Pour se calmer avant l'audition du curé et lui éviter un placement en détention, il ouvrit la fenêtre afin de griller une cigarette mais reçut comme un coup de poing la clameur qui s'élevait de la chaussée pavée. Dehors, les manifestants étaient maintenant sous ses fenêtres et hurlaient des slogans très hostiles à son égard. À l'évidence, une personne mal intentionnée les avait prévenus que le juge Le Goff venait d'arriver.

Il referma et renonça à fumer.

*Il faut que je tue quelqu'un, mais qui?*

Pendant ce temps, sa greffière remettait un peu d'ordre sur le bureau et aborda un sujet plus léger.

— La présidente du bureau des élèves de l'université Jean-Moulin a téléphoné. Elle voulait s'assurer de votre présence la semaine prochaine.

Renan devait plancher devant les étudiants de la faculté de droit sur son thème fétiche : l'indépendance de la justice. L'invitation avait été lancée la semaine précédant Noël.

— Confirmez que j'irai, merci Agathe. Ça me changera les idées.

— Et j'ai réservé votre table au Panier à salade, vous n'avez pas oublié le déjeuner avec votre fille?

— Gaëlle ne me le pardonnerait pas... Bon, faites monter le curé. Et prévenez le dépôt que je verrai Dorville à onze heures.

Souvent, Renan se demandait ce que des hommes comme lui deviendraient sans des collaboratrices telles qu'Agathe. Il appréciait cette femme discrète, fine mouche, qui tenait ses dossiers à la perfection et n'avait pas son pareil pour lui résister et lui dire « non! ». Mieux, il l'admirait. Fille de parents rwandais, des réfugiés politiques, elle ne devait sa réussite qu'à son travail, son courage et sa persévérance. Jamais malade, toujours à l'heure et ne rechignant jamais lorsqu'il fallait terminer tard, elle élevait ses quatre enfants dont le plus jeune avait six ans.

Lorsque le père Chevrier pénétra dans le cabinet, Renan eut un choc. Le religieux était dans un triste état, un gros pansement en travers du front, du sang séché collant ses rares cheveux gris; privé de bretelles – règlement oblige –, il tenait son pantalon à deux mains. Pitoyable. Seule une discrète croix en argent fixée au rebord de sa veste grise rappelait son appartenance à l'Église. Il était suivi du bâtonnier Bohler, son avocat, dont les protestations véhémentes commencèrent dès que la porte fut ouverte.

— Tout cela est scandaleux! Dans quel pays vivons-nous? Ce sont des pratiques qui rappellent les heures les plus sombres de l'histoire de notre pays et...

— Monsieur le bâtonnier, ou bien vous vous calmez tout de suite ou bien nous reprendrons cette audition demain matin. En attendant, votre client retournera en cellule, que ça plaise ou non au primat des Gaules.

Sans bouger de son fauteuil, aussi calme en apparence que l'eau qui dort, Renan s'était exprimé d'une voix très contenue.

L'avocat le connaissait bien et savait qu'il ne bluffait pas. Il remarqua d'ailleurs le mandat de dépôt sur le coin du bureau.

— Avouez tout de même que ce ne sont pas des façons de traiter un saint homme!

— Je ne suis pas là pour avouer! Asseyez-vous et mettons-nous au travail!

Cette fois, il avait élevé le ton. Le prévenu et son conseil obtempérèrent.

— Je n'apprécie guère les affaires de mœurs ecclésiastiques, dit Renan en préambule, pour déstabiliser le prêtre.

— Vos sous-entendus sont blessants! Mon client est innocent!

— C'est à moi de l'établir. Nous ne sommes pas encore à la barre du tribunal. En attendant, taisez-vous, monsieur le bâtonnier!

Il ouvrit le dossier et lut à haute voix la synthèse établie par le commissaire Bastiani, de la sûreté urbaine.

« *La brigade des mœurs patrouillant la nuit aux abords du boulevard périphérique désert à cet endroit et à cette heure tardive, tomba fortuitement sur un véhicule tous feux éteints, immobilisé de manière suspecte sur le bas-côté, à l'orée d'un bois. Deux îlotiers constatèrent un flagrant délit de racolage actif par plusieurs prostituées bien connues du service, dont une mineure de dix-sept ans. Ils entendirent soudainement une cavalcade de pas dans l'obscurité puis des gémissements. À l'aide d'une torche ils distinguèrent recroquevillé à même le plancher, entre la banquette arrière et les sièges avant, un homme de forte corpulence qui se tenait la tête entre les mains. Ils le sortirent du véhicule et lui passèrent les bracelets de sécurité. Au cours de la manœuvre l'homme heurta la portière et se mit à pisser le sang. Il fut aussitôt conduit à l'hôtel de police où un médecin de garde lui prodigua des soins. En conclusion, des poursuites pourraient être engagées contre le prévenu au motif de sollicitation de relations sexuelles tarifées avec une mineure.* »

Levant les yeux par intermittence pendant la lecture, Renan constata que le curé regardait la pointe de ses chaussures. De grosses gouttes de sueur perlaient sous son bandage.

— Les faits rapportés sont accablants, monsieur le curé, conclut-il en ne le lâchant plus du regard. D'autant que le véhicule dans lequel la police vous a trouvé est le vôtre et qu'une prostituée mineure en sortait.

L'homme, la soixantaine en déroute, avait du mal à maîtriser son stress. Un instant, Renan crut qu'il allait avoir un malaise. Agathe lui apporta un verre d'eau qu'il but d'un trait.

— Ça va aller? Voulez-vous que l'on appelle un médecin?

— Non, non... Mais vous devriez vous mettre à ma place! On m'a fait grimper à la hâte ces maudits escaliers depuis un sous-sol insalubre! J'ai passé la nuit sans pouvoir fermer l'œil avec toute cette puanteur et ces plaintes en provenance des autres cellules. On m'a retiré mes lacets, mes bretelles, mon chapelet, mis des menottes... Quelle honte!

— C'est le règlement pour tout gardé à vue, expliqua Renan sans manifester une once de compassion.

— Peut-être, mais dans mon cas les policiers ont commis une grosse erreur!

Ses petits yeux s'agitaient au milieu d'un visage rond qui gardait de profondes traces d'acné.

— Je suis la victime d'un enlèvement! soutint le prêtre en s'épongeant le front.

Aussi surprise que Renan, Agathe marqua une pause dans la retranscription.

— Un enlèvement? Il faut que vous nous racontiez ça...

— Vous ne me croyez pas? C'est pourtant la stricte vérité! assura le père Chevrier qui récupérait des forces. Hier soir, après un dîner avec le cardinal à l'évêché, j'ai été ceinturé par deux hommes qui m'ont allongé dans mon véhicule. Ils ont roulé un long moment et se sont immobilisés dans un endroit désert. Ils se sont emparés de ma mallette et m'ont assommé. La suite n'est pas claire dans ma tête, je suppose que les... prostituées sont venues voir ce qui se passait et c'est à ce moment que la police est arrivée.

— Et que contenait cette mallette de si précieux? questionna Renan, sceptique mais curieux de découvrir la défense du curé.

Ce dernier jeta un bref coup d'œil derrière lui. Seul le garde somnolait.

— Parlez sans crainte, assura Renan, tout de ce qui sera dit ici est couvert par le secret de l'instruction.

Mais le curé se rapprocha du bureau et murmura presque, espérant que ce souci de discrétion prouverait sa bonne foi. Renan eut un léger haussement des sourcils car le curé était loin d'imaginer le dixième de ce qu'un juge d'instruction voyait ou entendait – la *commedia dell'arte* – lorsqu'un prévenu cherchait à le tromper.

— Je suis chargé par le cardinal d'œuvrer au rapprochement des religions. Toutes ces querelles théologiques ne peuvent plus durer. Elles enveniment les rapports entre les hommes. Nous sommes convaincus que seul le rapprochement de...

— Personne ne vous en blâmera, intervint Renan, mais vous ne répondez pas à ma question!

— La mallette, je sais... Elle contenait des échanges de correspondances confidentielles entre les principaux cultes, catholique, protestant, juif, musulman et bouddhiste.

— Qui aurait intérêt à s'emparer de ces documents?

Après une courte hésitation le père Chevrier répondit :

— Je ne peux qu'émettre des hypothèses. La recherche d'un œcuménisme ne doit pas plaire aux fondamentalistes ni à certaines sectes qui se posent en concurrents des religions.

*Encore les sectes!*

Du coup, Renan prit un instant pour réfléchir et le père Chevrier en profita pour sortir de sa poche un Kleenex et se moucher bruyamment tandis que l'avocat prenait des notes.

— La mission que le cardinal vous a confiée est délicate, admit Renan qui suivait maintenant son idée, mais de là à accuser les sectes de votre enlèvement, il y a un grand pas.

— Vous auriez tort de les sous-estimer, monsieur le juge! Surtout en cette période de crise et de prophéties apocalyptiques. Pour se développer ou défendre leurs positions, elles peuvent se montrer redoutables.

Maître Bohler fit remarquer qu'on s'écartait des faits pour lesquels son client comparaissait mais Renan le recadra avec sévérité.

— Monsieur le bâtonnier, je conduis cet interrogatoire comme bon me semble et s'il me plaît de découvrir ce que contenaient ces documents, à condition qu'ils aient existé, car je n'en trouve aucune trace dans la procédure, ne vous avisez pas de m'en empêcher!

Puis il se tourna vers le prêtre.

— Poursuivez, je vous prie.

Et le religieux de faire un long exposé sur les sectes. Il parla du pic de Bugarach, cette « montagne sacrée des Pyrénées » considérée par beaucoup comme étant « le dernier refuge », développa le concept du « syndrome de Noé » qui amenait de nombreux humains à « anticiper les pires catastrophes », expliqua l'argument principal des sectes selon lequel les hommes subissaient les foudres de Dieu – les tremblements de terre, tsunamis, famines, attentats et autres accidents d'avion n'étant que les « signes annonciateurs du Châtiment final » – car ils s'étaient éloignés de Lui et termina son propos en évoquant l'année 2012 et « l'apocalypse selon les Mayas ».

— Très intéressant... commenta Renan qui ne quittait pas le bâtonnier du coin de l'œil et voyait qu'il bouillonnait d'impatience.

Ce qui devait arriver arriva : au risque de provoquer un nouveau courroux du magistrat, il intervint sans y avoir été autorisé.

— Monsieur le juge, je suis dans l'obligation d'insister, nous nous éloignons de notre sujet et mon client, comme vous pouvez le constater, est au bord de l'épuisement.

— Puisque vous insistez, monsieur le bâtonnier, revenons-en aux faits ! Monsieur le curé, expliquez-moi pourquoi vous n'avez pas mentionné la mallette aux policiers qui vous ont arrêté. De la même façon, pourquoi n'avez-vous pas porté plainte pour vol, enlèvement, séquestration et agression ? L'embarras du religieux se lut aussitôt sur son visage, de même que celui du bâtonnier qui regrettait sa boulette et Renan obtint une première confirmation : le prêtre avait improvisé sa ligne de défense au cours de l'interrogatoire. Sans quoi maître Bohler aurait volé à son secours.

*Les bonnes vieilles méthodes de l'Inquisition...* jubila-t-il.

Comme il tardait à répondre, Renan tapota le pied de la lampe bouillotte avec son coupe-papier.

— Eh bien... Pour ce qui est de la plainte, je dois consulter le cardinal. L'Église catholique a ses règles et je me dois de respecter notre droit canon.

*Il a bon dos le droit canon !* estima Renan.

— Mais vous maintenez vos déclarations, à savoir votre agression et le vol des documents ?

Il s'était mis à parler lentement, de façon à bien appuyer sur chaque mot.

— Heu... oui, bien sûr.

— Ce ne sont donc pas les prostituées du boulevard qui vous intéressaient la nuit dernière ?

— Quelle horreur ! s'exclama le père Chevrier qui blêmissait, je n'ai rien à voir avec ce monde-là !

— Monsieur le juge, si vous me le permettez, intervint le bâtonnier avec déférence, je suggère de reprendre cet interrogatoire dans quelques jours. Mon client à l'évidence a besoin de repos. Je vous demande de le relâcher, rien ne justifie le prolongement de cette détention irréfléchie.

— Je vais le faire, rassurez-vous monsieur le bâtonnier, mais auparavant, je vais expliquer à votre client pourquoi je prends la décision de le mettre en examen.

— En examen ? répéta l'avocat d'un air outragé tandis que le père Chevrier portait la main à son front.

— Oui, en examen ! martela Renan en fixant le curé droit dans les yeux. Car voyez-vous, lorsqu'un individu a réussi à satisfaire un désir refoulé, les autres membres de la société éprouvent la tentation d'en faire autant. Et il m'incombe à moi, juge, de réprimer cette tentation de transgresser la règle... de punir l'audace de celui dont les autres envient la satisfaction. Ce faisant, j'adresse un avertissement à toute la collectivité et dans votre cas aux abuseurs sexuels. Nous appelons cela l'effet dissuasif de la peine.

— Je ne comprends pas, dit le curé qui s'efforçait de ne pas contrarier le juge. Vous êtes chargé de venger la société outragée... à travers moi ?

— Il est de mon devoir de vous mettre en examen pour délit de sollicitation de relations sexuelles sur mineure. Naturellement, si vous désirez déposer une plainte pour l'agression que vous prétendez avoir subie, je la recevrai volontiers.

— Enfin, monsieur le juge ! s'emporta maître Bohler. La presse va se déchaîner contre mon client. Toute cette affaire va rejaillir très négativement sur l'image de l'Église. Encore une fois la présomption d'innocence sera bafouée !

— La présomption d'innocence ? Encore un concept creux pour les étudiants en droit qui passent le concours de la magistrature !

Le père Chevrier, dont le visage grêlé s'était maintenant couvert de sueur, manifesta le besoin de soulager une envie pressante.

— Accompagnez monsieur aux toilettes ! ordonna Renan au garde qu'il tira d'une profonde méditation, et veillez à ce qu'il récupère ses effets personnels.

Puis, s'adressant au prévenu : « Vous êtes libre. »

Le curé ne se fit pas prier mais dans la précipitation, il oublia un détail important et son pantalon glissa au niveau des genoux, dévoilant un slip kangourou que Renan trouva aussi gris que l'âme du religieux.

— Vous n'êtes pas le premier à qui ça arrive ici... Au revoir, monsieur le curé, et à bientôt!

Il congédia également le bâtonnier qui voulut marchander les qualifications retenues contre son client.

Sitôt la porte refermée, Renan se leva pour se dégourdir les jambes. À cause des taches qui maculaient son propre pantalon, il n'avait pas quitté son fauteuil de tout l'interrogatoire, même pour serrer la main du bâtonnier, ce qui n'était pas dans ses habitudes. Il se servit un autre café et par prudence, renonça au lait.

Agathe, qui classait son script dans le dossier, s'autorisa un commentaire, sans doute inspiré par ses profondes croyances religieuses.

— Vous ne l'avez pas ménagé ce brave curé. Ouh là là...

— Curé ou sorcier, même combat ! N'ayez pas peur, chère Agathe, nous ne risquons ni les maléfices ni les foudres de l'Église et encore moins les fatwas.

— Tout de même! Il travaille pour le bon Dieu...

— Peut-être, mais il est coupable, je le sens! Et puis, comment vous dire, je suis persuadé que ce *brave curé* et moi avons encore plein de choses à nous dire. Dans ce bureau, ou ailleurs...

Il ouvrit la fenêtre, apprécia le calme qui était revenu – les paysans avaient levé le siège –, grilla sa première cigarette de la journée et se sentit d'attaque pour la suite.

Sa montre indiquait dix heures quarante.

— Et si nous cuisinions un peu ce cher Dorville? Ça nous mettra en appétit!

## 8

*Une fâcheuse rencontre a plus d'éloquence que tous les avertissements du monde.*

Alexandre Ostrovski

Manuel Braga, *alias* le Portugais, ancien légionnaire qui avait servi sous les ordres de Maréchal en Afrique et dans les Balkans, posa un pied à terre et releva la visière de son casque qui s'embuait vite à l'arrêt. En France, le froid venu de Sibérie n'avait pas reculé d'un pouce depuis une semaine.

À cent mètres devant lui, il vit Miranda Gomez sonner à la porte du couple Lenoir. Une dame vêtue d'un tailleur sombre lui ouvrit, la commissaire montra sa carte de police et fut invitée à entrer.

Il était onze heures dix.

Le Portugais planqua sa moto, une Yamaha équipée d'un pot d'échappement silencieux, près d'une fourgonnette blanche et se positionna à proximité, sous un porche. De là, il pouvait surveiller la maison des Lenoir et attendre sans être vu, persuadé que l'entretien ne durerait pas longtemps.

Il profita de cette pause pour envoyer un SMS au divisionnaire.

*Gomez chez Lenoir. RAS.*

Il la filait depuis le départ de son domicile. La réponse ne traîna pas.

*Appliquez les ordres et identifiez le fumier qui a bavé !*

Bertrand Maréchal ne décolérait pas depuis qu'il avait lu *Le Progrès* et l'article mentionnant la disparition de Blandine L. Alors que le pouvoir cherchait à étouffer l'affaire Véry, une autre était sur le point de sortir et risquait de provoquer un emballement médiatique et judiciaire. De quoi placer Le Goff en position de force et compliquer la mission du Portugais qui regrettait que son boss tarde à autoriser la mise sur écoute illégale du juge.

Comme le supposait Braga, Miranda Gomez ressortit du domicile des Lenoir à peine quinze minutes plus tard. Cette fois, un homme voûté et entièrement chauve la raccompagnait ou plutôt l'éconduisait et referma derrière elle sans lui dire au revoir.

L'air contrarié, elle fit une trentaine de mètres, s'installa dans la 309 banalisée qu'elle avait abandonnée sur un passage piéton et démarra en trombe, faisant crisser les pneus.

Le Portugais la laissa partir – il savait qu'elle retournait à la DCRI pour auditionner un témoin – puis il remonta sur sa moto, remit casque et gants, s'assura que la rue était déserte, abaissa la visière et avança au ralenti jusqu'à la porte des Lenoir. Du combi-case avant de la Yamaha, il sortit une enveloppe transpercée par la lame crantée d'un poignard militaire.

*Premier avertissement!* pensa-t-il en levant le bras pour planter le couteau dans la porte.

C'est à ce moment précis qu'elle s'ouvrit à nouveau. Devant lui, une jeune fille dont le visage lui était connu, pétrifiée d'effroi, incapable de crier, le regard fixé sur le couteau qu'il tenait dans son poing. Il retint son mouvement et n'hésita pas. Vif comme l'éclair, s'il frappait, elle n'aurait pas le temps d'esquiver. Il baissa le bras, arracha l'enveloppe pour la mettre dans sa veste en cuir et d'un geste fulgurant, lança le poignard qui alla se ficher au fond du couloir de l'entrée, pile au centre d'une icône figurant une Vierge à l'Enfant. L'instant d'après, il prenait le large, tandis que la fille se mettait à hurler.

Maintenant, il roulait vite dans les petites rues de la Croix-Rousse, certain que personne ne l'identifierait : les plaques étaient fausses et la Yamaha, un modèle très courant, appartenait à une société sans lien avec lui. Le Portugais ne figurait sur aucun organigramme et n'était pas appointé par le ministère de l'Intérieur. Pendant l'incident, son rythme cardiaque ne s'était pas élevé. Il en fallait bien davantage pour impressionner ce mercenaire qu'un simple face-à-face avec la fille d'un juge d'instruction.

À midi quarante-cinq, ayant troqué ses habits de motard contre ceux d'un quidam ordinaire chaudement couvert et la Yamaha contre les transports en commun, il s'installa sous le store chauffé de l'Amphitryon et alluma une cigarette. Le restaurant était situé dans le quartier Saint-Jean, derrière le palais de justice.

Les habitudes du juge étaient connues, la DCRI possédait un solide dossier sur son compte, rançon de ses engagements syndicaux et de ses prises de position médiatisées.

À treize heures, il le vit arriver avec sa greffière d'un pas alerte. Il lui dit quelques mots que le Portugais ne put saisir et entra dans le Panier à salade, un autre restaurant de la place, alors qu'Agathe Kémana poursuivait son chemin vers la rue du Bœuf.

Quelques minutes plus tard, Renan fut rejoint par sa fille qui dissimulait ses yeux derrière de larges lunettes noires. Jusque-là, rien d'inhabituel. À ceci près que la fille Le Goff s'apprêtait à faire le compte rendu de son agression chez les Lenoir.

Profitant d'une table qui venait de se libérer près de la fenêtre, le Portugais entra dans l'Amphitryon et s'installa pour déjeuner, même s'il n'avait pas faim. Lorsqu'il était en mission, il pouvait rester concentré sur son objectif des jours durant et se contenter d'un peu d'eau sucrée et de fruits.

Ce n'est qu'à treize heures vingt-cinq qu'il eut une surprise en voyant le commissaire Loys Grümmel du SRPJ pénétrer à son tour dans le Panier à salade.

Manuel Braga ne termina pas son assiette de saucisson chaud, laissa vingt euros sur la table et sortit sans attendre la monnaie. Il lui fallait une confirmation qu'il obtint en approchant du Panier à salade pour jeter un coup d'œil furtif dans la salle à manger.

Grümmel était bien attablé avec les Le Goff père et fille.

Il était temps d'appeler Maréchal. La moisson du jour était fructueuse et le divisionnaire écouta le rapport en trois points du mercenaire de la DCRI :

1. En apparence Gomez avait fait son travail d'intimidation. Ce que l'attitude hostile du père de Blandine Lenoir tendait à confirmer.

2. Le Goff, *via* sa fille, constituait le lien entre la famille Lenoir et le journaliste du *Progrès*, d'autant que le juge le connaissait.

3. L'implication de Grümmel à ce stade de l'affaire, avant même qu'une plainte ne soit déposée, prouvait que le juge entendait bien profiter de l'opportunité pour ouvrir un second dossier contre les survivalistes.

— Ce fumier de Le Goff ne perd rien pour attendre ! annonça le divisionnaire. Vous allez me placer tout ce petit monde sur écoute, le juge, sa fille et les Lenoir. Voyez ça avec Delom.

— À vos ordres, chef.

Le Portugais était ravi, cette décision allait lui faciliter la tâche. Mais il en voulait davantage.

— Et pour Gomez, on l'écoute aussi ? Moi, j'la sens pas l'Espagnole.

Il savait que son patron doutait d'elle depuis leur dernière entrevue. La réponse tomba net après un court silence :

— Feu vert !

# 9

*Je n'ai jamais réussi à définir le féminisme. Tout ce que je sais, c'est que les gens me traitent de féministe chaque fois que mon comportement ne permet plus de me confondre avec un paillasson.*

Rebecca West

— Je serai de retour à quatorze heures quinze, Agathe. Bon appétit.

— Merci, vous aussi. Et tâchez d'oublier un peu Dorville...

Tandis que sa greffière rejoignait une collègue pour déjeuner dans un café de la rue du Bœuf, Renan poussa la porte du Panier à salade. Il était le premier. Le patron l'accueillit chaleureusement mais lorgna vers son pantalon souillé par le café.

— Un interrogatoire qui a mal tourné, monsieur le juge ?

— Ne m'en parlez pas, les prévenus sont de plus en plus coriaces...

Il s'installa à sa table habituelle et ne put s'empêcher de repenser à l'audition de Richard Dorville. Deux heures durant, le patron lyonnais avait clamé son innocence, laissé entendre que son arrestation ne resterait pas impunie – la menace était juste assez voilée pour ne pas constituer un délit – et annoncé son intention d'entamer une grève de la faim s'il n'était pas relâché le jour même. Une confrontation pénible.

*Rira bien qui rira le dernier...* songeait Renan qui attendait avec impatience la journée de vendredi et le joli tour qu'il réservait au PRP.

Lorsqu'il vit sa fille arriver, il fut étonné de la voir porter des lunettes de soleil en plein hiver. Il se leva pour l'embrasser mais elle évita son accolade et se posa lourdement, sans un mot.

Une attitude singulière qui ne manqua pas d'inquiéter Renan. Il se pencha à travers la table et posa sa main sur la sienne.

— Tu as pleuré ?

— Oui... Mais ça va maintenant, dit-elle en ôtant ses lunettes. Ses yeux étaient gonflés et leur éclat terni par l'anxiété.

D'un geste, Renan commanda deux verres de condrieu puis demanda :

— Tu as eu des nouvelles de Blandine ?

— Non, hélas.

— Alors quoi ? dit-il avec une once de brusquerie, pressé de comprendre.

— Ce matin, je suis allée chez les parents de Blandine pour les soutenir. Vers onze heures, ils ont eu la visite d'une commissaire qui appartient au service territorial du renseignement. Tu connais ?

— C'est la DCRI. Je suppose que la commissaire s'appelle Miranda Gomez.

— C'est ça, oui. Tu travailles avec elle ?

— Ça arrive. C'est une bonne enquêtrice. Elle t'a vue ?

— Non, je suis restée cachée dans la cuisine, mais j'ai tout entendu.

— Que voulait-elle ?

— Savoir ce que les parents de Blandine avaient découvert et connaître leurs intentions.

— Qu'ont-ils dit ?

— Ils sont restés prudents ; ils ont rappelé que Blandine avait disparu depuis le 29 décembre, qu'ils n'avaient aucune nouvelle et excluaient l'idée d'une fugue car ce n'était pas le genre de leur fille.

— Elle leur a parlé de l'article du *Progrès* ?

— Oui, mais ils ont dit qu'ils ne le lisaient jamais. Alors, elle a montré le journal et ils ont démenti avoir été interviewés. À ce moment, elle a élevé le ton et rappelé que lors de la main courante déposée le 4 janvier, ils avaient évoqué un enlèvement par une secte et désigné les survivalistes.

— Un petit coup de pression. Classique... relativisa Renan. Ça a donné quoi ?

— Madame Lenoir s'est mise à pleurer et son mari a prié la commissaire de partir.

— Leur a-t-elle suggéré de porter plainte ?

— Non. Mais elle a dit texto : « Si vous portez plainte, préparez-vous car ce sera le début d'une rude bataille. »

— Quelle salope ! jura Renan qui se demandait à quel jeu jouait Gomez.

Sur le chemin du restaurant, après avoir ordonné la mise à l'isolement de Dorville, il avait découvert le SMS de la commissaire qui lui proposait une « entrevue discrète ».

— Tu diras de ma part aux parents de Blandine qu'ils ont bien réagi, poursuivit-il. Mais c'est cette visite qui t'a mis dans cet état ?

Gaëlle retira la main de la sienne pour la plonger dans sa besace en toile. Elle sortit un torchon de cuisine vichy plié en quatre qu'elle posa devant son père.

— Non. C'est ça !

Sourcils froncés, Renan souleva le pli supérieur du torchon, découvrit le poignard militaire à lame crantée et écarquilla les yeux. Et sa fille de raconter l'agression en détail.

— Pourquoi ne m'as-tu pas prévenu plus tôt ou appelé la police ? lui reprocha-t-il.

— Les Lenoir... Ils n'ont pas voulu. Ils ont peur, papa.

— Et ce couteau, il ne fallait pas y toucher, on aurait pu y relever des empreintes.

— L'homme avait des gants.

— Tu peux le décrire ?

— Non, il portait un casque et un blouson.

— Souviens-toi d'un indice, sur lui ou sur la moto.

— Tout est allé si vite, c'est difficile.

Renan réfléchissait à toute vitesse. Si le motard avait conservé l'enveloppe, ce n'était pas un hasard. Il avait reconnu Gaëlle. Mais ensuite, il ne parvenait pas à trancher : l'agresseur surveillait-il la maison des Lenoir ou bien filait-il le train de Gomez et avait-il attendu son départ pour impressionner les parents de Blandine ? S'il répondait à cette question, il pourrait peut-être remonter jusqu'au commanditaire du motard.

Soudain, il ressentit les effets de la peur, de façon rétrospective, et s'en voulut d'avoir demandé à sa fille de s'impliquer dans l'affaire. Pour un peu, au lieu d'être au restaurant, il aurait pu se retrouver sur une scène de crime, banale à en pleurer, sauf que dans ce cas, c'était Gaëlle qui aurait joué le rôle de la victime. Le combat contre les survivalistes s'annonçait encore plus compliqué que prévu.

Au moment où le patron apportait les verres de vin blanc, un grand blond au visage triangulaire – raie au milieu, menton pointu – arriva. De prime abord, Loys Grümmel remarqua les yeux rougis de la fille et la mine déconfite du père qui s'était en partie levé pour l'accueillir. Il crut opportun de détendre l'atmosphère.

— Vous en faites une drôle de tête... C'est à cause de votre pantalon ?

— Pas vraiment, non ! Voilà ce qu'un fou a brandi sous le nez de ma fille ce matin !

Joignant le geste à la parole, Renan souleva un pan du torchon.

— Pfuuuuuuu ! s'exclama le commissaire du SRPJ, pas du tout gêné par sa gaffe. Que s'est-il passé ?

Il s'assit à côté du magistrat, face à Gaëlle, et machinalement passa un doigt sur le couteau et vérifia l'affûtage de la lame. Voulait-il s'assurer qu'il s'agissait d'un vrai ? Renan le vit faire et ne sut le dire. Il résuma les faits et partagea ses premières conclusions.

— C'est un avertissement adressé aux Lenoir. Gaëlle n'était pas visée, mais le fait qu'elle ait été aperçue sur place a changé la donne.

— C'est évident, reprit Grümmel. Le motard a fait le lien entre les Lenoir et vous. Si ça se trouve, on vous surveille déjà et on m'a vu vous rejoindre. Côté discrétion, c'est réussi !

Sans se concerter, le juge et le commissaire regardèrent autour d'eux, ce qui ne manqua pas de raviver la peur de Gaëlle qui, à son tour, but une grande gorgée de blanc avant de poser une question.

— Vous croyez que le motard fait partie des survivalistes?

— Il ne faut pas l'exclure, répondit le policier, mais les sectes emploient rarement la méthode forte. Ils jouent davantage sur le registre psychologique.

— Alors qui l'a envoyé, commissaire ?

L'inquiétude de la jeune fille était palpable.

— Il n'y a qu'une autre piste, répondit Grümmel sans prendre de gants. Le gouvernement, pour faire taire les Lenoir et étouffer l'affaire.

— Il ne faut pas chercher des complots partout, Loys! dit Renan qui voyait sa fille de plus en plus terrorisée; elle avait eu sa dose d'émotions fortes pour la journée.

Mais il n'en pensait pas moins et se remémorait les propos de Lisa Brioni : *Les coups peuvent aussi venir de la DCRI.* Car en définitive, qui, à part les survivalistes, la police, sa fille et lui, savait que Blandine avait disparu?

— Vous avez sans doute raison, admit-il, recevant le message cinq sur cinq.

Le patron du restaurant, qui entre-temps avait posé les menus sur la table, revint les voir pour la commande. Trois plats du jour – filet de saumon purée – et une fillette de blanc.

— Bon... reprit Renan. Et si vous me disiez plutôt ce que vous avez découvert.

— Rien. Les Lenoir sont clean, pas de casseroles, pas d'antécédents fiscaux et même pas de contraventions impayées. Quant à Blandine, son nom ne figure sur aucun vol international au départ de la France depuis le 25 décembre.

— Tu as fait enquêter sur ses parents? s'indigna Gaëlle.

— Ton amie a disparu, il ne faut négliger aucune piste.

— Votre père a raison, mademoiselle. Et dans son appart? renchérit Grümmel.

— Les Lenoir y sont allés hier, répondit Renan que la mère avait appelé sitôt la visite terminée. Il n'y a plus rien! Tout ce qui avait de la valeur a disparu.

— Un cambriolage?

— Non. Aucune trace d'effraction, le serrurier est formel. Il faut croire que Blandine avait besoin d'argent. Elle a dû tout vendre avant de prendre le large. Ses comptes bancaires aussi ont été vidés entre le 25 et le 31 décembre.

— Elle a préparé son coup, c'est clair. Ou alors, quelqu'un l'a forcée à agir de la sorte.

Le quart d'heure suivant fut consacré à analyser la situation et à identifier une façon de faire avancer l'enquête.

— En l'état, j'ai fait tout ce que je pouvais pour vous aider, conclut Loys Grümmel. Nous sommes bloqués. En revanche, mademoiselle Le Goff, si vous portiez plainte pour tentative d'agression à l'arme blanche, ça changerait tout.

Gaëlle ne répondit pas. Renan la relança car ni la police ni la justice ne pouvaient agir sans ce préalable.

— Je partage l'avis de Loys. Si les Lenoir ne portent pas plainte pour la disparition de leur fille, toi tu peux en déposer une. Avec ça, nous pourrons agir officiellement et mobiliser des moyens.

Mais elle restait silencieuse et son père dut la relancer.

— Gaëlle...

— Je ne peux pas, avoua-t-elle enfin, l'air désolé.

— Mais pourquoi ? s'étonna-t-il. Nous pouvons te protéger.

— Ce n'est pas ça. J'ai promis à monsieur et madame Lenoir de ne rien faire. Après l'article et ce qui s'est passé ce matin, ils pensent que leur fille est en danger et ne veulent pas lui faire courir le moindre risque.

— Je te promets que nous agirons avec prudence.

— Pas à moi, papa ! Je sais comment ça marche, tu me l'as assez expliqué. Si je fais ça, la police ira interroger les parents de Blandine et ils sauront que je les ai trahis !

— Écoute, ma chérie, je t'assure que...

— J'ai dit non ! trancha Gaëlle, péremptoire. Et puis d'abord, pourquoi ne faites-vous pas votre travail ? Blandine a disparu, on vient de m'agresser ! Il vous faut quoi de plus ?

— Une plainte, rappela Loys Grümmel.

— Y'en a marre de tout ce bla-bla et de vos procédures à la noix ! C'est trop compliqué ! J'me tire !

Elle se leva brusquement, bouscula la table, renversant un verre, et se dirigea vers la sortie du Panier à salade. Renan ne tenta pas de la raisonner, ni de la rattraper. À chaud, c'était impossible et les années qui passaient n'arrangeaient rien. Son caractère se durcissait mais surtout, elle réagissait de plus en plus souvent de façon irrationnelle, en particulier lorsqu'elle avait une idée en tête. Ça virait parfois à l'obsession et ce dernier point inquiétait Renan.

— Quelle tête de mule! râla-t-il en épongeant avec sa serviette le vin qui s'était répandu sur la nappe et en avait remis une couche sur son pantalon.

— C'est de famille, non?

— Épargnez-moi, vos sarcasmes, Loys. En revanche, vous allez me donner un coup de main. Essayez de vous renseigner sur les deux rabatteurs survivalistes qui ont accroché ma fille et Blandine. Ils s'appellent Jacques et Marie-Rose. Gaëlle m'a fourni leur signalement et leur adresse.

Renan lui remit un feuillet que le commissaire parcourut rapidement.

— OK, je vais voir ce que je trouve.

— Ensuite, il faudrait regarder les listings des vols internationaux au départ des grandes villes européennes.

Grümmel se raidit.

— Vous m'en demandez beaucoup. Nous travaillons sans filet!

— Ce n'est pas la première fois. Dernier point, demandez au labo d'examiner ce poignard, il fournira peut-être un indice exploitable, dit-il en roulant le torchon et en le tendant à Loys Grümmel qui soupira et se résolut à le prendre.

Il ne pouvait oublier que sans Renan Le Goff, il ne serait jamais devenu commissaire.

Comme elle était partie précipitamment, Gaëlle se réfugia sous le store de l'Amphitryon pour enfiler sa doudoune et ajuster son écharpe.

Un homme trapu, très brun, aussi compact qu'un rocher, fumait ou plutôt crapotait, sans sortir les mains de ses poches. Elle vit qu'il l'observait, immobile, les yeux plissés, pendant qu'elle se fagotait puis – sans qu'elle puisse l'expliquer – il lui offrit une cigarette, se contentant de poser le paquet ouvert sur la table devant elle.

Elle crevait d'envie d'en griller une pour se calmer et accepta d'un hochement de tête. Il lui donna du feu et elle découvrit sa main, aussi large qu'un battoir. Jusqu'à ce matin, elle n'en avait jamais vu de pareille. De son agresseur, elle ne gardait qu'un souvenir, le poignard et cette pogne monstrueuse qui le brandissait. Mais celle-là lui parut plus petite.

Elle aspira une grande bouffée, frissonna des pieds à la tête et s'en alla.

— Merci pour la clope. Salut !

Sa colère retomberait d'ici ce soir, mais pas sa frustration. Blandine courait un grave danger, elle le pressentait. Hélas, elle était bien la seule et maudissait l'inertie du monde et ces hommes sans courage, à commencer par son père qu'elle avait trop longtemps pris pour un super-héros. Mais dans la vraie vie, un juge d'instruction, ça n'avait aucun pouvoir !

Manuel Braga la regarda s'éloigner, un éclat félin dans le regard.

# 10

*L'assoiffé qui ne rencontre nulle source est assurément fort aise de trouver une flaque d'eau.*

Sharid De Balkh

*Quelque part au large des îles Vierges*

— Le Maître sera bientôt là. Tout doit être impeccable. Mets-toi au travail ! ordonna le capitaine Jorgen Sventörn.

Ce colosse blond taillé dans un iceberg soumettait l'équipage et ses passagers – quatre cents personnes en tout – à rude épreuve.

Karim inclina la tête en signe d'obéissance et quitta la passerelle supérieure pour se diriger vers l'avant de l'*Ark*, luxueux paquebot de cent trente mètres qui sillonnait les mers des Caraïbes à longueur d'année.

À bord du navire amiral des survivalistes, Karim faisait partie des *hôtes privilégiés* qui, grâce à l'excellence de leur implication, se voyaient confier des tâches nobles. L'entretien de la suite d'Ernst Blake dans son cas. Balai, serpillière, chiffon et produits lustrants étaient ses attributs. Ce qui ne l'empêchait pas d'avoir versé une petite fortune pour financer ce long séjour de perfectionnement moral et se « préparer à l'apocalypse » dans le saint des saints de la secte. Que se passerait-il après ce long stage ? Karim pensait que l'Église lui trouverait un travail. De toute façon, il était loin de regretter son choix ; sans la secte, il aurait sombré. Sa vie avait basculé le jour où il avait décidé de fuir son Maroc natal, incapable de briser le carcan des traditions, laissant derrière lui Naomi, la femme qu'il aimait. Arrivé en France de façon illégale, il avait bourlingué – plutôt galéré – avant d'atterrir chez un lointain cousin, à Givors, sans autre but dans la vie que d'oublier sa lâcheté, tentant le jour de régulariser sa situation pour reprendre ses études de médecine, glissant la nuit dans la délinquance. Par chance, les survivalistes l'avaient repêché, « éveillé », formé pendant deux ans et envoyé sur l'*Ark*. Ici, Karim travaillait jusqu'à l'épuisement, parfois plus de quinze heures par jour, mais il était fier de faire partie de ceux qui repeupleraient la Terre après le 21 décembre 2012.

Alors qu'il empruntait la coursive menant à la proue du paquebot, Karim eut l'idée de faire un bref détour par la salle réservée à l'instruction des nouveaux venus. Bien qu'irréprochable dans sa conduite et figurant parmi les recrues les plus motivées, il éprouvait le besoin de parler à une femme. Or, les passagères se montraient très distantes, sans doute par crainte des foudres de l'encadrement.

Discrètement, il risqua un œil à travers l'oculus de la porte entrebâillée et observa l'assemblée constituée d'une vingtaine d'Européens et d'Américains assis en tailleur et formant un cercle. Arrivés l'avant-veille, ils avaient embarqué lors d'une courte escale à Saint-Martin, dans les Antilles néerlandaises.

C'était au tour d'une jeune femme de raconter son histoire.

Peau blanche, presque laiteuse, parsemée de fines taches de rousseur, des yeux fatigués, tombants et un nez droit. Maintenus par une barrette, ses cheveux châtains mi-longs tirés vers l'arrière dégageaient amplement son front et soulignaient son apparence d'ingénue.

Comme elle parlait doucement, il ne put saisir que des bribes. Il lui sembla comprendre qu'elle venait de la région de Lyon, comme lui. Mais surtout, quelque chose dans son regard pâle lui rappelait Naomi. La même expression de soumission résignée et une profonde solitude intérieure que sa voix indolente accentuait.

« ... Autour de moi, tout était superficiel... Je vivais dans un monde d'illusions... Tant de mensonges... On me destinait à l'enseignement... On ne m'a jamais demandé mon avis... Ils croient tous que je suis une suiveuse... Mais je savais que ma voie était ailleurs... Je suis partie pleine d'espoir... »

Immobile, Karim buvait ses paroles, laissant les mots et les images raviver des sentiments d'un passé qu'il pensait être parvenu à étouffer. Un instant, leurs regards se croisèrent et Karim crut voir Naomi lui sourire. Il en fut bouleversé.

— On écoute aux portes, matelot? tonna le capitaine Sventörn.

Le Marocain sursauta et eut le sentiment affreux d'être arraché à un rêve merveilleux, le premier depuis bien longtemps. Cœur battant, il se retourna et fit face au géant suédois toujours impeccable dans son uniforme immaculé.

— Heu... non... mais... heu...

Il était dans l'incapacité de s'expliquer et craignait une punition sévère.

— Retourne au travail! Et si je te reprends à traîner dans les couloirs, je te transfère aux cuisines!

Tête basse, Karim ne se fit pas prier et fila dans la suite du gourou dont il était le seul à posséder les clés, avec le pacha.

Là, pour la énième fois, il commença par nettoyer la salle de bains en marbre et son immense jacuzzi. Il frotta et astiqua encore et encore, tentant de faire le vide en lui, mais ni la fatigue intense, ni ses efforts de concentration ne parvenaient à estomper le souvenir de la jeune fille à la figure de craie. Il la reverrait, c'était sûr, et cherchait déjà le moyen de mettre son projet à exécution. Ce ne serait pas simple, il en avait conscience, car sur ce bateau, les hommes et les femmes vivaient séparément. Seules les séances de purification, les cours de survie et les repas se prenaient en commun. En outre, il était formellement interdit d'avoir une relation amoureuse, même pour les *hôtes* qui venaient en couple. La loi de l'*Ark* était impitoyable et les contrevenants se faisaient débarquer à l'escale suivante. Cette règle s'inscrivait dans le long processus de transformation-libération des adeptes, apprendre à refouler ses pulsions, canaliser son énergie, entraîner l'esprit à dominer le corps.

Mais Karim n'entendait pas renoncer, pas cette fois. Deux êtres que tout sépare, qui prennent les mêmes décisions improbables au même moment et se rencontrent, ce n'est pas un hasard. Lorsqu'il eut rejoint son dortoir, beaucoup plus tard, et fut sur le point de s'endormir, il en était convaincu et comprenait enfin la pleine signification du mot *mektoub* : *c'était écrit, ça devait* se *produire.*

Demain, il agirait.

# 11

*Ce qu'on exigeait, ce n'était pas d'avoir du courage, mais de le montrer.*

Ernst Weiss

Minuit. Une heure idéale pour aller aux putes.

Après avoir garé sa voiture non loin de là, Renan remontait le boulevard emprunté la veille par le père Chevrier. Le trafic était fluide et les voitures passaient près de lui à bonne allure. À cet endroit, il n'y avait aucun radar.

Les premières prostituées apparurent, *marchandise* de second choix. À tour de rôle, découvrant un sein siliconé ou une jambe gainée, elles l'interpellèrent – « C'est quarante la pipe, chéri… et cent pour la totale… » – mais Renan poursuivit son chemin. Il savait ce qu'il cherchait.

Enfin, il arriva dans la zone la moins éclairée, la préférée des plus jeunes de ces travailleuses de la nuit. *Un vrai coupe-gorge…* songea-t-il tout en admirant le courage de ces filles qui, en dépit du froid, tapinaient quasiment nues sous leur manteau. La cocaïne faisait des miracles, un antigel de première classe.

Les propositions recommencèrent. De temps à autre, une voiture ralentissait, s'arrêtait, une vitre se baissait et après un bref pourparler, une fille disparaissait.

Renan s'arrêta un instant auprès d'une grande rouquine – *un grand rouquin?* se demanda-t-il avec méfiance –, déclina son offre avant de repartir, croisant çà et là un vrai client. Finalement, il revint sur ses pas et se dirigea vers une brune plus mûre qu'il pensa être la cheftaine du troupeau. Son buste était couvert d'une guêpière en skaï noir sur laquelle dansaient la lumière des lampadaires et les phares des voitures.

— Bonsoir... dit Renan qui était nettement moins à l'aise que dans son cabinet.

— Bonsoir mon joli... On m'appelle Lula... Tu veux une petite gâterie ou bien le grand jeu... ?

— Un renseignement, plutôt.

— Ça, mon poulet, se renfrogna la gagneuse, c'est pas not'truc !

— Je ne suis pas de la police.

— Et t'es quoi alors ?

De sa poche, Renan sortit une photo du curé.

— Je voudrais savoir si vous avez vu cet homme ici hier...

— T'as pas répondu, mec ! T'es qui pour poser des questions ?

— Juge, mais vous ne risquez rien, je suis seul et...

— Un juge ? Quelle horreur ! s'écria Lula. Foutez le camp les filles !

En un instant, ce fut la débandade. L'image du renard lâché dans une basse-cour traversa l'esprit de Renan qui n'avait pas prévu ce scénario. Il tenta de la retenir par le bras.

— N'ayez pas peur...

— Attends, mon coco ! Tu vas pas regretter d'être venu ! brailla la prostituée en sortant une bombe lacrymogène de son sac pour l'asperger.

Mais elle fut interrompue par le vrombissement d'une moto surgie de nulle part qui fonçait dans leur direction et pila à trois mètres. Son phare les aveugla. Pourtant, dans le halo, il sembla à Renan que le motard levait le bras et le pointait vers eux.

Sans réfléchir, il poussa Lula et se mit devant elle pour la protéger et la plaquer au sol. Mais au lieu d'une détonation, c'est un flash qui crépita plusieurs fois avant que le motard ne reparte à toute vitesse, en direction de l'autoroute.

La scène n'avait pas duré plus de cinq secondes.

— Et merde!!! fulmina Renan dont la vision tardait à se remettre de l'éblouissement.

Maintenant, un fou se baladait avec des photos de lui en compagnie d'une prostituée. Un journal pouvait en faire ses choux gras ou le CSM le sanctionner pour atteinte à la dignité de la fonction. Voire les deux. Coupable ou innocent, il expierait sa faute ou celle des autres, en application du discours moralisateur qu'il avait tenu au père Chevrier. Bien joué!

À ses côtés, Lula se frottait les yeux. Il l'aida à se relever puis, contre toute attente, au lieu de prendre ses jambes à son cou comme ses copines, elle s'approcha et lui parla d'une voix qui exprimait sa reconnaissance.

— Vous en faites pas, m'sieur le juge, j'veux bien témoigner et j'dirai que vous n'étiez pas ici pour la bagatelle.

— C'est gentil, mais ce sera pire, on pensera que je suis votre protecteur...

Soudain, Renan entendit une portière claquer. Il se retourna et vit un Maghrébin et deux armoires à glace made in Russia sortir d'un 4 x 4 noir immatriculé en Italie. Il ne l'avait pas entendu arriver et n'en menait pas large. Les portes du Nissan étaient ouvertes et le chauffeur resta au volant.

*Mais dans quel put... de pétrin je suis allé me fourrer!*

Le Maghrébin tenait une chaîne de vélo dans la main droite et le plus grand des Russes une batte de base-ball dont l'extrémité était posée sur son épaule.

— C'est quoi ce bordel? gronda le Russe en s'adressant à Lula.

*Manquait plus que les macs!* se désespéra Renan qui priait pour qu'une descente de police ne vienne pas clôturer cette brillante soirée.

— On n'en sait rien, Kurd... bredouilla Lula. Y'a un dingo qui a voulu nous agresser...

Elle avait peur et ça se voyait.

— Pas de bobo? Alors au boulot!

Il mit deux doigts dans sa bouche et siffla un coup strident. Les filles sortirent de leur cachette et reprirent la pause. Puis, désignant Renan d'un mouvement de tête agressif :

— Et lui, c'est qui?

— Rien, rien... un client...

— Alors mon pote, tu consommes ?

— Heu... non, merci.

Mieux valait ne pas la ramener. Pas sûr que les employeurs de Lula se montrent aimables envers un juge seul et sans protection dans un quartier mal famé. D'autant que des salopards dans le genre de Kurd, Renan en avait fait enfermer des centaines depuis quinze ans.

— Alors casse-toi !!!

Renan ne discuta pas et s'éloigna. Lula l'accompagna sur une dizaine de mètres et lui glissa quelques mots à voix basse.

— Vot'gusse, on l'voit de temps à autre ici. C'est un curé, il aime les p'tites jeunes... Même qu'on l'surnomme *Goupillon*, car du côté de... enfin, vous voyez c'que j'veux dire, c'est plutôt riquiqui...

— C'est affligeant... soupira Renan qui, pourtant, ne s'était pas trompé sur les raisons de la présence du prêtre en ce lieu de perdition.

— Vaut mieux qu'il vienne nous voir plutôt que de tripoter les enfants de chœur, non ?

Imparable argument.

— Merci, Lula. Et si un jour vous avez un problème, appelez-moi au tribunal. Je m'appelle Le Goff. Renan Le Goff.

*Tu te prends pour James Bond?* ne put-il s'empêcher de penser en référence à sa dernière phrase.

En remontant dans sa voiture, il sentit ses jambes trembler. Il alluma une cigarette, satura l'habitacle de fumée et essaya de trier les questions qui se bousculaient dans sa tête.

Qui était le photographe en moto ? Le même homme qui avait agressé sa fille ? Pourquoi avoir pris ces photos ? Pour l'intimider ? Pour le faire chanter ? Pour ternir sa réputation ? Pour le forcer à classer une affaire ? Mais laquelle ? Dorville et le PRP ? Véry et les survivalistes ? Chevrier et sa petite vertu ?

Impossible de trancher. Il se pouvait même qu'aucune de ces hypothèses ne soit la bonne. Une seule chose était certaine : en attendant de connaître l'utilisation qui serait faite des photos, il allait vivre dans l'angoisse. Une deuxième certitude se profilait : on espionnait ses faits et gestes. Il décida cependant de ne rien changer à ses habitudes ni à ses plans et de piloter la crise à vue. Quant au père Chevrier, il était urgent d'attendre avant de prendre une décision. Car entre-temps, Renan avait appris par Loys Grümmel que *Goupillon* était en bonne voie pour devenir évêque. Il n'était pas dans ses habitudes de négocier les renvois en correctionnelle mais cette fois, la fin justifierait peut-être les moyens.

# 12

*La corruption, le plus infaillible symptôme de la liberté constitutionnelle.*

Edward Gibbon

*Lyon, vendredi 11 janvier*

Hervé Legendre, le trésorier du PRP, voyageait en compagnie de deux collaborateurs du parti et se rendait à Lyon pour la journée. Officiellement, ce déplacement s'inscrivait dans le cadre d'une tournée destinée à discuter le budget alloué par l'organisation aux fédérations régionales. Officieusement, il s'agissait de faire le point avec les responsables lyonnais du PRP sur l'affaire Dorville et de trouver les moyens de circonscrire l'incendie allumé par le juge Le Goff dans les tentures du parti avant qu'il n'embrase toute la maison présidentielle.

Il passa tout le trajet à lire une copie des pages essentielles du dossier de l'instruction consacré à Richard Dorville, obtenu grâce à l'entremise du ministre de la Justice, et à imaginer des parades pertinentes. Cette affaire ne sentait pas bon. Pas bon du tout, même. Des têtes tomberaient et parmi elles, la sienne, qui figurait sûrement en bonne place dans la liste du *petit juge*.

Alors que le TGV franchissait les banlieues de l'agglomération lyonnaise, il reçut un SMS du trésorier du Rhône venu l'accueillir.

*Il y a des journalistes à l'arrivée. Ils sont là pour vous.*

Qui les avait informés ? Il posa la question par retour et obtint une réponse laconique :

*Pas nous.*

Le trésorier Legendre n'aimait pas ça. Cet expert en montages financiers complexes avait appris à flairer les mauvais coups. S'il l'avait pu, il aurait fait demi-tour. Mais il était trop tard, sauf à sauter en marche ; il fonçait tête baissée dans la gueule du loup, sachant pertinemment que son immunité parlementaire ne le protégeait pas d'un juge désireux de l'auditionner.

Sous la pression, son cœur battait plus vite, il quitta son siège et s'isola dans les toilettes pour appeler l'avocat du parti, partager son intuition, lui demander de rester joignable à tout instant et de prévenir son correspondant à Lyon pour qu'il le rejoigne au palais de justice. Ensuite, il déchira les pages du dossier Dorville en petits morceaux et les jeta dans la cuvette des WC avant de tirer la chasse d'eau.

Il était de retour à sa place quand la voix nasillarde du contrôleur retentit dans le compartiment.

« Lyon-Part-Dieu... Ici Lyon-Part-Dieu... Cinq minutes d'arrêt... »

*Cinq minutes d'arrêt... tu parles !* se dit Legendre en imaginant qu'il passerait peut-être le week-end en détention provisoire.

Entouré de ses deux adjoints auxquels il avait demandé de rester calmes et souriants et qui portaient sa sacoche et la leur, il s'engagea sur le quai avec la foule des voyageurs et emprunta l'escalier qui menait à l'intérieur de la gare. C'est en arrivant au milieu des marches qu'il eut la confirmation de ce qu'il redoutait, repérant sans difficulté les journalistes de France 3 grâce à la caméra. Mais surtout, il identifia celui qui allait sérieusement compliquer sa journée, voire gâcher son week-end. Le juge Renan Le Goff venait le cueillir à sa descente du train. Comme une fleur qui, à défaut de vase, risquait la cellule. Il était assisté d'une femme à la peau noire, probablement sa greffière. Quant aux policiers, ils devaient être en civil.

*Ouf !* Un moindre mal.

Par prudence, les membres du PRP du Rhône venus accueillir Hervé Legendre se tenaient à distance.

*Allons-y !* se dit-il en espérant que le conseil de son avocat lui permettrait de sauver les apparences. Pour quelques heures.

Tout sourire, il dévala les dernières marches et se dirigea vers le magistrat.

— Juge Le Goff, c'est très aimable à vous d'être venu me chercher, lança-t-il assez fort pour que les journalistes puissent l'entendre. Mais vous n'auriez pas dû vous donner cette peine, nous avons encore des voitures au PRP !

Renan ne put faire autrement que de serrer la main du politicien, sous l'œil de la caméra. Mais de l'autre, il lui tendait la commission rogatoire – signée par lui – qui l'autorisait à l'interpeller. La plupart du temps, les juges laissaient ce travail à la police.

— Monsieur Legendre, voici la...

— Allons-y, cher ami, ne perdons pas de temps, le coupa-t-il. J'aimerais en avoir terminé avant midi car je dois rejoindre nos militants et les parlementaires du département pour un déjeuner républicain.

Momentanément coincé, le juge se tut et fit un geste du bras pour lui montrer le chemin. Mais le trésorier, voyant que le cameraman et deux journalistes s'approchaient, en profita pour placer une déclaration.

— Madame, messieurs, c'est bien volontiers que j'ai accepté de rencontrer le juge Le Goff, profitant de ma venue à Lyon, afin de dissiper ce stupide malentendu autour de notre financement. Vous comprendrez que je n'en dise pas davantage. Merci à vous d'être venus. Bonne journée.

« Monsieur le juge, un commentaire ? »

— En fin de journée, sûrement !

Renan nota avec une pointe de plaisir la grimace que fit Legendre en entendant sa réponse.

Le petit groupe quitta la gare par la sortie Est, suivi des journalistes qui ne perdaient rien de la scène. Le juge, sa greffière et Legendre prirent place dans une voiture conduite par un policier réquisitionné pour la circonstance pendant que les assistants du trésorier filaient rejoindre les membres de la délégation locale, le téléphone déjà collé à l'oreille.

— Vous êtes très fort, monsieur Legendre, votre numéro devant les médias était parfait, salua Renan une fois les portières fermées. Nous verrons bien comment vous vous en tirerez dans mon bureau !

— Ce n'est pas moi qui ai convoqué la presse ! s'insurgea le politicien.

— Moi non plus, mentit Renan, mais nous ne sommes jamais à l'abri d'une fuite...

Legendre s'interrogea : faisait-il allusion au dossier Dorville dont il avait obtenu une copie? Ou bien sous-entendait-il qu'un membre du PRP l'avait informé de sa venue à Lyon? Dans tous les cas, son avocat avait eu raison en lui conseillant de ne pas sous-estimer ce juge breton. La bataille s'annonçait rude.

Ils arrivèrent au palais de justice à dix heures quarante-cinq et l'avocat lyonnais du PRP se présenta devant le juge quinze minutes après afin d'assister son client. L'audition d'Hervé Legendre put alors commencer. Elle devait durer jusqu'au soir. Le trésorier dut même subir l'épreuve d'une confrontation avec Richard Dorville. Les deux hommes prétendirent se connaître uniquement « de vue », mais Renan produisit plusieurs documents qui prouvaient le contraire et lui permirent de confondre ces deux complices du financement illégal du PRP.

Comme il se doutait que le dossier de l'instruction *fuiterait*, Renan avait tardé à enregistrer la plupart des pièces, ne transmettant au parquet que le strict minimum, prétextant une saturation administrative de son cabinet.

Il eut également l'occasion de pousser le trésorier à la faute, prêchant le faux pour savoir le vrai, au sujet d'un appel d'offres remporté par l'une des très nombreuses sociétés impliquées dans ce vaste réseau de fausses factures.

« Mais c'est impossible, Dorville ne fait pas partie des actionnaires de Tournus Design! » se défendit Legendre, comprenant trop tard qu'il était tombé dans le panneau.

« Ah oui, vous avez raison, j'avais mal lu mes notes, s'excusa faussement Renan. Je constate toutefois que vous êtes très au fait des affaires de monsieur Dorville... »

Au fil des heures, Hervé Legendre vit l'étau judiciaire se resserrer. C'est ainsi qu'il accepta sans broncher l'épilogue de cette sombre journée.

— Monsieur Legendre, au vu des éléments du dossier et de vos explications, je décide de votre mise en examen pour recel de financement illégal de parti politique, trafic d'influence, faux et usage de faux.

Agathe s'était approchée du bureau de Renan et présenta plusieurs feuilles à sa signature, parmi lesquelles un mandat de dépôt. L'avocat le repéra aussitôt et s'insurgea.

— Je n'imagine pas un seul instant que vous puissiez incarcérer mon client !

— Vous devriez pourtant !

Renan prit un stylo et fixa Legendre qui s'était tendu sur sa chaise.

— Vous échappez au placement en détention provisoire, pour cette fois. Mais je vous soumets à un contrôle judiciaire strict. Il vous est formellement interdit d'entrer en contact avec monsieur Dorville, ses représentants ou toute personne travaillant dans ses sociétés. Vous n'êtes plus autorisé à quitter le sol métropolitain, votre passeport est saisi et vous devrez pointer chaque semaine au commissariat le plus proche de votre domicile.

— Ces mesures sont hors de proportion et j'en dénonce le caractère arbitraire ! protesta l'avocat.

— Vous préférez peut-être la mise en détention ?

Le regard de Renan allait de l'avocat à son client.

— Oui ? Non ? insista-t-il.

Mais aucun d'eux ne répondit.

— Alors restons-en là. Au revoir, monsieur Legendre. Maître, vous connaissez le chemin...

À l'extérieur du palais de justice, Hervé Legendre eut à faire face aux caméras et aux micros de tous les grands médias français qui avaient accouru après la diffusion du reportage de France 3 dans son édition régionale de la mi-journée. Il ne chercha pas à se dérober et rappela en préambule qu'il avait « spontanément apporté son concours à la justice ». Puis il déclara qu'il était « serein et satisfait d'avoir eu accès au dossier de l'instruction » et précisa que celui-ci « était vide ». Enfin, il déplora l'état d'esprit de certains magistrats davantage animés par « des convictions politiques ou syndicales que par un idéal de justice ».

À peine Renan eut-il libéré Legendre et son conseil que le procureur Berthoux fit irruption dans son bureau.

— Vous voulez bien nous laisser seuls ! exigea-t-il de la greffière.

Agathe sortit rapidement mais entendit le premier éclat de voix avant même d'avoir refermé la porte.

— Cette fois, vous êtes devenu fou, Le Goff! Vous déclarez la guerre au PRP sans me prévenir? Et pourquoi ne pas convoquer le président de la République tant que vous y êtes?

— Je fais mon travail, monsieur le procureur, et je mène l'instruction comme bon me semble! Mais puisque nous sommes sur le terrain des reproches, pouvez-vous m'expliquer comment Hervé Legendre a pu avoir connaissance des pièces essentielles figurant au dossier?

Berthoux ne s'attendait pas à cette contre-attaque brutale et baissa de deux tons.

— Je ne comprends pas, je...

— Moi, si! Par deux fois, j'ai obtenu la preuve qu'Hervé Legendre avait eu accès au dossier de l'instruction. De telles fuites sont intolérables et je me réserve la faculté de rédiger une note de protestation que j'adresserai au ministre de la Justice.

Mais le procureur se reprit, piqué au vif par les menaces de Renan.

— Vous voulez la guerre? Allez-y, foncez! Mais n'oubliez pas ce vieil adage : l'homme qui tombe n'a pas d'amis, trébuchez seulement et vous verrez!

La menace était claire et Renan savait qu'il n'avait jamais été aussi isolé. Un faux pas et ce serait l'hallali. Rompu aux manigances de l'ombre qui étaient monnaie courante au sein de la magistrature, il n'ignorait pas les pressions hiérarchiques et politiques qui s'exerçaient sur les épaules du procureur, voire les chantages du genre : « Calmez votre juge, sinon, vous pouvez dire adieu à vos rêves de promotion parisienne... »

Furieux, Berthoux repartit comme il était venu et Agathe reprit son poste et son classement.

De son côté, Renan ouvrit la fenêtre et alluma une cigarette. Puis il rédigea un résumé de cette longue audition avant de prendre une série de mesures que des commissions rogatoires viendraient matérialiser dès lundi. Il pensa aussi à la conversation qu'il aurait *en off* dans la soirée avec le journaliste du *Progrès*. Chaque mot devrait être bien choisi car ce qu'il lâcherait se retrouverait dans le canard du lendemain sous la forme habituelle : « Nous avons appris d'une source judiciaire proche du dossier que la mise en examen du trésorier du PRP ne serait qu'une première étape, le parquet disposant apparemment d'éléments nouveaux… »

Il était dix-neuf heures dix quand Agathe sortit de son silence.

— Monsieur le juge… je crois que nous avons un problème.

Elle avait vraiment l'air ennuyée et Renan ne présagea rien de bon.

— Je vous écoute.

— Il manque le réquisitoire supplétif.

— Oh, non! s'exclama-t-il atterré après un bref silence, comprenant la portée de cet oubli.

Au départ, il n'y avait pas d'affaire Dorville, simplement une enquête sur un accident du travail survenu dans l'une de ses sociétés. Mais au cours des perquisitions ordonnées par Renan, les policiers avaient mis la main sur des documents qui révélaient une forte présence des entreprises du patron lyonnais dans les villes et les départements tenus par le PRP; elles y raflaient la plupart des appels d'offres. De là à imaginer qu'un système de contreparties existait, il n'y avait qu'un pas que Renan avait allègrement franchi. Afin de pouvoir se saisir légalement de ces nouvelles pièces et élargir le cadre de son enquête, il aurait dû solliciter un réquisitoire supplétif auprès du parquet, une formalité simple mais obligatoire; il avait oublié. Trop de dossiers, trop de procédures engagées simultanément.

— Ça, c'est la catastrophe…

Il en avait les jambes coupées.

*Tout ce travail pour rien!* pensa Renan.

Car il s'agissait d'une faute professionnelle grave dont la première conséquence serait l'annulation automatique de toute la procédure et le non-lieu général. Suivraient le discrédit et la honte qui le condamneraient au placard. Erreur impardonnable. Au mieux, il s'occuperait de la délinquance routière et c'est l'intrigante Vilenovski qui récupérerait le pôle financier!

Défait, il quitta son cabinet sans ranger son bureau et descendit au Look Bar. Un remontant s'imposait.

# 13

*L'espérance est un aliment de notre âme, toujours mêlé du poison de la crainte.*

Voltaire

*Quelque part au large des îles Vierges*

Au triple appel de la corne de brume, les disciples de l'Église survivaliste et les marins se rassemblèrent sur le pont arrière et les coursives extérieures de l'*Ark*.

Parmi eux, Blandine Lenoir. Trois jours plus tôt, elle était montée à bord du splendide paquebot d'Ernst Blake lors d'une escale de ravitaillement effectuée à Saint-Martin, dans la partie hollandaise de l'île. Depuis, elle avait été initiée aux règles de vie des hôtes – payants – qui reposaient sur trois principes intangibles : discipline, travail et instruction. Un rythme épuisant, douze heures par jour, mais elle était heureuse d'être ici. Son existence antérieure lui semblait inconsistante et futile. Enfin, elle était sur le bon chemin, celui qui la mènerait à la vie éternelle.

Et maintenant, à cet instant précis, au milieu de sa nouvelle famille, elle était fière et subjuguée. Fière d'accueillir celui qui, tel le Messie, avait pris ses responsabilités pour sauver les plus méritants et assurer leur survie après le terrible cataclysme qui s'annonçait. Subjuguée à l'idée de participer à cette aventure salvatrice. Quelle chance !

Au deuxième signal, une musique synthétique qui n'était pas sans rappeler *Le Songe d'une nuit d'été* de Felix Mendelssohn, les survivalistes se prirent par les mains. Blandine ressentit au tréfonds de son être et jusqu'à la racine de ses cheveux l'énergie qui circulait dans cette chaîne humaine. Elle faisait corps avec ses frères, ses sœurs et tout l'univers.

L'*Ark* avait ralenti son allure et mis le nez au vent pour neutraliser la légère brise qui soufflait ce jour-là. Afin qu'on ne les croie pas en berne, le pavillon panaméen du bateau et la bannière de la secte avaient été tendus par un cordage invisible.

Le capitaine Jorgen Sventörn, vêtu comme un amiral de la Navy reçu à Buckingham, monta au sommet de la passerelle et s'adressa à l'équipage et aux adeptes dont la ferveur était proche de l'extase. Derrière lui, une sculpture monumentale représentait le sigle de la secte, l'enlacement de la croix auréolée et du triangle inversé.

« D'ici quelques minutes, nous aurons l'immense honneur de recevoir notre Maître à tous ! Ernst Blake, le président mondial de l'Église survivaliste ! »

Blandine ferma les yeux pour se laisser pénétrer par le message du Suédois. Sa voix de stentor était relayée par une dizaine de puissants haut-parleurs installés de part et d'autre du bateau.

« Soyez dignes de l'événement et n'oubliez aucune consigne ! Jusqu'à nouvel ordre, tous les déplacements à bord sont interdits, à moins d'être accompagné d'un officier. Quiconque enfreindra cette règle sera puni ! Dès que notre Maître vous aura accordé le privilège de sa parole, vous l'acclamerez et regagnerez vos cabines dans le plus grand silence afin de méditer. Et maintenant, souriez et chantez ! Votre bonheur doit se voir du ciel ! »

Parfaitement réglé, le show débuta à quatorze heures par le survol de l'hélicoptère du gourou qui s'immobilisa un bref moment au-dessus de l'*Ark* pour larguer des milliers de pétales de roses. Une immense clameur s'éleva du navire pour saluer l'offrande du Maître et les mains se tendirent pour récolter la précieuse manne. Blandine réussit à en récupérer sept.

*Je les garderai sur mon cœur !* exulta-t-elle.

L'appareil se posa sur la piste aménagée au centre du paquebot pendant qu'un orchestre et le chœur des hôtes entonnaient l'*Hymne à la joie*. La jeune Lyonnaise ne chantait pas, elle hurlait presque, espérant que sa voix porterait davantage et que Blake l'entendrait, qu'il la remarquerait. Elle avait remis ses mains dans celles de ses compagnons de fortune et les serrait fort.

Les membres d'équipage, impeccables dans leurs uniformes rehaussés d'une fourragère d'or sur l'épaule gauche, se figèrent au garde à vous. Des lunettes masquant ses yeux, étincelant dans son costume blanc que sa peau bronzée et son crâne luisant faisaient ressortir, Blake apparut. La musique cessa à l'instant où il posa le pied sur le pont.

Après avoir passé en revue le capitaine, ses officiers supérieurs et les cadres de l'organisation dans un silence de cathédrale, il fut escorté par deux gorilles jusqu'au podium réservé à l'usage exclusif de ses prêches mystico-prophétiques. Avec une lenteur calculée, Blake ôta ses lunettes noires et commença par s'adresser au soleil qu'il fixa longuement sans ciller. L'exploit marqua tous les esprits et Blandine atteignit un nouveau sommet d'allégresse lorsqu'il s'adressa à l'astre du jour.

« Tous croient que Tu étais là avant nous et qu'après nous Tu seras ! Mais il n'en est rien ! L'esprit des Êtres éveillés ne connaît aucune limite, ni dans le temps, ni dans l'espace ! »

Ensuite, transfiguré par cette prouesse, parfaitement maître de lui-même, il abaissa son regard vers les créatures de la secte et entama son prêche par une promesse.

La sono était réglée pour donner à sa voix un écho qui en accentuait la profondeur.

« Mes frères... Il n'y a personne parmi vous qui soit promis à un fâcheux destin, à la seule condition de me suivre ! Le présent ne nous offre rien d'avantageux, et le proche avenir sera affligeant pour ceux qui connaîtront l'embrasement et la destruction de cet univers matériel ! »

D'un geste théâtral, il balaya l'horizon et reprit sa diatribe cosmique :

« Je connais l'instabilité des choses ici-bas, tout s'enchaînera dans une confusion terrible lors du chaos final. L'inconscience d'aujourd'hui ne sera que douleur demain ! Ce que vous croyez grand est petit. Ce qui paraît en haut est en bas. Tout sera bientôt transformé. Réjouissez-vous, car nous sommes enfin proches de la Grande Unité galactique. Seuls seront sauvés les survivalistes qui auront atteint un niveau d'éveil supérieur, une compréhension totale de leur être, une conscience au-delà des souffrances ! Ceux qui ne sont pas éclairés, qui ne voient rien, qui ne comprennent rien, qui sont trop avilis à l'ancienne conscience mondiale, ceux-là seront réduits à néant ! Ma conviction première était que l'homme ignorant allait disparaître, mais j'ai découvert la terrible vérité : il DOIT disparaître ! C'est ainsi ! »

Debout et immobiles, tous retenaient leur souffle.

« Vous devez suivre le chemin que je vous trace sans vous poser de questions. Je suis votre Guide, je suis la Lumière qui vous mènera à l'Ère nouvelle ! »

Blake fit une pause et ce fut un tonnerre d'applaudissements amorcé par les dirigeants de l'Église. Quelque part au milieu des disciples, Blandine croisa le regard brûlant d'une jeune femme qui se tenait près d'elle, en proie à une véritable extase, transportée comme elle par la promesse de l'œuvre gigantesque qui allait changer sa misérable existence en destin.

Le Maître fit une nouvelle pause. La tension était à son comble, il lui restait à manier l'arme de la peur.

« Maintenant écoutez-moi attentivement car la fin est proche ! Ce que je vais vous révéler ne doit jamais être porté à la connaissance des non-initiés. Si tel était le cas un grand désordre régnerait sur Terre et nous en serions tous victimes. Une planète inconnue de la Nasa et des astronomes, la planète Nibiru qui se situe au-delà des orbites d'Uranus et de Neptune, va bientôt surgir du fond de l'Univers et foncera sur nous à une vitesse terrifiante ! Quatre fois plus grosse que la Terre, Nibiru deviendra l'astre le plus brillant du Système solaire, puis le 21 décembre 2012, comme l'avaient prédit les Mayas, elle frôlera notre planète de si près qu'elle provoquera de gigantesques cataclysmes ! Rien ne subsistera ! Voici venu le temps de l'apocalypse ! »

Un murmure d'effroi parcourut l'assemblée. Blandine tremblait de frayeur et broyait littéralement les phalanges de ses deux voisins qui, aussi tendus qu'elle, ne s'en apercevaient pas. Les adeptes étaient mûrs pour l'ultime estocade.

Lentement, Ernst Blake leva les bras au ciel, fit taire ses ouailles et s'écria d'une voix que la sono amplifia opportunément :

« Vous n'avez aucune crainte à avoir ! Grâce à moi, vous serez sauvés ! Vous, et vous seuls ! Je vous le redis... J'ai mis sur pied des groupes de survie, construit des abris insubmersibles et des bunkers enfouis si profondément que rien ne pourra les détruire, j'ai préparé spirituellement tous les membres de mon Église... Voilà MON œuvre ! Nous sommes prêts à survivre ! Suivez-moi sur le chemin du bonheur et laissez-vous m'appartenir ! »

Tous scandèrent à l'unisson : « Oui, nous te suivrons ! Oui, nous t'appartiendrons ! » À nouveau, il s'écria, les bras toujours levés : « Êtes-vous prêts à changer de monde ? » L'équipage et les disciples lui répondirent en chœur : « Nous sommes prêts ! »

Une ovation suivit le prêche fanatique du gourou. Blake salua ses fidèles d'un geste ample et délivra son ultime boniment :

« JE FERAI DE VOUS DES ESCLAVES HEUREUX!!! »

Aussitôt, la sculpture monumentale s'embrasa, concentrant tous les regards, et une salve de cinq coups de canon fut tirée.

Blake avait parlé très exactement une heure, en plein soleil, sans boire une seule fois. Il remit ses lunettes, salua son public, descendit du podium et gagna la vaste suite qui lui était réservée à l'avant de l'*Ark*, escorté par ses sbires.

Le capitaine Sventörn remonta sur la passerelle. À lui le grand privilège de la conclusion.

« Il vous reste encore beaucoup de travail à accomplir si vous voulez être prêts pour le grand jour ! Retournez dans vos cabines pour méditer ! Ensuite, reprenez vos activités, concentrez-vous, travaillez jusqu'à l'épuisement, ne pensez à rien d'autre. Voilà la clé de la purification ! Faites votre devoir parce qu'il est le devoir et que lui seul vous rendra parfaits ! Allez, maintenant ! Et SOURIEZ car vous êtes déjà sauvés ! »

Toujours sous l'emprise mentale du gourou et de ce final en apothéose, paralysée, Blandine mit quelques instants avant de regarder autour d'elle et de découvrir des visages éclairés et des sourires de béatitude. Elle n'était pas la seule dans cet état d'exaltation. Blake leur avait promis la vie éternelle et ils y croyaient, unis dans la ferveur et la fraternité.

Revenant peu à peu à la réalité, Blandine se laissa porter par la masse des adeptes qui refluait vers les cabines situées dans les entrailles du navire.

Karim sursauta en entendant le premier coup de canon et comprit qu'il avait manqué la prophétie d'Ernst Blake. Mais ce n'était pas le plus grave : il s'était endormi dans la suite du président ! Épuisé par le rythme de travail infernal auquel il était soumis, le jeune Marocain s'était laissé aller un moment, persuadé que le break réparateur serait de courte durée. Grosse erreur et crime de lèse-majesté.

Il retapa à la va-vite le lit *king size* couvert de draps en satin et se dirigea vers la porte. Avec un peu de chance, personne n'aurait remarqué son absence. C'est au moment de tourner la poignée qu'il entendit du bruit : des pas et des voix en provenance de la coursive. Affolé, il chercha une solution. Car si on le pinçait ici et maintenant, il serait exclu de l'Église et renvoyé à ses frais en France ou pire, au Maroc.

Que faire ?

Tout d'abord, il pensa se réfugier dans la salle de bains. Mais c'était trop risqué, le gourou prendrait sûrement une douche après son discours en plein soleil. Sous le lit ? Impossible, il n'y avait pas assez de place. Soudain, il avisa la penderie installée entre la chambre et le salon. Quiconque voulait aller d'une pièce à l'autre passait devant. Il eut à peine le temps de s'y glisser que la porte de la suite s'ouvrit. Retenant son souffle, Karim se plaqua dans le fond de la garde-robe et réalisa qu'il avait une furieuse envie d'uriner.

— Fais le tour, ordonna un homme. Tout doit être nickel !

— Ohhhh… s'extasia une voix de femme. Que c'est beau !

— On va bien s'amuser ici… gloussa une autre.

À leur accent, elles étaient espagnoles, ou sud-américaines.

— Vous n'êtes pas là pour votre plaisir, mais pour le sien! trancha la voix d'homme.

Immobile, à l'affût de chaque bruit, le Marocain tentait d'imaginer ce qui se passait dans la suite mais les pas étaient étouffés par l'épaisse moquette blanche. Il lui sembla que quelqu'un se tenait près du placard car les rais de lumière qui filtraient avaient perdu de leur intensité. Karim crut que son cœur allait exploser et ne put se retenir de souiller son pantalon. Le liquide chaud commença à couler le long de sa jambe droite et la panique le submergea.

— Tout est en ordre, dit une autre voix masculine. Installez-vous, mesdemoiselles.

Une porte se referma et le silence se fit. Karim ne sut évaluer le temps qu'il dura. Une minute? Trois? Impossible à dire. Avec une prudence infinie, il fit un mouvement pour décoller le tissu trempé de ses jambes. La sensation était désagréable, l'urine lui piquait la peau et l'odeur d'ammoniaque saturait déjà l'atmosphère de ce réduit.

— Comment vous appelez-vous?

Karim tressaillit en entendant la voix d'Ernst Blake, chaude et magnétique. Le Marocain s'était avancé et pouvait apercevoir l'intérieur de la suite – à gauche, le salon, et à droite, la chambre – à travers les fines lattes inclinées qui décoraient le haut des portes et assuraient l'aération de la penderie. Il se figea.

Trois réponses fusèrent, témoignant de l'anxiété des jeunes filles.

« Elena », « Alexia », « Soledad ».

Karim les avait déjà vues à bord de l'*Ark*. Elles étaient brunes, très belles et… déjà soumises.

— Hum… fut le seul commentaire du gourou.

La suite se déroula comme dans un film X. Karim en avait vu plusieurs avec son cousin, à Givors. Après avoir dévêtu chaque fille, Blake emmena celle qui avait la plus forte poitrine dans la salle de bains et jeta aux deux autres :

— Vous pouvez commencer à vous amuser sans moi…

L'orgie dura près de deux heures ; la vaillance et l'imagination sexuelle du maître des survivalistes traumatisèrent Karim qui n'aurait pas été plus choqué s'il avait vu Mahomet ou Jésus forniquer comme un singe en rut.

Profitant du bruit des ébats, il avait ôté son pantalon et ses chaussures afin d'éviter l'inconfort causé par son incontinence.

Enfin, Ernst Blake parut rassasié ; il chassa les trois filles, sans un mot aimable, prit une douche, se parfuma et enfila une longue tunique blanche qu'il ceintura d'une lanière en cuir. Puis il passa côté salon, alluma un cigare dont Karim perçut vite les effluves caramel-boisé et ouvrit l'attaché-case qui avait été déposé au pied du bureau. Il en retira plusieurs carnets noirs et de grosses liasses de billets – des dollars, devina Karim grâce à leur couleur – qu'il rangea dans un coffre-fort dissimulé derrière une rangée factice de livres d'art. Toujours debout, il parcourut nerveusement des documents mis à sa disposition dans un parapheur, en signa quelques-uns et déchira les autres. Puis il posa négligemment plusieurs journaux sur la table basse du salon et pressa un bouton du téléphone.

« Je vous attends ! »

Dans la minute qui suivit, on frappa à la porte.

« Entrez ! »

À la queue leu leu, dix personnes pénétrèrent dans l'immense salon décoré à l'italienne.

Karim en identifia certains : le capitaine du bateau, des cadres de l'organisation parmi lesquels Jérôme Beltram, le patron de l'Église en France, Sylvain Rivière son adjoint en charge de la région Rhône-Alpes et deux avocats du président, un Américain et un Français que Karim avait déjà vu mais dont il ne connaissait pas le nom.

Alignés comme des soldats, ils se tenaient sur leurs gardes car la colère du gourou était palpable. Ils savaient que leur chef détestait les situations de crise et redoutait tout ce qui pouvait ternir l'image de son Église. Son empire, établi sur les cinq continents, était pourtant très puissant, lui-même était infiniment riche, mais l'expérience lui avait appris qu'un grain de sable suffisait parfois à gripper la plus belle mécanique. Pour preuve, les révolutions qui secouaient le monde arabe et mettaient à terre des dictateurs tout-puissants.

— Ce qui se passe en France est intolérable! hurla-t-il en fusillant Sylvain Rivière du regard. Par ta faute, nous faisons les gros titres de la presse!

Sur la table, les deux Français avaient déjà remarqué les articles des journaux lyonnais consacrés au suicide de Francis Véry.

— Et ce juge, pour qui se prend-il? poursuivit Blake sur le même ton.

— Je suis vraiment désolé, Maître, dit Rivière pour tenter de s'excuser, Véry était un pauvre type, il a craqué et nous n'avons rien vu venir.

— Il a craqué! Et toi, tu es désolé! C'est tout?

Blake s'était planté devant lui. S'il l'avait pu, Rivière aurait sauté par-dessus bord plutôt que d'affronter le regard laminaire du gourou.

« Heu... » fut le seul mot qu'il parvint à prononcer.

Karim n'avait jamais entendu parler de l'affaire Véry et se demandait pourquoi le numéro un de la secte s'intéressait à son suicide. Mais surtout, il découvrait l'envers sordide du décor et un profond écœurement le prit à la gorge.

— L'hélicoptère te ramènera à Saint-Martin dans l'heure, annonça Blake. Tu rentres à Lyon et tu te débrouilles comme tu veux, mais je ne veux plus jamais entendre parler de Francis Véry!

Puis il se mit à arpenter le salon et interpella ses avocats.

— Qui est ce juge Le Goff?

— Un dur à cuire qui n'a pas perdu de temps, répondit le Français. Mais ne t'inquiète pas, on s'occupe de lui. La situation est sous contrôle.

— Il vaudrait mieux pour toi, Louis. Il vaudrait mieux pour vous tous!

Le gourou était maintenant revenu derrière son bureau et feuilletait les dossiers des nouveaux hôtes de l'*Ark*. Famille, amis, relations, passé, études, goûts, profil psychologique, penchants sexuels, rien n'était laissé au hasard. Une fiche en particulier avait l'air de retenir son attention. Blake la consulta quelques secondes avant d'arracher la photo couleur collée sur le coin gauche.

— Je suppose que la brillante idée du recrutement de cette Blandine vient aussi de toi? gronda le gourou en brandissant le cliché.

De loin, Karim put l'identifier. Il s'agissait de la jeune Lyonnaise dont il était tombé amoureux trois jours plus tôt et qui lui rappelait tant Naomi. Jusqu'à présent, il n'avait pas réussi à lui parler, mais ils s'étaient croisés au réfectoire et elle avait répondu à son sourire. Qu'avait-elle fait pour que le président s'intéresse à elle? Karim sentit une inquiétude sourde monter.

— Oui, Maître. Je...

Il le coupa brutalement.

— Tous ceux qui sont à bord ont versé plus de cinquante mille dollars à notre Église, cette oie blanche n'a payé que le dixième de cette somme et pourtant, elle est là!

— Je crois qu'elle nous sera utile comme appât... J'ai tout expliqué dans le dossier... se défendit Rivière dont les jambes s'étaient mises à flageoler.

— Un appât dont on parle déjà dans le journal!!

Cette fois, Blake brandissait une autre édition du *Progrès*, celle qui évoquait la disparition d'une certaine Blandine L.

*Un appât?* se répétait Karim, incrédule. Il ne comprenait plus rien à l'histoire sauf que les dirigeants de la secte étaient des malfaisants; il commençait à avoir peur pour Blandine.

— Ce... c'est ce fichu journaliste, balbutia Rivière, il est manipulé par le juge, mais ça va s'arranger, soyez-en persuadé. Nous faisons pression sur la famille.

— Il vaudrait mieux que tout s'arrange! Mais fais bien attention car moi, j'ai un mauvais pressentiment! Quand on grille les étapes, on accroît le risque d'échec. Alors, je vais te donner un dernier conseil, Sylvain Rivière, surveille bien la famille de cette idiote avant qu'elle ne te crée de nouveaux problèmes ! Sinon, je me chargerai personnellement de ton cas. Suis-je clair ?

La menace n'était pas déguisée et le Lyonnais en connaissait la portée.

— Oui, Maître, très clair.

— Parfait ! Alors, hors de ma vue ! Et n'oublie pas de régler ton séjour avant de partir ! Mon Église n'invite que ceux qui le méritent !

Rivière s'inclina et quitta le salon, furieux de l'amende qui venait de lui être infligée. Au bas mot, cinq ou six mille euros avec le voyage. Il n'ignorait rien des tarifs de la *maison*. C'était la règle et il n'avait d'autre choix que de se soumettre et d'obéir. Dire qu'il avait été enthousiaste à l'idée d'escorter Blandine à bord de l'*Ark* et d'y séjourner quelques jours.

Blake fixa le responsable français de la secte.

— On peut lui faire confiance ?

— Oui, c'est un excellent élément et notre meilleur recruteur en France depuis trois ans.

— Il est sous ta responsabilité, la ville de Lyon, ses flicaillons et ses petits juges aussi, alors tu sais ce qui te reste à faire ! Je ne te retiens pas !

Sans discuter, Jérôme Beltram prit le même chemin que Rivière. Au moins, il évitait la sanction financière. Mais avant qu'il ne sorte, Blake le harponna :

— Toi aussi, tu paieras ton séjour !

Puis, s'adressant au capitaine Sventörn :

— Et cette... Blandine, on en pense quoi ?

— Aucun problème avec elle. Motivée, très docile et apprend vite. Elle devrait vous plaire.

— Tu es fou ou quoi ? fulmina le gourou. Celle-là, abstiens-toi de me la présenter ! Mais occupe-toi d'elle, je ne veux pas qu'elle nous crée d'ennuis à bord !

— À vos ordres.

Blake contourna ses collaborateurs, tira une dernière fois sur son cigare et souffla la fumée dans la direction de ses avocats à mille dollars de l'heure avant d'écraser son havane dans un gros cendrier en jade.

— Louis, cette histoire me tracasse. Rentre en France et surveille-moi tout ça. Tu n'auras qu'à prendre le jet, il sera à Saint-Barth en fin d'après-midi.

— J'allais te le proposer, répondit l'avocat.

Maintenant, Karim se souvenait. Il avait vu *Louis* dans un journal people en compagnie d'hommes politiques français.

— Parfait. Alors passons aux chiffres! Qu'ont rapporté les dernières manifestations évangéliques aux États-Unis?

Pour l'occupant de la penderie, la suite fut tout aussi déconcertante. Une heure durant, le gourou écouta les rapports financiers de ses hauts responsables et le Marocain n'eut pas de mal à comprendre que l'Église survivaliste était une affaire très rentable et en pleine expansion. Pourtant, son président n'était pas content et exigeait davantage de résultats.

Karim atteignit le summum de la stupéfaction avec ce qui suivit : pour clôturer la réunion, Blake imposa une séance de chaises musicales à ses cadres et au capitaine!

Sur l'air de *Bohemian Rhapsody*, il vit à travers les lattes les huit hommes parmi les plus influents de l'Église se battre pour quatre sièges! Les vainqueurs gagnèrent une heure de séance d'instruction de niveau supérieur avec le gourou.

*S'ils acceptent d'être humiliés comme ça*, se dit Karim, *c'est que les places sont trop bonnes... Et l'autre bouffon, il teste ses esclaves!*

Sitôt l'épreuve de soumission terminée, Blake congédia ses cadres et resta seul. Sur fond musical de piano, il se servit une vodka glacée et consacra un quart d'heure à prendre des notes sur les différents carnets noirs qu'il avait ouverts devant lui. On eût dit un écolier concentré sur un problème de robinet et Karim s'étonna de cette application. Puis, il les rangea dans le coffre et passa une série d'appels téléphoniques, mettant ses conversations sur haut-parleur. Dont l'une avec une star d'Hollywood que le gourou traitait comme un larbin. L'autre semblait tout accepter, comme s'il s'entretenait avec Dieu en personne.

Bouleversé, Karim réalisait à quel point il s'était trompé. Il avait cru que le monde allait subir des cataclysmes affreux et pensait assurer sa survie en suivant le chemin tracé par cet homme mais, en réalité, il ne faisait qu'enrichir – en se faisant détrousser et exploiter ! – une entreprise malhonnête dirigée par un tyran paranoïaque, assoiffé d'argent et de pouvoir, obsédé sexuel et adepte des méthodes mafieuses. Car si l'humanité allait bientôt disparaître, pourquoi le président de cette Église aimait-il tant l'argent ?

Dès lors, Karim n'eut plus qu'un seul désir : fuir ce bateau maudit et emmener Blandine avec lui. Ensuite, il témoignerait et clamerait haut et fort que les survivalistes étaient des escrocs !

Mais auparavant, il devait quitter ce placard qui empestait l'urine sans se faire prendre. S'il ne réapparaissait pas à l'heure du dîner, son absence serait remarquée et là, les vrais ennuis commenceraient.

# 14

*On ruse si volontiers pour faire le mal qu'il pourrait paraître piquant de mettre un peu d'adresse à faire le bien.*

Joseph Fiévée

*Paris, dimanche 13 janvier*

Nerveux, Philippe Interman patientait dans l'antichambre du bureau présidentiel depuis une quinzaine de minutes. Comme la plupart de ses collègues, il détestait les pratiques humiliantes, brutales et autocratiques de l'actuel locataire de l'Élysée.

Convoqué la veille en fin de journée par le chef de cabinet, sans aucun motif officiel, il avait passé une bonne partie de la soirée et même de la nuit à identifier la menace que cachait ce rendez-vous matinal.

Enfin, un huissier lui annonça qu'il pouvait entrer.

En pénétrant dans cette vaste pièce aux lambris dorés, au premier étage du palais de l'Élysée, le ministre de la Justice n'en menait pas large. Il savait que le président ne l'avait choisi que sous la pression, pour donner des gages de sa bonne volonté d'ouverture au parti centriste et s'assurer du maintien de ce dernier au sein de la majorité. Mais le président détestait qu'on lui force la main, il était rancunier et Philippe Interman, en dépit du poste prestigieux qu'il occupait, se devait d'obéir strictement aux oukases du chef de l'exécutif, sous peine de sauter. D'ailleurs la presse ne s'y trompait pas et titrait régulièrement « Interman, le ministre sur un siège éjectable ».

La présence de plusieurs conseillers entourant le chef de l'État dans le coin salon le rassura. Il ne le virerait pas ce matin. Pour autant, la partie s'annonçait serrée, à un contre cinq, et non des moindres !

— Asseyez-vous, Interman ! ordonna le président. Mongin va vous faire un topo de la situation.

Le ministre s'inséra dans le cercle des intimes mais se posa du bout des fesses sur la banquette Louis XV. Sur la table basse, du café, des pâtisseries – le président grignotait toute la journée – et plusieurs journaux consacrés à l'affaire qui défrayait la chronique et secouait le PRP : la mise en examen annoncée de plusieurs cadres du parti présidentiel. Une information divulguée par « une source anonyme proche du dossier » et qui avait fuité dans la soirée de vendredi. Interman n'était pas dupe – personne ne l'était d'ailleurs – et se doutait bien que Le Goff était la balance. Impossible à prouver hélas. Sinon, le magistrat serait déjà suspendu. En attendant, l'opposition se déchaînait et la presse, *Journal du dimanche* en tête, assurait que le gouvernement préparait déjà une loi d'amnistie, dénonçant par avance la mainmise du pouvoir sur la justice.

Marc Mongin, énarque et polytechnicien à tendance paranoïaque, conseiller spécial du président, prit la parole de sa voix monocorde. Son visage à la mâchoire carrée, fendue d'un seul trait par des lèvres quasi inexistantes, n'exprimait jamais d'émotion et lorsqu'il parlait, mieux valait ne pas l'interrompre ; ses répliques claquaient comme le fouet et laissaient parfois de profondes traces.

— Monsieur le ministre, vous n'ignorez pas que notre pays, tout comme l'Europe, est traversé par une crise de grande ampleur, probablement la plus violente que nous ayons jamais connue. En temps normal, les dysfonctionnements de la justice seraient tolérables, ils font d'ailleurs partie de l'équation du pouvoir. Mais en temps de crise sévère, il n'est pas admissible que nous dépensions notre énergie à nous défendre des attaques absurdes ourdies par quelques gauchistes qui utilisent la justice pour servir leur idéologie et entraver notre action.

La charge était directe, le message limpide et Interman se raidit. Tous les regards étaient tournés vers lui. L'atmosphère était à couper au couteau.

— Vous admettrez que le président ait d'autres priorités, renchérit Edmond de Raincourt, le secrétaire général de l'Élysée. Nous sommes à un moment crucial du quinquennat, nous devons faire passer des mesures difficiles et si la majorité perd en crédibilité, quelles que soient les raisons, l'opposition en profitera pour se déchaîner et diviser l'opinion. Or, nous avons plus besoin que jamais d'unité. Dans un tel contexte, nous attendons que chacun fasse sa part du travail.

— Ces juges qui se prennent pour des justiciers n'ont rien à faire dans la magistrature française!

Cette fois, le coup venait de Francis Glénan, la *plume* du président, fidèle parmi les fidèles qui l'accompagnait depuis une vingtaine d'années et ne l'avait pas lâché pendant sa traversée du désert. Ce fin stratège voyait loin et Interman n'ignorait pas qu'il préparait déjà la réélection de son patron. Rien ne devait l'entraver.

Il ne manquait plus que le couplet mordant de Louis Kostner, un avocat d'affaires réputé dont le président s'était entiché au cours de sa dernière campagne; Interman s'attendait à ce qu'il porte l'estocade finale mais ce dernier préféra rester silencieux, pour mieux observer la scène.

C'était donc à lui de parler. Un exercice facile devant un parterre de militants ou à la télévision. Mais ici, face aux hommes forts du pouvoir, ce n'était pas la même chanson. L'équipe du chef de l'exécutif exigerait du concret et pas l'habituel bla-bla incantatoire qu'il servait à qui voulait l'entendre depuis le début de sa carrière politique.

— Les juges ne sont pas à la botte de leur ministre de tutelle, tint-il à rappeler. Et le ministre ne peut contrôler le travail de l'ensemble des magistrats.

— Il ne s'agit pas de ça! réagit sèchement le président dont les mouvements d'épaules rappelaient ceux d'un boxeur au début d'un combat. Vous le savez, je suis très attaché à l'indépendance des magistrats. Mais je ne peux pas rester inerte lorsqu'on attaque impunément mes proches. J'ai mal au cœur quand je vois ces fichus médias traîner Hervé Legendre dans la boue, un homme droit dont la loyauté est un exemple. Me servir n'est pas un crime, que je sache !

Interman se demanda si le président croyait vraiment à ce qu'il disait.

— Je ne laisserai personne s'acharner sur lui ! ajouta-t-il. Il est hors de question qu'il démissionne de ses fonctions.

— Je vous entends parfaitement, indiqua le ministre. La présomption de culpabilité vis-à-vis des dirigeants est insupportable et cette pression médiatique qui oblige les hommes politiques à abandonner leur charge dès leur mise en examen, voire avant même qu'ils le soient, est inadmissible. Avec cette règle, on a donné aux juges d'instruction le pouvoir de faire et de défaire les gouvernements. Cette situation ne peut plus durer. Je ferai une déclaration dans la journée.

Le président tapa du plat de la main sur l'accoudoir de son fauteuil.

— Une déclaration ? Mais vous ne voyez pas qu'il y a un incendie place Vendôme ? Vous devez monter en première ligne et agir sans plus tarder !

Un incendie qui risquait de gagner l'Élysée. Car l'affaire Dorville/Legendre ne sentait pas bon. Interman avait bénéficié de quelques confidences – on ne passe pas dix ans dans les cabinets ministériels pour rien – et avait compris la nature du danger. Pour contourner la loi sur le financement des partis, les experts du PRP s'étaient inspirés du principe des poupées russes et avaient mis au point un système particulièrement complexe qui utilisait un vaste réseau d'entreprises ayant des filiales à l'étranger – souvent liées les unes aux autres *via* des holdings –, des collectivités contrôlées par le PRP, plusieurs banques *amies*, des paradis fiscaux et quelques régimes pas vraiment considérés comme des démocraties. Jusque-là, ce que Le Goff avait découvert n'était que la partie la plus visible d'un monumental iceberg de corruption. Un problème fâcheux, mais pas grave. Mais s'il parvenait à démêler cet écheveau, tout le château s'effondrerait, emportant avec lui les hauts dignitaires de la majorité et quelques grandes fortunes françaises qui, naturellement, versaient leur substantielle obole et tiraient ainsi de nombreuses ficelles de la vie politique française. Et dire que toute l'affaire était partie d'un banal accident du travail. Quel incroyable coup du sort.

— Soyez au JT de TF1 ou de France 2 dès ce soir, recommanda le conseiller. Vous devez rappeler la justice à sa mission! À mon avis, c'est le moment de parler de votre projet de réforme de la procédure pénale et des nouveaux droits de la défense.

Interman se retint de bondir. Mongin venait de lui attribuer ce « projet », alors qu'en réalité il s'agissait d'une velléité élyséenne. En clair, on mettait la tête du ministre sur le billot. Si la réforme était menée à son terme, les lauriers de la gloire auréoleraient le chef de l'État; dans le cas contraire, le sang d'Interman coulerait. Quoi qu'il en soit, à court terme, l'initiative risquait de reléguer au second plan l'affaire Dorville/Legendre. Un moindre mal.

— Marc a raison, il faut frapper fort et marquer les esprits. Mais dans le même temps, vous devez œuvrer pour isoler ce juge.

Magistrat de formation, Edmond de Raincourt connaissait parfaitement les arcanes du monde judiciaire et le comportement de ses acteurs. Avec sa faconde redondante et ses costumes trois-pièces, il semblait tout droit sorti de la IV$^{e}$ République.

— Que suggérez-vous? lui demanda Interman qui était pourtant un spécialiste des techniques de feu et de contre-feu.

— Faites courir le bruit que face aux dérives de certains magistrats, vous songez à supprimer les juges d'instruction. Les collègues de Le Goff vont se charger de le rappeler à l'ordre.

— C'est une bonne idée, mais elle n'est pas sans risque, fit remarquer le ministre. Si j'allume cette mèche, qui sait ce qu'elle fera exploser.

— Le plus risqué serait de ne rien faire! Si vous avez mieux à nous proposer, nous sommes tout ouïe.

Interman se tortilla un instant, hésitant à répondre, puis se résigna.

— Vous avez compris Interman, la guerre est déclarée! conclut le président en avalant un mini-baba au rhum. Si vous laissez faire ces magistrats rouges, personne ne sera épargné. Agissez vite et rendez compte à Mongin. Bonne journée.

À peine cinq minutes d'entretien et le mot de la fin venait d'être prononcé. On ne lui avait même pas offert une tasse de café. On l'avait convoqué, on lui avait donné ses ordres et on le congédiait. Encore une chance qu'il ait été autorisé à s'asseoir. Décidément, ce président lui déplaisait!

Il se leva, se fit violence pour lâcher un « au revoir, messieurs » déférent et se dirigea vers la porte.

— Dites-moi, Interman, c'est ce même juge lyonnais qui enquête sur l'Église survivaliste?

La question était posée par le président.

Le ministre se retourna. Il ne s'attendait pas à cette demande – cela se vit – et mit deux secondes de trop à réagir. Surtout, il en voulut à Lucca Paoli, le ministre de l'Intérieur, avec qui il s'était entretenu tôt le matin et qui s'était abstenu de lui parler de cette affaire dont il découvrait qu'elle embarrassait l'Élysée. Encore une peau de banane.

— Oui, monsieur, je crois, dit-il mal assuré.

— Vous suivez l'affaire?

— Bien sûr, au même titre que beaucoup d'autres, mentit Interman.

— Rien ne vous choque?

Le ministre était coincé, ne voyant pas où le chef de l'État voulait en venir.

— Si. Le juge Le Goff fait du zèle, improvisa-t-il, et met en scène son action. C'est un habitué du...

— Je ne parle pas de ça! coupa le président. Je parle de la liberté de croyance que votre juge foule au pied!

— Oui, oui... se reprit Interman. Le problème, c'est qu'il n'y a aucune définition légale de la notion de secte. De ce fait, les juges disposent d'une marge de manœuvre assez large pour interpréter les textes existants. Et pour l'instant, il y a peu de jurisprudence sur le sujet.

Pouvait-il s'en tirer avec une explication technique ? Le silence hostile lui fournit une réponse évidente.

— Écoutez-moi bien, soupira le président. Quand la justice protège nos concitoyens des dérives sectaires, elle remplit sa mission régalienne. Nous avons même créé la MILS dans ce but. Mais dois-je vous rappeler que l'Église survivaliste est l'une des religions les plus répandues aux États-Unis ? Une fois de plus, ce Le Goff mélange tout au nom de je ne sais quel idéal marxiste et laïcard. C'est odieux et il m'appartient de veiller à ce que chacun fasse son travail, rien que son travail. Suis-je assez clair ?

— On ne saurait l'être davantage.

Cette fois, Interman quitta le bureau présidentiel. Mortifié, désormais persuadé que ses jours place Vendôme étaient comptés, il regagna sa voiture qui l'attendait dans la cour de l'Élysée.

Au même moment, une Mercedes noire aux vitres fumées pénétrait dans l'enceinte protégée du bâtiment.

Curieux, Interman voulut savoir qui était ce visiteur dont le véhicule appartenait probablement à une société de grande remise. Il s'installa à l'arrière de sa Citroën C5 de fonction et demanda à son chauffeur de patienter quelques instants avant de démarrer, faisant lui-même mine de téléphoner.

Quelle ne fut pas sa surprise de voir apparaître l'acteur Tim Cross et sa compagne, tout sourire. Il fut encore plus déconcerté en constatant que la charmante épouse du chef de l'État venait les accueillir. Embrassades chaleureuses et propos visiblement très amicaux. Il comprit alors le sens caché de la dernière tirade du président, se souvenant du vieil adage, *Les ennemis de mes amis sont mes ennemis*. Tim Cross, célèbre acteur hollywoodien, mondialement adulé, était un adepte de longue date de l'Église survivaliste et passait pour être son meilleur ambassadeur. Des rumeurs disaient même qu'il en était le numéro deux. Quelques années plus tôt, la France l'avait promu au rang de chevalier de la Légion d'honneur, sur proposition d'un ministre de la Défense qui n'était autre que… l'actuel président.

La caution de Tim Cross assurait à Ernst Blake un crédit planétaire.

Interman eut une pensée compatissante pour Renan Le Goff. Il ne le connaissait pas, sauf à travers son dossier, mais n'aurait pas voulu être à sa place. Avec autant d'obstacles dressés sur sa route, il ne donnait pas cher de sa peau, encore moins de sa carrière de magistrat. Mais il se reprit vite, bien décidé à neutraliser ce trublion. S'il y parvenait, il obtiendrait un sursis et conserverait son maroquin. À ses yeux, rien n'était plus important.

Les conseillers étaient toujours assemblés autour du président.

— Ce *Pi que pendre*, il porte bien son surnom !

Un méchant jeu de mots utilisant les initiales de Philippe Interman, inventé par Francis Glénan.

— Quel dégonflé ! ajouta Edmond de Raincourt.

Dans sa main, une tasse de café qu'il tenait le petit doigt en l'air.

— Au prochain remaniement, je vire ce couard ! assura le chef d'État en s'emparant d'un macaron. Je crois même qu'il devient urgent de presser le pas.

— Laissons-le se prendre les pieds dans le tapis, tempéra Marc Mongin. Il tombera tout seul car il n'est pas de taille pour gérer cette crise. Je suggère simplement qu'Edmond utilise ses réseaux au sein de la magistrature pour distiller quelques rumeurs en veillant bien à créer plusieurs bruits distincts.

— Du genre ? demanda Glénan.

— Que sa réforme n'est pas validée par l'Élysée, qu'il n'agit que dans le seul but de sauver sa peau de ministre, qu'il s'en prend aux juges d'instruction avec une arrière-pensée politicienne et que, en réalité, il veut s'attaquer à la question de la responsabilité des juges en provoquant une polémique et en prenant l'opinion à témoin. Dans le même temps, Edmond devra rassurer ses interlocuteurs et indiquer que le président veille au grain et qu'il reprendra la main au moment opportun.

— C'est d'autant plus astucieux qu'avec un peu de chance, le dossier Legendre/Dorville sera bientôt classé sans suite.

Interman sera monté au feu pour rien et la tempête médiatico-judiciaire l'emportera.

Louis Kostner sortait enfin de son silence. Du même coup, sa tignasse à la Beethoven s'envolait et les traits de son visage lui-même semblaient animés par un étrange sentiment de jubilation.

— Expliquez-vous ! réclama Raincourt.

— Si j'en crois ma source lyonnaise, Le Goff aurait omis de demander le réquisitoire supplétif qui l'autorisait à mettre en cause Legendre.

*D'où tient-il cette information ?* se demanda le secrétaire général de l'Élysée qui tolérait de moins en moins bien l'omniprésence de ce rival. Il se retint de secouer la tête.

Au Château, personne ne connaissait les réseaux de l'avocat mais force était d'admettre qu'ils fonctionnaient à merveille et ils avaient tous appris à craindre cet *OVNI* – Objet Vaniteux, Néfaste et Influent – du premier cercle. On le disait franc-maçon aux États-Unis, tandis que d'autres prétendaient qu'il appartenait à l'Opus Dei. Soucieux de le protéger, le président avait promis l'enfer – une mutation à Saint-Pierre-et-Miquelon, par exemple – à quiconque s'intéressait de trop près à sa personne.

— Si c'est vrai, non seulement Legendre sera tiré d'affaire, mais en prime, nous pourrons enfermer Le Goff dans un placard ! se réjouit Raincourt. Une telle faute, de la part d'un magistrat expérimenté, est aussi grossière qu'impardonnable !

— Attendons d'en être sûrs, modéra le conseiller spécial. Quand obtiendrez-vous confirmation, maître ?

— Nous devrions être fixés en début de semaine, indiqua Louis Kostner. L'attention du procureur Berthoux a été attirée sur ce point de procédure et il va personnellement s'y intéresser.

Une fois encore, la méfiance de Mongin prit le dessus.

— Dites-moi, Edmond. La DCRI n'a rien sur ce juge ?

— Non. Mais j'ai parlé avec Bertrand Maréchal hier soir et Le Goff a un point faible. Notre ami divisionnaire a mis sur pied un plan très astucieux et, s'il fonctionne, notre bon juge perdra définitivement toute sa crédibilité. Je crois même que le CSM n'aura pas d'autre choix que de le virer !

— À quand sa mise en œuvre ?

— Ça commence mardi. Le Goff doit intervenir à l'université Jean-Moulin et...

— Épargnez-moi les détails ! intervint le président dont l'agacement était palpable. Assurez-vous que tout fonctionne comme vous l'avez prévu et surtout, ne nous exposez pas. Nous avons déjà assez de problèmes en ce moment.

Sur ce, il se leva et se dirigea vers la porte qui menait à ses appartements privés, laissant à sa garde rapprochée le soin de gérer le flot des affaires courantes. Avant de sortir, il s'adressa à l'avocat :

— Louis, voulez-vous venir ? Il me faut votre avis.

Kostner rejoignit le président mais, dans son dos, il sentit la brûlure des regards jaloux des conseillers.

# 15

*Rien n'est plus dangereux au monde que la véritable ignorance et la stupidité consciencieuse.*

Martin Luther King

Aux heures de repassage succédaient les heures de lavage entrecoupées de brèves pauses sur le pont, les séances de purification collectives, les repas végétariens et les périodes de sommeil dans des cabines à douze places. Parfois Blandine se remémorait ses discussions avec les responsables de la secte à Lyon lorsqu'ils lui avaient offert « la chance de sa vie » et proposé de partir sur l'*Ark*. « Il y a eu un désistement et le Maître est d'accord pour t'en faire bénéficier. D'habitude, il faut beaucoup plus de temps pour mériter cet honneur, et tous ne sont pas choisis, mais nous sentons que tu as un grand potentiel ! » Ils lui avaient montré des photos du yacht croisant dans les mers bleues des Caraïbes et expliqué qu'elle devrait travailler dur pour « franchir les niveaux supérieurs », sans toutefois lui préciser la nature des tâches qui l'attendaient à bord. Quand la fatigue devenait accablante, une partie d'elle-même se rebellait mais elle se reprenait vite en se disant qu'il fallait supporter les épreuves et éloigner ces vilaines pensées qui perturbaient sa progression purificatrice. « Quand votre esprit sera libéré, quand vous aurez transcendé le mal et les peurs qui vous asservissent, vous découvrirez que les souffrances du corps ne sont rien. Alors, vous vous éveillerez ! » Un long chemin l'attendait et elle n'était pas la seule dans ce cas : il régnait parmi les nouveaux hôtes une sorte de compétition, vestige d'un individualisme dont ils ne s'étaient pas encore débarrassés, qui laissait accroire que les plus méritants seraient sauvés en priorité, et tant pis pour les autres.

Levant enfin le nez de sa besogne dans l'espoir de détendre ses muscles endoloris, la Lyonnaise découvrit près d'elle la jeune fille dont elle avait croisé le regard exalté sur le pont la veille, pendant le prêche eschatologique d'Ernst Blake. Elle avait dû rejoindre l'équipe de la blanchisserie en début d'après-midi. Elles échangèrent un sourire timide mais déjà complice. Parler pendant le travail était interdit, rien ne devait interrompre l'effort de concentration.

— Mon nom est Chris Manterson, je viens de Miami et toi ? lui demanda sa voisine de labeur à voix basse dès que le superviseur fut sorti pour aller respirer un peu d'air frais. On m'a dit que tu étais française...

Elle parlait anglais avec un accent de la Louisiane très prononcé.

— Je m'appelle Blandine, je suis arrivée il y a cinq jours, souffla-t-elle. Il y a longtemps que tu es sur le bateau ?

— Environ un mois. Je dois rester encore six semaines.

— Comment t'es-tu retrouvée ici ?

— J'appartiens à une famille de preppers, ce sont mes parents qui ont payé ce séjour de perfectionnement. Ils ont déboursé une fortune pour m'inscrire. Ils feraient n'importe quoi pour me sauver du chaos.

— Je ne connais pas les preppers... vous êtes une religion ?

— Plutôt une communauté qui se prépare au pire. Je suis née et j'ai grandi dans la perspective de l'apocalypse, j'avais la certitude de ne jamais pouvoir devenir une adulte. Je n'imaginais pas d'autre issue que de périr dans les terribles cataclysmes de la fin du monde ou ses horribles préludes, la guerre, les épidémies et la famine. Nous sommes devenus survivalistes à la suite du 11-Septembre, comme tous les preppers d'ailleurs ; mon père et ma mère ont suivi une conférence d'Ernst Blake pour qui ces attentats constituaient le premier grand signe.

Elle expliqua ensuite comment ses parents avaient renoncé à leur travail, rompu les liens avec leur famille et leurs amis – ceux qui avaient refusé de les suivre – pour s'établir dans une immense ferme collective de l'Oklahoma. Là, comme leurs aïeux pionniers de la conquête de l'Ouest, les Manterson avaient appris à devenir autosuffisants, à chasser, à se défendre, à stocker l'eau et des vivres lyophilisés, à subsister dans des conditions extrêmes, à se soigner par eux-mêmes, à construire des abris en hauteur pour échapper aux inondations. Elle précisa qu'il y avait des centaines de fermes comparables à celle de l'Oklahoma sur le continent nord-américain, et même ailleurs.

Blandine écoutait sa voisine et n'en revenait pas : elle était loin de soupçonner l'ampleur de la prise de conscience apocalyptique, et lorsque Chris lui révéla que les preppers se comptaient par millions aux États-Unis, elle fut rassurée et se dit qu'elle avait fait le bon choix en s'engageant au sein de l'Église survivaliste. Autant de gens ne pouvaient avoir tort.

— Et toi, quelle est ton histoire ? questionna l'Américaine.

— Pour tout dire, je n'avais jamais entendu parler des survivalistes il y a encore un mois. C'est arrivé par hasard... J'ai rencontré des membres de l'Église un soir à Lyon, ils m'ont fait passer des tests, j'ai suivi un premier cycle de cours, un deuxième, j'ai beaucoup lu et j'ai compris que je m'étais toujours menti à moi-même, qu'on avait décidé de mon avenir sans me demander mon avis, que ma place était ailleurs, que la spiritualité était la clé du bonheur et que je devais renoncer à l'avoir pour laisser mon être émerger. Et puis, fin décembre, on m'a proposé de venir ici. C'était à prendre ou à laisser, j'ai eu une journée pour me décider.

— Qui a payé ta place ? Tes parents ?

— Non, ils ne savent pas que je suis partie, personne ne le sait. Je l'ai payée moi-même.

Pour financer son *stage*, Blandine avait vendu – avec l'aide de Sylvain Rivière – tout ce qu'elle possédait, montre, ordinateur, téléphone portable, bijoux de famille offerts par sa grand-mère, et vidé son compte épargne. En tout et pour tout, elle avait réuni quatre mille cinq cents euros, assez lui avait-on dit pour rejoindre l'*Ark* et franchir plusieurs étapes du processus de purification.

— C'est allé drôlement vite pour toi. Tu as eu de la chance, ou bien tu es très douée.

Blandine ne sut le dire avec certitude, mais il lui sembla déceler une pointe de jalousie dans la voix de Chris.

— Qui a perdu cette montre ? aboya soudain Paolo, le superviseur brésilien qui venait de réapparaître, interrompant les chuchotements.

À bord de l'*Ark*, les heures et les jours ne comptaient plus. Seul le programme élaboré pour les hôtes rythmait le temps. À l'exception des officiers et des responsables qui étaient parvenus aux niveaux supérieurs d'instruction, le port de la montre était donc prohibé.

— Alors ? J'attends !

Personne ne se dénonça.

— Vous connaissez toutes le règlement ! Que celle qui sait quelque chose rédige un rapport d'éthique et me le remette ce soir ! Elle bénéficiera d'une semaine de croisière gratuite ! Quant à celle qui refuse de se dénoncer, elle sera à l'amende !

Blandine et Chris savaient : elles baissèrent la tête pour ne pas affronter le superviseur. Le travail reprit avec sérieux, les gestes étaient mécaniques, le silence total.

Mais Paulo s'était approché des deux jeunes femmes.

— Toi, la Française, suis-moi !

Blandine releva la tête, sentant sa gorge se nouer.

— Moi… ? Mais… pourquoi ?

— Obéis !

Inquiète, elle regarda autour d'elle à la recherche d'un hypothétique secours; hélas, les yeux des autres repasseuses la fuyaient. Résignée, elle posa son fer et suivit Paolo.

# 16

*L'incertitude stimule parce qu'elle appelle le pari et la stratégie.*

Edgar Morin

*Lyon, lundi 14 janvier*

Le moral au plus bas, Renan était resté enfermé chez lui tout le samedi, ressassant l'insoluble problème du réquisitoire supplétif qu'il avait oublié de demander au parquet. Et pour ne rien arranger, il s'était torturé l'esprit en se demandant à quel moment apparaîtraient dans la presse les photos de son épopée en terre de prostitution. À moins que le commanditaire des clichés compromettants ne veuille le faire chanter et n'exige de lui le classement sans suite d'une affaire. Dimanche, pour se changer un peu les idées, il avait voulu inviter une amie à déjeuner, avec l'espoir de finir l'après-midi dans son lit. Un fiasco ! Aucune de ses conquêtes passées ou en cours ne répondit à ses appels. Quant à sa fille, elle boudait et refusait de lui parler, incapable d'admettre que la justice et la police aient besoin d'une plainte pour agir alors que Blandine avait disparu depuis deux semaines et qu'elle, la fille d'un juge, avait été agressée à l'arme blanche.

Le soir, pour couronner le tout, il avait entendu le garde des Sceaux annoncer à la télévision une grande réforme de la justice. Au menu, une refonte du code pénal et des droits de la défense. Mais depuis samedi, les coulisses de la magistrature bruissaient déjà des rumeurs les plus folles, certaines laissant accroire que l'objectif secret du ministre était de supprimer les juges d'instruction pour en finir avec les agitateurs tels que

Le Goff. Bref, Renan avait dû éteindre son téléphone pour ne plus subir la multitude des appels de collègues qui gardaient l'anonymat mais le couvraient d'injures.

Pressentant que la semaine qui commençait serait celle de tous les dangers, il arriva au palais de justice une pierre dans l'estomac et passa brièvement au secrétariat commun de l'instruction, quelques minutes avant huit heures vingt.

— Bonjour monsieur le juge, vous êtes plus matinal qu'à l'accoutumée, lui fit remarquer Amélie, l'une des deux collaboratrices du service.

Elle était de loin la plus jolie secrétaire du palais et il ne désespérait pas, un jour prochain, de l'attirer chez lui.

— Oui... J'ai une grosse journée.

En temps normal, il en aurait profité pour bavarder avec elle, persuadé que son charme breton agissait déjà. Il parcourut le tableau des affaires entrantes, puis salua Amélie et se dirigea vers l'étage du parquet.

Comme un intrus, il avança dans les couloirs encore déserts – sauf imprévu, le procureur Berthoux n'y serait pas aperçu avant neuf heures – et s'arrêta devant la porte du bureau du substitut Siméoni. Un voyant rouge en interdisait l'accès. Il sonna.

*C'est quitte ou double !* songea Renan qui n'avait pas été aussi anxieux depuis son examen d'entrée à l'école de la magistrature.

Le rouge s'éteignit et céda la place à une lumière verte. Renan poussa le battant capitonné et prit soin de bien le refermer derrière lui. Il régnait dans cette pièce peu éclairée une atmosphère studieuse, quasi monastique, à peine troublée par une légère odeur de transpiration. Le substitut accueillit son visiteur sans bouger de sa place.

— Renan ! Quelle bonne surprise !

Adepte de l'ordre, Siméoni rangeait ses dossiers de façon très symétrique, quatre piles de cinquante centimètres chacune de part et d'autre de son bureau, parfaitement alignées. Devant lui, cinq autres piles de vingt centimètres. L'ensemble donnait une impression de camp retranché dans lequel vivait un être étrange, tout en longueur et déplumé, le genre mathématicien fou ayant chipé les frusques d'un vagabond. L'Einstein du droit. Renan et lui s'entendaient bien et se respectaient, partageant les mêmes idéaux et se soutenant dans le nécessaire combat contre la tutelle du pouvoir politique. Mieux, ils s'admiraient sans jamais se le dire. Mais le plus étonnant chez cet homme que la nature n'avait pas gâté était sa femme. Une Moscovite à la beauté troublante qui faisait fantasmer plus d'un magistrat.

— Toujours le premier au palais à ce que je vois...

Renan se voulait léger mais l'humeur n'y était pas. Les deux hommes se serrèrent la main. Celle de Siméoni était longue et sèche. Une pince en bois.

— Il n'y a pas de meilleur moment pour travailler. Je termine le règlement définitif de ton affaire boursière. Un vrai pensum pour s'y retrouver entre les OPCVM et les autres produits financiers... mais je pense m'en être sorti.

— Je te fais confiance. Tu comptes maintenir les deux coaccusés en détention en attendant le procès ?

— Tu plaisantes ! Avec quinze millions d'euros volatilisés, tes escrocs vont prendre un max ! Je vais requérir dix ans et en attendant, pas question de les libérer. Assieds-toi, je t'en prie. J'imagine que tu as entendu le ministre hier soir. Ici, tout le monde pense que c'est à cause de toi qu'il lance sa réforme... Tu veux un café ?

— Je me fiche pas mal d'Interman ! Merci pour le café, mais je ne vais pas m'attarder.

— Pour éviter de croiser Berthoux ? C'est bientôt son heure... dit Siméoni en regardant sa montre. Que puis-je pour toi ?

— J'ai un problème, Gilbert, soupira Renan en se posant lourdement sur une chaise. Un gros problème dans le dossier Dorville. Je viens de m'en rendre compte, j'ai oublié de solliciter un supplétif pour les fausses factures.

— Aïe ! C'est gênant, surtout qu'il est au trou et que tu as mis le trésorier du PRP en examen. Quel shérif ! Il ne te reste plus qu'à saisir la chambre de l'instruction pour faire annuler la procédure. C'est le moins que tu puisses faire et à ta place je n'attendrais pas si tu veux éviter le conseil de discipline pour faute lourde.

— Pas question d'enterrer l'affaire! C'est trop gros! Ces pourris ne peuvent pas s'en tirer comme ça. Je les tiens!

— Tu ne tiens rien, je te vois venir et ça ne me plaît pas du tout! dit Siméoni d'un rictus qui déforma sa bouche.

— Tu es le seul à pouvoir m'aider, Gilbert.

— Ben voyons! Tu me demandes de te faire un faux en écriture publique passible de dix ans de réclusion devant les assises.

— Ce n'est pas un faux, tempéra Renan. Juste un document antidaté.

Par chance, il n'avait pas encore fait coter le dossier. Il pouvait donc glisser le supplétif à l'intérieur, ni vu ni connu.

— C'est la même chose et tu le sais parfaitement!

Pour abréger son calvaire du week-end, Renan avait hésité à passer le voir chez lui mais y avait renoncé pour ne pas donner à Siméoni le temps de trop réfléchir car il connaissait l'intransigeance du magistrat. En outre, depuis l'affaire des photos, il craignait d'être surveillé et une visite chez le substitut, qui n'était pas dans ses habitudes, pouvait paraître suspecte.

Maintenant, il était au pied du mur et devait tenter le tout pour le tout. Si le substitut refusait de l'aider, c'en était fini de son enquête et de sa carrière. Il ne s'était jamais trouvé en si fâcheuse posture.

D'un geste mal assuré, il sortit de sa poche le supplétif qu'il avait préparé, se pencha en avant et le posa devant Gilbert Siméoni. Un moine tombant nez à nez avec une photo de la Cicciolina au travail n'aurait pas eu l'air plus choqué.

— Tu es vraiment gonflé, Renan! Tu connais pourtant mes principes!

— Ça te prendra trois secondes, tu dates du 2 décembre, tu signes et c'est fini. S'il te plaît. Ne me laisse pas tomber sur ce coup.

— Je déteste que l'on me force la main!

Soudain, alors que Siméoni s'apprêtait à repousser le papier, la porte du bureau s'ouvrit sur Berthoux. À cette heure, il était rare que le procureur prenne la peine de sonner et, au palais, tout le monde savait que le substitut ne recevait jamais avant le milieu de la matinée.

Renan blêmit, tel un braqueur pris en *flag*. Il se leva d'un bond et s'arrangea pour se placer entre Berthoux et Siméoni de façon à permettre à ce dernier de dissimuler le supplétif. Car si le procureur découvrait le pot aux roses, ils se retrouveraient aux assises.

— Vous êtes déjà là, vous? grogna-il en tentant de voir ce qui se tramait dans le dos de ce juge honni.

La haute stature du procureur balançait de droite à gauche et Renan avait l'impression que son regard le transperçait.

— Ça vous étonne, monsieur le procureur? demanda-t-il sur un ton d'innocence qui contrastait franchement avec l'atmosphère conspirationniste du bureau.

— Avec vous, plus rien ne m'étonne! Évitez cependant de chercher asile du côté du parquet. Sachez que je condamne vos méthodes. Que d'inconséquence et d'irresponsabilité! Mais nous en reparlerons vite car je passerai vous voir ce matin. On m'a informé que Richard Dorville avait entamé une grève de la faim.

Il avait contourné le juge et se tenait maintenant devant Siméoni qui restait bien calé dans son fauteuil, impassible. Certes, le substitut n'ignorait aucune des méthodes de son supérieur hiérarchique pour se hisser dans la haute magistrature parisienne mais il se refusait à attendre quoi que ce soit de l'homme qui le toisait d'un air suspicieux et osait pénétrer dans son bureau sans sonner. À la différence de la plupart de ses collègues, il n'était pas carriériste et encore moins lèche-cul.

— Ils font tous la même chose les premiers jours, relativisa Renan. Il n'y a pas de quoi s'inquiéter.

— Si ce n'était que ça! Il y a aussi ces fuites scandaleuses dans la presse. Vous me devez des explications! Et en prime, une réforme de la justice dont tout le monde dit qu'elle est provoquée par les débordements de quelques-uns, suivez mon regard... Tout ça ne peut que mal finir, Le Goff. En attendant, je vais vous demander de sortir, je dois m'entretenir avec le substitut Siméoni d'une affaire urgente.

Renan n'insista pas, ce n'était ni le lieu, ni le moment pour un affrontement. Mais il était désespéré que le procureur ait compromis ses chances de faire signer le supplétif.

Il salua les deux hommes d'un bref signe de tête et se dirigea vers la porte.

— Monsieur le juge, n'oubliez pas votre dossier, lui dit le substitut avant qu'il ne pose sa main sur la poignée.

Devant des tiers, ils se vouvoyaient toujours et se donnaient volontiers du « monsieur le juge » ou « monsieur le substitut ».

Renan dissimula sa surprise, se retourna et vit Siméoni placer le dossier sur la pile droite de son bureau.

*Quel dossier? Bon Dieu, mais à quoi joue-t-il?*

— Où avais-je la tête? Merci, monsieur le substitut.

Cinq mètres le séparaient du bureau du magistrat.

Il revint sur ses pas, évita le regard oblique de Berthoux, prit la chemise beige – le réquisitoire supplétif s'y trouvait-il? Avait-il eu le temps de le dater et de le signer? Rien n'était moins sûr – et se dirigea à nouveau vers la porte, sans hâte, alors qu'il brûlait de quitter le bureau et de prendre ses jambes à son cou!

Intrigué – voire alerté de la visite de Le Goff? –, le procureur brûlait de parcourir ce dossier : ses petits yeux de fouine ne le lâchaient pas. Il fit un pas dans sa direction et Renan sentit qu'il ne le laisserait pas filer sans connaître le motif de cette rencontre matinale.

*Mauvais potage...* se dit-il, la gorge serrée.

— Vous vouliez me voir, monsieur le procureur? demanda Siméoni pour détourner son attention.

Mais cela ne servit à rien. Berthoux rattrapa Renan au milieu du bureau et les deux hommes se défièrent.

— Je peux savoir ce que vous êtes venu chercher de si bon matin? Votre greffière est malade?

— C'est une copie de mes réquisitions dans l'affaire des OPCVM truquées, répondit Siméoni dans son dos. Si vous le souhaitez, je vous en ferai porter un autre jeu.

— Je voulais justement y jeter un œil. Vous permettez? dit-il en tendant la main pour saisir le dossier que Renan tenait fermement contre lui.

Le visage du procureur exprimait une fermeté impitoyable – celle de la justice qu'il représentait – mais la fine contraction qui relevait le coin gauche de sa lèvre supérieure trahissait un irrépressible désir de vengeance sur le point de s'assouvir et Renan comprit que son irruption dans le cabinet de Siméoni n'était pas due au hasard. Il faisait donc l'objet d'une surveillance très rapprochée. Se pouvait-il même que Berthoux ait eu vent de l'absence du supplétif ? Il y réfléchirait plus tard s'il se tirait de ce mauvais pas car, à cet instant précis, il était coincé. Impossible de ne pas accéder à la demande du procureur. Il sentit le sang refluer de son visage en même temps qu'il lui remettait la chemise. Et il s'imaginait déjà aux côtés de Gilbert Siméoni dans le box des accusés de la cour d'assises de Lyon. Triste fin de carrière pour ces deux magistrats réputés incorruptibles.

— Je vous en prie, parvint-il cependant à dire sans la moindre émotion.

Berthoux s'en saisit et le feuilleta rapidement, tournant le dos au substitut. Renan scrutait son visage, guettant le moindre signe annonciateur de son triomphe. Mais à son grand étonnement, c'est une expression de frustration qu'il vit se dessiner au fur et à mesure que le procureur se rapprochait des dernières pages.

— Du bon travail, comme toujours, dit-il à l'attention du substitut.

Il rendit le dossier à Le Goff et se détourna ostensiblement de lui.

Renan fut envahi d'un profond soulagement. À court terme toutefois, car le problème du supplétif restait entier. À l'évidence, Berthoux le lui réclamerait dans la matinée.

Il était sur le point de sortir quand le substitut l'interpella à nouveau.

— Ah, cher ami, cette fois, c'est moi qui oubliais…

Siméoni se leva, dépliant sa longue silhouette qui n'était pas sans rappeler celle d'un grand lièvre et s'approcha de Renan, l'air ingénu.

Il lui remit une enveloppe fermée.

— J'ai fait tirer quelques photos de notre dîner de fin d'année. Elles devraient vous plaire.

Contenait-elle le réquisitoire supplétif? Dans l'affirmative, c'était très astucieux de la part de Siméoni car le procureur ne pouvait exiger de se faire remettre cette enveloppe, cette dernière ayant trait à la vie privée des deux magistrats. Le juge la rangea dans la poche intérieure de sa veste.

— C'est très gentil à vous, merci Gilbert. Je penserai à vous donner les miennes. Bonne journée.

Avant de sortir, Renan remarqua que le procureur s'était statufié. Il venait d'assister à un délit passible des assises et n'avait rien pu faire.

Enfin, Renan était dans le couloir. Libre. Envahi par un curieux sentiment de soulagement et de culpabilité.

Il gagna son bureau du quatrième étage sans perdre un instant, trop impatient d'ouvrir cette enveloppe et de placer le réquisitoire supplétif – s'il s'y trouvait – dans le dossier de l'affaire Dorville/Legendre.

# 17

*Savoir se fier est une qualité très rare, et qui marque autant un esprit élevé au-dessus du commun.*

Cardinal de Retz

Lucca Paoli termina son discours par une formule ambiguë dont il avait le secret : « Plus que jamais, la République vous observe et compte sur vous ! »

Cette année, la troisième du quinquennat, le ministre de l'Intérieur avait choisi de présenter ses vœux dans la capitale des Gaules et non place Beauvau comme il l'avait fait jusque-là. Un choix dicté par l'actualité des dernières semaines – les affaires soulevées par le juge Le Goff – et sa volonté de montrer à tous les acteurs de la chaîne judiciaire que nul ne saurait bafouer l'autorité de l'État impunément.

Ensuite, sous les lambris et les hauts plafonds de la préfecture de Lyon, ce Corse ventripotent, à l'accent jovial et au caractère ombrageux, parcourut l'assemblée de policiers et de gendarmes en grand uniforme au milieu desquels se trouvaient également les fonctionnaires de justice. Il serra des mains, dit des mots aimables ou drôles – son sens de l'humour était légendaire – aux uns et aux autres mais évita soigneusement de croiser Renan Le Goff. En revanche, il échangea une chaleureuse poignée de main avec Raoul Berthoux. Quant au divisionnaire Maréchal, il eut droit à une triple accolade. Ce qui fit dire à l'assemblée que ces deux-là devaient être francs-maçons.

N'ayant pas pu déjeuner, Renan se tenait près du buffet et profitait de l'attroupement autour du ministre pour avaler des petits fours sans être dérangé ; de toute façon, il ne risquait pas de l'être, la plupart de ses pairs préférant l'ignorer. Au terme d'une matinée plus que chargée, d'une rude passe d'armes avec le procureur – qui s'était soldée par un match nul – et d'une paire d'heures occupées à prévenir les conséquences de la grève de la faim entamée par Richard Dorville, c'est à peine s'il avait eu le temps d'arriver pour écouter la fin du discours de Paoli.

Une voix dans son dos le fit se retourner.

— Vos prévenus refusent de s'alimenter et vous pillez les buffets de la République ! Belle mentalité.

Celle qui se permettait cette ironie n'était autre que Miranda Gomez, la jeune commissaire de la DCRI, pour une fois tirée à quatre épingles dans son uniforme noir ; ses yeux de jais brillaient d'un éclat moqueur.

— Surtout, n'en dites rien à la chancellerie, ce serait mauvais pour mon avancement... répondit Renan sur le même ton.

— Il n'y a plus grand monde pour en parler... D'ailleurs, je suis étonnée que vous osiez encore sortir.

Renan, qui appréciait sa franchise habituelle, fut tout de même étonné du mordant de sa réplique.

— Voilà une bien curieuse façon de présenter ses vœux. Dites-le avec des pierres, c'est ça votre truc ?

— Je m'inquiète pour vous, mais si j'en juge par le comportement des gens qui nous entourent, je dois bien être la seule.

— Trop aimable. Quoi qu'il en soit, je vous déconseille de me refaire le coup du lapin !

Elle lui avait proposé une rencontre jeudi dernier dans la soirée, mais elle n'était pas venue et, depuis, n'avait pas pris la peine de s'excuser.

— J'espère que vous me pardonnerez, mais je n'ai pas eu le choix.

— Je ne vois pas pourquoi je le ferais. Et dire que vous parliez d'une entrevue discrète...

Autour d'eux, le gratin de la police, de la gendarmerie, des services de renseignement et du tribunal de Lyon.

— C'était la seule solution. Ici, il n'est pas anormal de nous voir ensemble, surtout si nous avons l'air de bavarder de la pluie et du beau temps.

Elle paraissait sincère et Renan fut tenté de la croire. Il allongea le bras pour attraper une coupe de champagne et l'offrir à Miranda Gomez.

— Depuis quand les représentants de la DCRI et les juges doivent-ils se cacher pour se voir ?

— Vous êtes surveillé de près ; je le suis peut-être également.

Il accusa le coup sans broncher mais la pilule avait du mal à passer.

— Et pourquoi cela ? Que je sois dans le collimateur ne me surprend pas, concéda Renan. Mais vous ? Il n'y a aucune raison.

Le groupe du ministre se rapprochait d'eux et Renan prit Miranda Gomez par le bras, discrètement, pour l'emmener dans une autre pièce de réception, elle aussi bondée. Là, à l'abri des regards les plus gênants, la commissaire répondit à sa question.

— Je crois que Maréchal se méfie de moi. Il m'a donné des consignes pour vous neutraliser et il redoute que j'aie des états d'âme pour les appliquer.

*Elle me ment, me manipule ou dit vrai ?* s'interrogeait Renan, perplexe.

— Des consignes de quel genre ?

— Faites travailler votre imagination !

Inutile d'être grand clerc pour comprendre que les atouts de Miranda Gomez ne résidaient pas uniquement dans son instinct d'enquêtrice.

— Mais il y a plus grave, enchaîna-t-elle. D'abord, il y a une très forte probabilité que vous ayez été placé sur écoute.

— Moi ? s'indigna Renan. C'est le monde à l'envers ! Si je coince les types qui font ça, je les fais coffrer dans l'heure !

Il n'imaginait pas que les mâchoires de l'institution se refermeraient si vite sur lui.

— Vous ne pourrez jamais rien prouver. Depuis l'affaire des écoutes téléphoniques de l'Élysée, nous sommes devenus très prudents et les progrès technologiques nous aident beaucoup.

— Se peut-il qu'il y ait des micros chez moi ?

— Non, c'est trop risqué. Si vous les découvriez, il y aurait un scandale.

— Mais je ne peux plus téléphoner, conclut-il en essayant de garder un air détendu, pour la galerie.

— Seuls les appels que vous passerez depuis votre bureau resteront sécurisés.

— Être contraint à agir comme un hors-la-loi alors que je sers la justice... C'est honteux, soupira-t-il. Quel est l'autre problème ?

— On s'apprête à vous tendre un piège.

— C'est déjà fait ! réagit Renan.

En quelques mots, il résuma sa fin de soirée avec les prostituées des grands boulevards. Il n'avait rien à perdre à lui narrer la scène. Au contraire.

— Des photos et un motard, dites-vous ? Non, je n'en ai pas eu vent, mais je vais me renseigner. En tout cas, ça ressemble à nos méthodes, voilà qui devrait vous inciter à vous tenir sur vos gardes.

Tout en l'écoutant, il nota qu'une ombre de frustration avait quelque peu obscurci son regard.

— Je n'ai pas attendu vos conseils, merci. Vous devriez en faire autant car si Maréchal vous a chargée de me séduire et qu'il ne vous tient pas informé de ce que fait son autre main, c'est qu'il se méfie de vous.

— Je viens de faire la même déduction et ce n'est pas réjouissant !

— Nous sommes donc à égalité. Et selon vous, comment la DCRI va-t-elle tenter de me réduire au silence ?

— À la place de mes supérieurs et à défaut de pouvoir vous faire entendre raison, je chercherais à vous discréditer. Si par hasard, vous avez un cadavre dans le placard, attendez-vous à le voir ressurgir et n'espérez pas l'intervention de SOS fantômes...

Cette fois, c'est à la propagande noire que Renan pensa. Il était pris dans un étau, d'un côté les survivalistes, de l'autre le gouvernement, chacun avec le même objectif : éliminer ce juge entêté et du même coup, enterrer deux affaires. Qui sait d'ailleurs s'ils ne s'entendaient pas pour mieux l'éliminer.

*Tout est possible...* songea tristement Renan qui ne voyait pas de quelle façon il réussirait à éviter le pire.

Compte tenu de la puissance de ses adversaires, le fait d'être prévenu ne suffirait pas à empêcher les coups ni même à les esquiver. Pour s'en sortir, il devait accepter de travailler en équipe et, pour cela, déterminer si Miranda Gomez était une manipulatrice à la solde de Maréchal ou s'il pouvait lui faire confiance.

Comme un garçon passait avec un plateau et des coupes de champagne, il se resservit – il en avait besoin ! – mais Miranda préféra ne pas abuser. Au-delà d'un verre, elle perdait une partie de ses moyens ; au quatrième, elle révélait des secrets d'État au premier venu !

D'un trait, Renan siffla la moitié de sa coupe puis il planta ses yeux bleus dans le regard noir de l'Espagnole.

— Pourquoi venir vous confier à moi ?

Elle lui sourit avant de répondre et ce sourire n'avait rien de charmeur. Au contraire, il y lut une détermination totale et dans ses yeux scintillait un éclat qui ressemblait à celui de la braise sur laquelle on vient de souffler.

— Ce n'est pas ma conception de notre mission de police. La défense de l'intérêt général ne doit pas être confondue avec celle des intérêts particuliers et il n'appartient ni aux juges d'instruction ni aux forces de l'ordre et encore moins aux membres du gouvernement de dicter leur loi.

— Un peu léger comme défense, non ? fit-il remarquer pour la pousser un peu plus loin dans ses retranchements.

— Ce n'est pas une défense ! Ce sont des convictions ! Et si vous ne me croyez pas, je m'en moque. Mais ce n'est pas en restant seul que vous vous en sortirez !

Heureusement, elle n'avait pas élevé la voix car deux des conseillers de Lucca Paoli étaient entrés dans la pièce et les observaient du coin de l'œil.

— Qui vous dit que je suis seul?

Cette fois, elle ne put se retenir de rire.

— Je ne connais personne dans votre situation qui ne le serait pas!

*L'homme qui tombe n'a pas d'amis... ils se sont donné le mot...*

Elle avait raison; aussi se décida-t-il à prendre le risque de la ranger dans la catégorie des alliés, en période de probation toutefois.

— OK. Puisque vous insistez, j'accepte l'aide que vous m'offrez, en espérant que vous n'aurez pas à le regretter.

— Je suis en âge de décider de ce que je dois faire!

Cette réponse étonna Renan, elle avait été prononcée avec une intensité qui dénotait un réel besoin de s'affranchir d'une tutelle. Qui était ce père qu'elle voulait tuer? Son paternel? Maréchal?

— Tant mieux pour vous, opina Renan qui ne voulait pas s'appesantir sur cette question. Bon, et si vous me racontiez tout à propos de ce nouveau piège. Je ne suis pas sûr que vous m'ayez tout révélé.

Un autre garçon passa près d'eux et Renan vit qu'elle hésitait entre la coupe de champagne et les boissons non alcoolisées. Ce ne fut pas son cas. Mais cette troisième serait sa dernière car la journée était loin d'être finie.

— En fait, je n'en sais trop rien, juste une information que je n'aurais pas dû entendre, dit-elle un verre de jus d'orange à la main. Avez-vous prévu de donner une conférence à l'université Jean-Moulin dans les prochains jours?

— Oui, elle a lieu demain, dit-il en fronçant les sourcils. Vous croyez que...?

— Je ne crois rien! Je vous dis seulement que j'ai surpris une fin de conversation dans laquelle il était question de Jean-Moulin, de vous et d'une combine très astucieuse.

C'était difficile à admettre. Voilà bien le genre d'endroit où il ne risquait rien. Un amphi, des étudiants et un sujet qu'il maîtrisait sur le bout des doigts.

— Êtes-vous sûr que l'on ne cherche pas à vous manipuler ? Les hommes de Maréchal ont très bien pu faire en sorte que vous surpreniez une confidence que vous n'auriez pas dû entendre.

— J'y ai pensé, mais pas cette fois. Je n'avais aucune raison d'être là lorsque cette conversation a eu lieu.

*Les toilettes des hommes...* pensa malicieusement Renan.

— Donc, demain, il va se passer quelque chose mais vous ne savez pas quoi.

— Hélas. Mais à votre place, je me méfierais. Quel est l'objet de votre intervention ?

— Mon thème de prédilection : l'indépendance de la justice.

— Il faudra que vous fassiez vraiment attention à ne pas déraper. On peut très bien vous poser une question pour vous provoquer, enregistrer votre réponse avec un téléphone portable et tout balancer sur les réseaux sociaux. Dans le contexte des affaires actuelles, le moindre propos ambigu peut faire l'effet d'une bombe ou vous revenir en boomerang.

— J'y penserai, merci du conseil. Pouvez-vous me rendre deux services ? dit-il, soudain pressé d'en finir.

Renan voyait que les conseillers du ministre se rapprochaient, l'air de rien, enchaînant les poignées de main et les petits fours. Leur conversation n'avait que trop duré. Gomez les avait aussi repérés.

— Si je peux, mais allons vite.

— Retournez voir les Lenoir et incitez-les à porter plainte.

— Qui vous dit que j'y suis déjà allée ? s'étonna Gomez.

— Chacun ses sources, répondit Renan qui voulut jouer la prudence.

C'était mal connaître l'Espagnole.

— Bonjour la confiance ! On ne va pas aller très loin si vous commencez comme ça.

— OK, OK... Ma fille était sur place lorsque vous leur avez rendu visite. Blandine est sa meilleure amie.

— À votre place, je tiendrais Gaëlle hors de ce coup ! Ce n'est pas une place pour elle.

— On voit bien que vous ne fréquentez pas de Bretons ! se défendit Renan.

— Évidemment, si elle est aussi entêtée que son père... Quoi d'autre ?

— Si vous pouvez justifier d'un déplacement à Paris, allez voir Lisa Brioni à la MILS. Dites-lui dans quelle situation je me trouve. Elle aura sûrement une idée. Dernier point, comment puis-je communiquer et vous voir sans risques ?

— Pour l'instant, votre greffière ne fait l'objet d'aucune surveillance. Demandez-lui d'acheter un autre portable et de vous prêter le sien. Utilisez-le discrètement, à l'abri des regards. Pour nos rencontres, il nous faudra improviser mais ne m'appelez jamais. C'est moi qui vous contacterai. Maintenant, séparons-nous, mais auparavant, embrassez-moi comme vous le feriez si j'étais votre prochaine conquête.

Renan s'exécuta et le baiser qu'il déposa sur la joue gauche de l'Espagnole ne fut pas pour lui déplaire. Puis il s'éloigna et retourna près du buffet. Dans sa tête, il faisait l'inventaire de ses alliés : Lisa Brioni à la MILS, les commissaires Loys Grümmel du SRPJ et Miranda Gomez de la DCRI ; sans oublier Agathe, sa greffière. Mais cela suffirait-il pour affronter l'État français, les États-Unis et les survivalistes ? Rien n'était moins sûr.

Préoccupé et surtout inquiet des risques encourus par ses partenaires – les possibilités de *dommages collatéraux* étaient multiples : avertissement, sanction disciplinaire, mutation, etc. –, il vérifia son portable qu'il avait mis en mode vibreur.

Aucun appel, ni SMS reçu.

Le silence de Gaëlle l'agaçait sérieusement. Il s'isola dans un couloir et tenta à nouveau de la joindre mais, une fois de plus, il tomba sur son répondeur.

Il quitta aussitôt le cocktail – il était dix-sept heures –, sauta dans un taxi et fila directement chez elle, rue de la Loge. Hélas, elle ne s'y trouvait pas et sa voisine de palier, institutrice à la retraite, fut incapable de le renseigner. Il laissa un mot sous la porte, lui demandant de le rappeler d'urgence.

Pourtant inquiet, il hésitait encore à contacter son ex-femme. Elle aurait commencé par le couvrir de reproches, voire d'injures et, dans la foulée, risquait de débarquer le soir même par le dernier TGV, exigeant de dormir chez lui. En ce moment, il avait besoin de tout, sauf d'une ex-épouse possessive à tendance hystérique dans les pattes.

Fatigué, il gagna toutefois le palais de justice à pied et y arriva dégoulinant et glacé, faute d'avoir pensé à reprendre son parapluie au vestiaire de la préfecture. Un déluge venait de s'abattre sur Lyon.

Pour se remonter un peu le moral, il espérait échanger quelques mots avec Agathe. Mais son cabinet était vide, lumière éteinte.

Il alluma les néons, utilisa une grosse poignée de mouchoirs en papier pour se sécher les cheveux et prit le temps d'en griller une. Puis il regarda le carnet de messages, admirant comme chaque fois la belle écriture d'Agathe. Il découvrit d'abord la raison de son absence : enfant malade. Le message suivant concernait Gaëlle.

Enfin!

*Votre fille a téléphoné un peu avant mon départ. Elle vous fait dire que vous la reverrez dès lors que vous ferez votre métier correctement. Dixit. Sacré caractère! Bon courage, monsieur le juge...*

C'était une conjuration ! Les femmes s'étaient liguées pour lui pourrir la vie. Cette idiote de Blandine qui avait disparu, sa boudeuse de fille, son ex aux aguets, sa greffière aux abonnés absents, l'intrigante Martina Vilenovski, l'énigmatique Miranda Gomez, la lointaine Lisa Brioni, sans oublier toutes celles qui avaient refusé de le voir pendant le week-end...

Le dernier venait de monsieur Lenoir. *À rappeler en urgence.* Ce qu'il fit. Le père de Blandine répondit à la première sonnerie, d'une voix qui révélait un niveau d'anxiété élevé.

— Monsieur le juge? Pourriez-vous passer nous voir ce soir?

Dans la voiture qui raccompagnait Lucca Paoli à l'aéroport de Lyon Saint-Exupéry toutes sirènes hurlantes, Bertrand Maréchal se faisait sermonner et il n'aimait pas ça du tout.

Les deux *frères* étaient assis à l'arrière d'une Citroën noire gouvernementale. À l'avant, les hommes de confiance – de main, plutôt – du Corse.

— Nous n'allons pas tolérer plus longtemps les agissements de ce Le Goff. Je te laisse la semaine pour tout régler. Sinon, je m'en chargerai personnellement et tant pis pour la casse !

L'accent à la Pagnol du ministre contrastait avec le caractère menaçant de son propos.

— Nous avons déjà de quoi l'inquiéter.

— Alors qu'est-ce que vous attendez pour dégainer ?

— Rien. Nous passons à l'offensive ce soir.

— Et tu crois que ça suffira à le mater ?

— C'est un coriace. Nous avons donc un deuxième plan pour demain.

— Je te souhaite de réussir ! Dans le cas contraire, on me demandera ta tête et je la donnerai.

— Je sais mais avec ce que nous avons en magasin, Le Goff ne se relèvera pas.

— Il vaudrait mieux, ça me ferait de la peine de te virer... Et ce gros Berthoux, quel feignasse ! S'il avait mis son nez dans le dossier Dorville un peu plus tôt, on aurait pu baiser ton juge avec le supplétif. Maintenant, c'est plié. Je peux te dire que celui-là, il va moisir dans son poste !

— Berthoux n'est pas un mauvais bougre mais il n'a pas changé de siècle.

— C'est un tocard et les tocards, moi je les mets au placard ! Point final. Et l'autre, le complice de Le Goff, c'est quoi son nom déjà ? Simon ?

— Siméoni. Le meilleur substitut que Lyon ait jamais eu depuis deux décennies et je te rappelle que rien ne prouve qu'il ait antidaté le supplétif.

— Ça m'est égal ! Les amis de Le Goff sont nos ennemis. Il faut faire des exemples pour l'isoler. Je vais exiger de cet imbécile d'Interman qu'il le mute à Maubeuge. On verra s'il apprécie le clair de lune, ce maudit faussaire !

La gestion des ressources humaines façon Paoli n'émouvait pas le divisionnaire. Maréchal avait toujours agi de même dans les services qu'il avait dirigés, ce qui lui valait d'être davantage craint que respecté.

— Autre chose, poursuivit le ministre sur sa lancée punitive, mes gars ont vu Le Goff causer avec une fille brune pendant le cocktail.

Dans sa bouche, il fallait entendre « coqueutèle ».

— Oui... c'est Miranda Gomez, une jeune commissaire bien notée. Je lui ai demandé de suivre l'affaire Véry de près et d'avoir l'œil sur le Breton.

— Tu lui fais confiance ?

— Plus vraiment, mais je n'ai rien contre elle. Seulement un doute. Il se peut qu'elle renâcle à surveiller le juge qui enquête sur cette foutue secte.

— Non mais je rêve !!! fulmina Paoli. Tu vas pas t'y mettre, toi aussi ?

— Aucun risque, j'explique, c'est tout.

— Sors-la du circuit ! Je peux te la prendre à Paris ou à Marseille quand tu veux. La PJ a des besoins partout.

— Merci. Je te donnerai ma réponse dans quelques jours.

Maréchal entendait bien diriger son monde comme il l'entendait. Le diktat de Paoli avait ses limites. Non mais !

— Tu as tort de te laisser prendre par les sentiments. Les fliquettes, ça n'a jamais amené que des embrouilles. Mais elle est sous tes ordres, tu fais comme tu le sens et tu assumeras comme il se doit. Tu connais le tarif.

Soudain, il porta la main sous le pan gauche de sa veste, près du cœur. Un instant, Maréchal crut qu'il avait un malaise et l'idée ne lui déplut pas.

Paoli en sortit un portable qui vibrait, posa de fines lunettes sur le bout de son nez et regarda l'écran pour lire le nom qui s'affichait.

— Ah... C'est le président... dit-il d'un air suffisant avant de décrocher.

# 18

*Ceux qui tombent entraînent souvent dans leur chute ceux qui se portent à leur secours.*

Stefan Sweig

Ce soir, la montée Saint-Sébastien était déserte, pauvrement éclairée par des réverbères blafards et battue par une pluie glacée qui tombait de biais.

*Un vrai coupe-gorge...*

En sonnant, Renan eut une pensée pour sa fille. C'est à cet endroit précis que Gaëlle avait affronté le motard au couteau.

Madame Lenoir lui ouvrit d'un mouvement brusque, jetant un regard suspicieux dans la rue, et referma la porte. Elle était grande et bien en chair, le teint gris. Un curieux chignon donnait à sa tête une forme d'ampoule. Sous le poids des épreuves récentes, elle se voûtait et, de profil, sa silhouette ressemblait à un « S » qu'une jupe serrée et un tricot gris trop ajusté tentaient d'affiner. Du menton, elle lui indiqua où poser son parapluie – il en avait un autre dans la Saab – et le précéda sans dire un mot pour le guider au premier étage. Ils traversèrent un couloir obscur et montèrent un vieil escalier en bois. Renan eut l'impression de plonger dans un film d'Hitchcock. Enfin, le salon et un peu de lumière ! Le père de Blandine l'y attendait. Fagoté comme un retraité à l'hospice, il paraissait soixante-dix ans et n'en avait pourtant que quarante-huit. En arrêt de travail depuis le 7 janvier. Dépression. Classique.

Il l'accueillit debout, avec un sourire contraint, et lui offrit un verre de porto.

— Non merci, répondit Renan. J'ai très peu de temps. Vous vouliez me voir ?

L'idée que l'on ait pu le suivre l'agaçait, tout comme cette atmosphère oppressante.

Du regard, il balaya la pièce. Décor petit-bourgeois, agrémenté de souvenirs de voyages bon marché et d'objets religieux. Rideaux tirés et volets clos. Seules deux petites lampes étaient allumées. Ça puait le renfermé, l'angoisse et le tabac froid.

— Oui… acquiesça monsieur Lenoir après un instant d'hésitation, nous avons reçu des nouvelles de Blandine.

L'affaire prenait une nouvelle tournure, il était temps.

— Quand ça?

— Aujourd'hui. Elle nous a envoyé une carte postale.

Renan, qui sans le vouloir faisait l'inventaire de ce que contenait le salon, la remarqua. Elle était posée sur un buffet en chêne, adossée à un bougeoir, entre un soliflore et une statuette figurant saint Antoine. La vue était celle d'Alicante, Renan y avait emmené Gaëlle en vacances pour ses quinze ans mais s'était montré intraitable quant aux sorties nocturnes et elle lui en avait voulu pendant des mois. Aujourd'hui encore, il n'excluait pas que cet été pourri ait marqué le début de leur relation conflictuelle.

— Vous permettez?

Par précaution, il sortit un mouchoir de sa poche avant de s'en saisir.

— Ne prenez pas cette peine, indiqua monsieur Lenoir, elle n'était pas dans une enveloppe, il doit y avoir des empreintes partout.

Renan ignora ses conseils et s'intéressa au cachet qui indiquait un envoi depuis l'Espagne le mercredi précédent; puis il lut le message de Blandine.

*Papa, Maman,*

*Tout va bien, ne vous inquiétez pas. Mais j'avais besoin de prendre du recul. Je ne sais pas encore combien de temps je vais rester ici.*

*Sans doute quelques semaines. Je vous embrasse fort.*

*Blandine*

Il remit la carte à sa place.

— Reconnaissez-vous son écriture?

— Je ne peux pas être absolument formel mais elle lui ressemble, et la signature aussi.

Renan n'avait donc plus rien à faire ici. Il se demandait même pourquoi les Lenoir l'avaient dérangé.

— Vous voilà rassurés. Tant mieux. Je vous souhaite une bonne soirée. Ne vous fatiguez pas, je connais le chemin.

— Vous... vous n'allez rien faire ? s'inquiéta monsieur Lenoir.

— Que voulez-vous que je fasse ?

— Faire examiner cette carte par un spécialiste, vous assurer que ce n'est pas un faux.

— Vous venez de me dire que l'écriture et la signature correspondaient.

— Ce n'est pas elle qui a écrit cette carte ! Toute sa correspondance, de même que son carnet personnel, est écrite avec un stylo-plume et de l'encre verte. Elle l'emmène toujours avec elle, où qu'elle aille. Et nous ne l'avons pas retrouvé dans son studio.

— De l'encre verte... répéta Renan, l'air dubitatif.

De fait, le texte de la carte était rédigé avec un stylo-bille bleu. Bien des hypothèses pouvaient expliquer ce changement.

— Vous ne me croyez pas ? Alors regardez ça ! s'emporta-t-il.

D'une boîte à chaussures, le père de Blandine sortit des dizaines de lettres et de cartes postales et les étala nerveusement sur la table. Renan vit que la colère et l'excitation le rajeunissaient.

— Blandine nous a toujours écrit à la plume et en vert ! Regardez vous-même !

Intrigué, Renan parcourut ces souvenirs et dut se rendre à l'évidence. Il n'y avait aucune exception à la règle. Cela ne prouvait rien mais il savait que, en matière criminelle, le diable se cachait presque toujours dans les détails.

— Vous avez peut-être raison, conclut-il. Il faudrait recourir aux services d'un graphologue et aussi exploiter les traces ADN sur le timbre, ou encore...

Mais il s'interrompit et commença à boutonner sa parka. À l'évidence, il s'apprêtait à prendre congé.

— Ou... ? relança monsieur Lenoir qui ne comprenait pas ce que faisait le juge.

*Cette fois, ils sont mûrs!* se dit Renan.

— Ou rien! Tant que vous ne porterez pas plainte, la justice restera impuissante. Il m'est impossible d'intervenir et ce n'est pourtant pas faute de vous l'avoir expliqué.

Le père de Blandine mit quelques secondes à digérer ce que le magistrat venait de lui asséner. Quant à sa femme, le regard braqué sur la dernière relique de sa fille depuis le début de la conversation, elle ne changeait pas d'expression. Comme un grand piquet tordu, elle se tenait près du buffet mais son esprit devait être à Alicante, à errer dans les rues à la recherche de son unique enfant. Le mari approcha et lui prit la main. Ses lèvres s'entrouvrirent mais pas un son n'en sortit.

— Puisqu'il n'y a pas d'autre solution, c'est d'accord, nous allons porter plainte, annonça monsieur Lenoir. Demain à la première heure, j'irai au commissariat.

— C'est courageux, mais je vous demande de bien y réfléchir. Vous avez déjà eu un avant-goût des méthodes de ceux que vous soupçonnez d'avoir enlevé votre fille.

Renan voulait s'assurer de leur détermination naissante car ce qui attendait les Lenoir n'était pas un chemin de roses. Il ne le savait que trop.

— C'est tout réfléchi. Cette carte est un faux et notre fille est en danger, nous en sommes persuadés!

— Qu'en pensez-vous?

Cette fois, la question s'adressait à madame Lenoir, mais c'est son mari qui répondit.

— Elle est d'accord.

— Je voudrais l'entendre de sa bouche, insista Renan.

— Mon épouse s'est arrêtée de parler il y a une semaine, monsieur le juge.

— Je suis désolé... dit-il gêné, comme s'il se reprochait de n'avoir pas détecté son trouble.

Une partie d'elle, déjà, était ailleurs, entre deux univers, à mi-chemin entre raison et folie. Une pichenette et elle basculerait du mauvais côté. Cette femme murée dans la souffrance le toucha.

— Vous n'y êtes pour rien. Le psychiatre assure que tout reviendra comme avant avec le retour de Blandine.

— Je partage son avis, mentit Renan. Bon, je vais vous laisser… Demain matin, je vous conseille d'appeler de ma part le commissaire Loys Grümmel. Il est déjà prévenu de la disparition de Blandine et recevra votre plainte. Apportez-lui la carte et des lettres pour comparer les écritures et aussi un objet sur lequel il sera possible de prélever son ADN. Une brosse à cheveux par exemple. De son petit carnet à spirale, il arracha une page, inscrivit le numéro du policier et la tendit à monsieur Lenoir.

— Merci… Comment pourrons-nous être sûrs que vous suivrez l'enquête ?

— Ça, c'est mon affaire, ne vous en faites pas !

Pour qui connaissait les rouages de la machine judiciaire, c'était un jeu d'enfant. En outre, comme il travaillait déjà sur les survivalistes, la logique voulait que ce dossier lui échoie. D'ailleurs, qui, à part lui, serait assez fou pour oser s'attaquer à la secte et défier ses alliés et ses soutiens de l'ombre ?

Dans la rue, le vent était si fort que l'averse lui cinglait le front et les joues. Heureusement, la Saab n'était pas garée trop loin, il s'y engouffra.

*Quel temps de m… !*

Il avait beau être breton et fier de l'être, il détestait la pluie.

Avant de mettre le contact, il observa les alentours, pour tenter de repérer une éventuelle filature. Il ne vit personne et fut presque rassuré. Que diable ! Il n'était pas un grand criminel et les moyens affectés à sa surveillance devaient être limités. D'autant que les forces de l'ordre et les services de renseignement étaient pleinement mobilisés dans la lutte contre le terrorisme.

C'est en enclenchant la première vitesse qu'il la remarqua. Une enveloppe kraft était posée sur le siège passager. En son absence, quelqu'un était entré dans la Saab !

Par réflexe, il vérifia les portières mais aucune n'avait été fracturée et il était persuadé d'avoir fermé la sienne en descendant. Ou bien ceux qui le surveillaient étaient des pros de l'effraction ou bien ils disposaient d'un double de ses clés.

Cette intrusion le révolta et sonnait comme une déclaration de guerre. On ne l'outragerait pas impunément. Il arrêta le moteur et, du vide-poches, sortit une paire de gants en plastique, les enfila et ouvrit rapidement l'enveloppe.

À l'intérieur, il n'y avait qu'une photo coupée en deux dans le sens de la largeur.

On voyait ses jambes et derrière lui, celles de Lula, bas résille et escarpins rouge vif.

*Il fallait s'y attendre !*

Mais il n'eut pas le temps de pester longtemps : son portable sonna. Numéro masqué.

— Allô !!

— La semaine prochaine, j'enlève le bas... dit une voix métallique, en référence à une vieille pub. Fébrile, Renan regardait autour de lui, persuadé que son interlocuteur le voyait.

La voix poursuivit sur le même ton.

— ... Et moi demain, je poste le haut à vos amis et vos collègues, avec une légende dont je suis assez fier : le père Chevrier et le juge Le Goff ont servi dans le même corps... Ha ha ha !

— Allez-vous faire foutre ! répliqua Renan que ce rire persifleur exaspéra.

— Mais c'est qu'il n'est pas content, notre petit juge... La photo vous plaît-elle au moins ?

— Qui êtes-vous ?

— Un admirateur qui ne vous veut pas que du bien... Maintenant, écoutez-moi ! Demain, vous n'irez pas travailler, et les jours suivants non plus. Vous êtes surmené, sur le point de craquer. Trouvez-vous un médecin pour vous prescrire un arrêt longue durée, un mois ou deux.

La suite n'était pas difficile à comprendre. En son absence, le procureur reprendrait la main sur ses dossiers brûlants et les confierait à des juges plus malléables – et surtout ambitieux. La magistrature en regorgeait.

— Je ne céderai pas au chantage !

— C'est votre droit, mais je suis persuadé que la nuit portera conseil. Bonsoir, juge Le Goff.

Il avait raccroché. Renan soupira puis resta immobile de longues minutes, la tête renversée. Il n'était plus au pied du mur mais au bord de l'abîme.

Quand il démarra enfin, sa décision était prise. Il ne céderait pas. Mais il allait devoir la jouer fine et surtout, gagner du temps.

Avant de rentrer chez lui, il passa chez Gaëlle. Hélas, elle était absente. Le fuyait-elle ?

Il glissa un énième mot sous la porte, lui expliquant que les Lenoir allaient porter plainte et lui enjoignant de ne pas lui téléphoner mais de venir le voir. Il espéra qu'elle le trouverait rapidement.

Il fila garer la Saab au parking et releva son courrier. À part deux factures et une relance, il ne fit aucune découverte fâcheuse.

*Ouf !*

Enfin, il était chez lui, à l'abri pour quelques heures. Un peu de tranquillité ne lui ferait pas de mal. Son programme : ouvrir une bouteille, mettre au point une contre-attaque et dormir un peu.

Quand on sonna.

*On va me foutre la paix, oui ?*

Il hésita à ouvrir mais reconnut Loys Grümmel à travers le judas. Imperméable au col relevé, chapeau noir et grosses lunettes. Presque méconnaissable. La veille, à la préfecture, il avait eu le temps de le prévenir qu'il était surveillé et que son téléphone était placé sur écoute.

— Que faites-vous ici ? Il est tard !

— Il y a une demi-heure, dit-il, j'ai reçu un SMS, d'un numéro à l'étranger, avec un lien internet et un message disant que cela vous concernait. J'ai regardé et ça ne va pas vous plaire. Je peux utiliser votre ordinateur ?

Renan se demanda quelle tuile pouvait encore lui tomber sur la tête.

— Faites. En attendant, je me sers un coup de blanc. J'ai eu une sale journée. Vous en voulez un ?

— Oh oui !

Quelques instants plus tard, Renan revenait de la cuisine, deux verres à la main.

— L'adresse est compliquée, sans doute un site hébergé par un serveur en Russie ou en Chine, expliqua le commissaire tandis qu'il la recopiait en tapant avec deux doigts. Il faudra vérifier. Vous êtes prêt ?

— Oui.

Le commissaire appuya sur *Enter* et effectivement, ce que Renan découvrit ne lui plut pas du tout. Un texte et une date apparurent d'abord, en rouge sur le haut de la page.

*Mercredi 9 janvier...*
*La journée, certains jouent les bons pères, mais la nuit...*

Ensuite, deux photos s'affichèrent. À gauche, celle d'un couple attablé l'un en face de l'autre. Un père et une fille. Renan et Gaëlle – visages floutés – au Panier à salade quelques jours plus tôt.

À droite, celle des jambes de Lula et des siennes. Très nette. Ceux qui le connaissaient pouvaient sans peine identifier ses chaussures, un modèle anglais, plutôt chic.

Au-dessous, un gros point d'interrogation clignotait, avec un autre texte :

*Bientôt, vous saurez... vous pourrez juger... et même condamner !*

— Le chemin de croix continue ! À quand le Golgotha ? soupira Renan dont les traits s'étaient subitement creusés.

Sa marge de manœuvre venait encore de se resserrer d'un cran. Il montra au commissaire la photo trouvée dans la Saab, sans prendre la moindre précaution. Ceux qui le harcelaient étaient trop malins pour avoir laissé leurs empreintes. *Et ça ne fait que commencer*, se dit-il en se laissant tomber dans un fauteuil, à la recherche d'une parade. S'il portait plainte, il y aurait immanquablement des fuites, la rumeur se propagerait et tout le monde se précipiterait pour aller voir la photo du juge Le Goff aux putes !

— On veut vous nuire et le chantage est un bon moyen ! C'est un délit grave. Vous devez vous défendre légalement, conseilla Grümmel.

— Mes adversaires n'attendent que ça. Quelles que soient mes explications, ma réputation en prendra un sérieux coup et en prime, le parquet critiquera sévèrement mes méthodes d'investigation.

De quoi ouvrir la voie à une procédure disciplinaire devant le CSM. À la clé, une mise à pied et un risque de dessaisissement des dossiers en cours.

— Si vous ne faites rien, ce sera pire!

— Je ne vais pas rester inerte, rassurez-vous. En revanche, je suis inquiet pour vous car ce soir, on vous a utilisé comme messager. On sait que vous êtes mon allié.

— C'est un secret de polichinelle. De toutes les façons, c'est trop tard.

— Comment ça, trop tard?

Mais la sonnette retentit à nouveau.

— Si c'est encore un porteur de mauvaises nouvelles, je lui coupe la tête!

Ce soir, il ne plaisantait qu'à moitié et c'est de fort méchante humeur qu'il se dirigea vers l'entrée mais se radoucit en découvrant à travers le judas qui lui rendait visite.

*Gaëlle!*

Il lui ouvrit mais n'eut pas le temps de prononcer la moindre parole de bienvenue.

— C'est quoi ce truc dégueulasse? dit-elle d'une voix glaciale en brandissant son smartphone.

Sur l'écran, il aperçut la page du site Web avec les deux photos.

— Laisse-moi t'expliquer, Gaëlle.

— Rien du tout! explosa-t-elle. Tu n'es qu'un obsédé! Maman me l'a toujours dit et moi, je veux pas être mêlée à ces saloperies!

— Ce n'est pas ce que tu crois. Je faisais une enquête.

— C'est ça, tu enquêtes la nuit chez les putes! À d'autres!

— C'est la vérité! Et permets-moi de te dire que tu commences à m'emmerder!

Mais Gaëlle ne voulait rien entendre et poursuivit sur le même ton, sans se soucier de la présence du commissaire Grümmel qui amorçait un repli tactique vers la cuisine. Par moments, Renan se demandait si sa fille n'avait pas une tendance bipolaire car ses sautes d'humeur devenaient de plus en plus violentes et irrationnelles.

— Tu n'as pas mieux à faire? Chercher Blandine, par exemple!

— Justement, je voulais te dire que ses parents allaient…

Renan ne termina pas sa phrase : Gaëlle venait de lui tourner le dos et repartit comme elle était venue, claquant la porte qui rebondit sur l'entrebâilleur pour dévaler l'escalier.

— Quel sale caractère ! grogna-t-il en jetant un regard désabusé à Loys Grümmel. Décidément, chaque fois que vous voyez ma fille, c'est sportif… Au moins, vous avez une idée de la réaction des gens face à ces photos.

— Vous auriez dû la rattraper.

— Ça n'aurait servi à rien, il faut d'abord qu'elle se calme.

Renan voyait le monde s'effondrer autour de lui. Il était sur le point de perdre jusqu'à sa fille et son honneur. L'idée de capituler, pour sauver ce qui pouvait l'être encore, lui traversa l'esprit. Pourtant, il ne devait pas se laisser aller, ni au désespoir ni à la résignation. La justice et le droit devaient triompher. Un principe, peut-être le seul, qui lui donnait la force de se lever chaque matin et de mener encore et toujours cet incessant combat du bien contre le mal, du faible contre le fort.

Il se resservit un verre et le vida d'un trait pour se donner du courage. La nuit promettait d'être longue et il voulait croire que, avec une bonne stratégie et un noyau de fidèles, il pourrait vaincre l'ennemi. Mais il restait un point à éclaircir.

— Avant que ma fille ne fasse son numéro, vous disiez qu'il était trop tard. De quoi parliez-vous ?

Que pouvait-il lui annoncer de pire ?

— Voilà… dit le commissaire, le regard fuyant. Je ferai tout ce que je peux pour vous aider et vous le savez, mais… je suis envoyé en mission en Afrique du Nord, dans le cadre d'un programme de coopération régionale dans la lutte contre Al-Qaida. Pour deux semaines, au moins. On m'a prévenu en fin d'après-midi.

— Et vous partez quand ? demanda Renan qui comprenait que ses adversaires avaient décidé de le couper de ses alliés.

— Demain. Je suis vraiment désolé…

# 19

*Souvent le cœur se fatigue de voir que jamais vie et rêve ne concordent.*

Nils Collett Vogt

C'est en montant sur le pont arrière du navire pour l'ultime pause avant le dîner que Blandine croisa le regard d'un jeune Nord-Africain. Accoudé au bastingage, un peu à l'écart des marins, il fumait une cigarette. Le tabac était autorisé mais il fallait l'acheter à prix d'or à l'économat du yacht, et on n'avait droit qu'à cinq clopes par jour ! Il semblait perdu dans ses pensées, sans doute emporté par le souffle tiède des alizés et le mouvement régulier de la houle à peine troublée par le sillage de l'*Ark*.

Elle l'avait déjà remarqué au réfectoire, tout à la fois viril par sa stature et délié dans ses gestes. Le plus attachant chez lui était cette apparente fragilité, comme si, dans son cas, l'invisible ossature qui maintient l'homme debout était faite de roseaux. On lui avait dit qu'il était marocain et faisait partie des hommes de confiance du capitaine, appelé à des fonctions réservées aux meilleurs survivalistes.

Dès qu'il l'aperçut, il sortit de sa méditation, lui sourit et l'invita à le rejoindre en lui montrant une cigarette. Une telle offre ne pouvait se refuser et Blandine s'approcha en prenant soin de ne rien trahir de la chaleur qui montait au creux de ses reins. Elle devait se contrôler car la loi de l'*Ark* était sans ambiguïté : les hôtes s'interdisaient tout rapport sexuel pendant leur séjour à bord, sous peine de renvoi immédiat. Cette règle faisait partie du processus de purification, apprendre à refouler ses pulsions, canaliser son énergie, entraîner l'esprit à dominer le corps.

À l'aide du Zippo qu'il tenait dans ses paumes, elle alluma la cigarette mais remarqua que les mains du Marocain tremblaient légèrement. Était-il lui aussi intimidé ?

Elle inspira profondément et laissa la nicotine lui procurer un peu de plaisir, elle en avait besoin. Depuis l'incident de la montre et sa convocation devant le capitaine Sventörn, elle avait une curieuse impression, comme si des regards invisibles étaient en permanence braqués dans sa direction. Pourtant, elle n'avait rien fait de mal, à part connaître l'identité du propriétaire de la montre perdue et avoir refusé d'avouer qu'elle appartenait à sa nouvelle amie, Chris Manterson. Elle put tirer plusieurs bouffées avant qu'il ne rompe le silence.

— Je m'appelle Karim, dit-il d'une voix douce et sans la moindre trace d'accent arabe.

— Et moi, Blandine.

— Je sais.

— Les nouvelles vont vite…

— Je dois te parler ! Rejoins-moi après le dîner dans la coursive avant.

— Mais c'est près de la zone réservée au Maître ! s'exclama-t-elle.

— J'ai les clés de sa cabine, nous y serons tranquilles.

Les rayons du couchant enveloppaient maintenant son visage, gommant son expression et Blandine ne parvenait pas à déchiffrer les intentions du jeune homme.

— Chez le Maître ! Mais…

Blake était reparti la veille de méchante humeur et le capitaine avait annoncé qu'il reviendrait à la fin de la semaine avec Cornelius Watch, sénateur américain et grand défenseur des survivalistes, et Tim Cross, la star hollywoodienne. Le navire et l'équipage se devaient d'être impeccables.

— Chuuut… Fais-moi confiance.

Voulait-il coucher avec elle ? La question accentua son trouble.

— Nous n'avons pas le droit ! Tu sais très bien que…

— Ce n'est pas ça, il faut vraiment que je te parle.

— Ah... fit-elle un brin déçue, incapable d'imaginer ce que Karim pouvait avoir d'important à lui dire. Alors inutile de patienter jusqu'à ce soir... vas-y, je t'écoute.

Sur le pont, en plein vent, personne ne pouvait entendre leur conversation.

— Pas ici, pas maintenant... Mais c'est très important. Tu es en danger et ta famille aussi.

— Ma famille... ? Je... Je ne comprends pas...

— Tu es un appât, on se sert de toi !

La douce chaleur qui éveillait son sexe s'évanouit à l'instant ; à la place, elle crut recevoir un coup de poignard dans le ventre.

— Co... comment sais-tu ça ?

— J'ai surpris une conversation. Je te raconterai ce soir... Maintenant, on doit se séparer. Je t'attendrai une demi-heure.

Pour éviter d'attirer l'attention sur eux, il s'éloigna et rejoignit un groupe d'adeptes qui devisaient près d'une coursive.

Blandine s'accrocha au bastingage pour ne pas vaciller. Le lavage de cerveau opéré par la secte n'avait pas terminé d'effacer son passé et le retour sur terre était violent ; tout ce qu'elle avait voulu oublier refaisait brutalement et confusément surface. Cette famille à l'amour gluant au point de vous étouffer, le déclin de sa foi envers ce crucifié impassible, son envie de suicide pour échapper aux difficultés universitaires, à la futilité de sa vie et à la peur du futur, la succession de ses échecs sentimentaux et la crainte de finir vieille fille. Un vrai tourbillon !

Sa vie d'avant qui la rattrapait ici, sur la mer des Caraïbes.

Mais était-elle aussi affreuse que ça ? Des visages aimants défilaient devant ses yeux. Depuis quelques jours, les siens lui manquaient. Ses amis aussi. Et des doutes sur les survivalistes et leurs promesses commençaient à naître. Sans parler de ce régime de terreur invraisemblable.

*Tu es en danger et ta famille aussi ! Tu es un appât...*

Les mots martelaient sa tête et, sur sa peau, de fines gouttelettes glacées commençaient à perler. De loin, Karim l'observait sans rien dire mais voyait bien qu'elle était en proie à un stress intense. En une fraction de seconde, le scénario du pire, imaginé pendant le vol à destination des Caraïbes, revint à la mémoire de Blandine : sa mère avait découvert son appartement vide et ses comptes bancaires siphonnés. Et Gaëlle, qu'elle connaissait bien, avait dû mentionner leur rencontre avec des adeptes de l'Église lors de la Fête des lumières. Quelle inconsciente ! Dès lors, ses parents devaient remuer ciel et terre pour la retrouver, jusqu'à alerter la police et ameuter les médias. Une folie !

Car elle se doutait que la puissante Église survivaliste ne tolérerait pas que l'on mette en péril son honorabilité et encore moins son fonds de commerce. Elle se souvint de ce que lui disait Gaëlle, rapportant les propos de son père : « Les sectes c'est très facile d'y entrer et presque impossible d'en sortir. » Maintenant, c'est un terrible pressentiment qui l'envahissait : un grand malheur était sur le point de frapper les siens.

Alors que le yacht naviguait sur l'une des plus belles mers du globe, par un temps de rêve, elle se crut en enfer. Par sa seule faute ! Sa faiblesse. Sa lâcheté.

*Tu es en danger et ta famille aussi !*

Il fallait qu'elle quitte l'*Ark* au plus vite. Hélas, le paquebot croisait à plus de cent milles de la première île habitée. Mais il lui restait un dernier espoir : Karim. Il l'avait alertée et avec un peu de chance, il l'aiderait. Elle s'accrocha à cette idée, comme un alpiniste à la corde de rappel après une chute.

Encore quelques heures de patience, elle le rejoindrait dans la suite du gourou et elle aurait les réponses à ses questions. Ensuite, ils mettraient au point un plan pour s'évader de ce bateau prison et dès qu'elle serait parvenue à terre, elle rassurerait sa famille d'un coup de fil. Ensuite, elle rentrerait en France par n'importe quel moyen et reprendrait le cours d'une vie normale. Il n'était pas trop tard. Non !

À aucun moment, l'idée que Karim pouvait lui tendre un piège ne l'effleura.

# 20

*Au moins, les sadiques ne sont pas indifférents aux souffrances qu'ils causent.*

Natalie Clifford Barney

*Lyon, mardi 15 janvier*

« ... Annulez mes rendez-vous et venez me voir à l'heure du déjeuner. »

« Que se passe-t-il, monsieur le juge? »

« Je ne suis pas bien ce matin... Rien de grave, mais j'ai appelé un médecin. »

« ... Il faut vous reposer, je m'occupe de tout, ne vous en faites pas. Si le procureur vous cherche, que dois-je répondre? »

« Dites la vérité... »

« Et pour la conférence de ce soir? »

« Nous aviserons en fonction de mon état. »

« Bien, monsieur le juge. À tout à l'heure. »

Bertrand Maréchal écoutait l'enregistrement des conversations téléphoniques de Renan Le Goff; la première, avec sa greffière, avait été passée à neuf heures douze. Ensuite, le magistrat avait appelé SOS Médecins et tenté de joindre sa fille à plusieurs reprises, laissant à chaque fois un message. Puis il avait de nouveau contacté Agathe pour lui donner ses instructions sur des affaires sans grande importance.

À dix heures cinquante et une, un médecin s'était présenté à son domicile et à onze heures vingt-sept, le juge avait faxé une ordonnance à sa greffière, pour des antidépresseurs et des vitamines. Mais pas d'arrêt de travail.

À onze heures quarante-trois, l'assistante du procureur lui annonçait la visite de Raoul Berthoux dans le courant de l'après-midi, ce dernier ayant appris « l'indisposition passagère » du magistrat. Et à douze heures trente-huit, la greffière se présentait quai de Bondy, un sac de médicaments à la main.

— Que fait-il maintenant ? demanda Maréchal en regardant la pendule de son bureau.

L'après-midi était à peine entamée. Manuel Braga se tenait devant lui, debout, aussi immobile et solide qu'un menhir.

— Il est toujours chez lui. Mon équipe ne le lâche pas. Mais nous aurions dû placer des micros !

— Je vous ai déjà dit non et je déteste que l'on discute mes ordres ! Savez-vous s'il a annulé la conférence de ce soir ?

— Pour l'instant, non.

— Alors il ne le fera plus. Tant mieux ! Il aurait été dommage que notre plan B tombe à l'eau. Et la greffière, comment se comporte-t-elle ?

— Normalement. En revenant à son bureau, vers quatorze heures, elle a eu une conversation avec une collègue et lui a indiqué que *son juge* était souffrant. Elle redoute qu'il ne soit absent plusieurs semaines. Il aurait même évoqué l'idée de faire un break et de prendre des vacances. Mais en réalité, elle est inquiète pour sa propre situation.

Bertrand Maréchal jouait machinalement avec une règle en fer qui avait appartenu à son prédécesseur.

— Tout fonctionne comme nous l'espérions, mais Le Goff rend les armes un peu trop vite à mon goût. Nous devons nous méfier.

— C'est aussi mon avis.

— Nous allons continuer à l'isoler. Avec Grümmel en moins, notre ami va commencer à se sentir très seul.

Le commissaire n'avait manifesté aucune résistance lorsque son supérieur lui avait signifié qu'il partait en mission pour quinze jours, au moins. Maréchal en avait déduit qu'il préférait se tenir à l'écart de Le Goff pour éviter de se voir entraîné dans l'orage.

— Et pour l'Espagnole ?

— Elle est trop ambitieuse pour risquer de se compromettre dans un combat perdu d'avance, mais continuez la surveillance. On ne sait jamais.

Maréchal se trompait rarement quand il s'agissait de juger ses semblables et dans le cas de Miranda Gomez, il n'était plus prêt à parier sa chemise sur sa loyauté.

— Surtout avec les femmes, commenta Braga, dont la misogynie égalait la brutalité.

— Il serait temps que vous réfléchissiez avec autre chose que votre queue ! réagit le divisionnaire que ces clichés à deux balles indisposaient. Ce n'est pas une question de sexe mais de politique ! Sa famille a subi le joug de Franco, Gomez a du sang révolutionnaire dans les veines. Quand je vous donne une fiche, il faut la lire et la mémoriser, nom de Dieu ! Faut-il vous rappeler que...

Par chance pour Braga, le téléphone du divisionnaire sonna, interrompant la leçon qui, normalement, aurait duré dix minutes. Maréchal pivota sur son siège pour décrocher et son assistante lui communiqua une information :

— Ce matin, les Lenoir ont déposé une plainte contre X pour disparition inquiétante. Dans leur déposition, ils ont mentionné une possible responsabilité des survivalistes.

— Parfait. Passez-moi le proc !

Puis, se tournant vers l'exécuteur des basses œuvres de la DCRI :

— J'en connais un qui n'est pas au bout de ses surprises !

# 21

*Il y a des sottises bien habillées, comme il y a des sots très bien vêtus.*

Nicolas de Chamfort

C'était une décision difficile. Elle y avait pensé pendant le week-end, mais depuis la réception de ce SMS révoltant qui avait agi comme un déclencheur, elle avait choisi de passer à l'acte et de se fier à son intuition. Avec un père mou et débauché, elle ne pouvait plus attendre. Ce n'était qu'un petit juge sans envergure ni pouvoir. Dieu que l'image du justicier super-héros de son enfance était loin !

Son objectif était simple : infiltrer la secte sous une fausse identité, mener son enquête et retrouver Blandine.

Gaëlle traversa la rue et s'arrêta un instant devant la façade austère d'une grande maison aux murs recouverts de crépi.

*Église survivaliste de Lyon*
*Soyez tous les bienvenus*

Aucune sonnette. Seulement une porte en verre qu'elle franchit, l'estomac noué. Elle traversa un hall garni de plantes vertes et parvint après une deuxième porte dans une grande salle très haute de plafond. Un mélange entre chalet suisse et dojo tibétain. L'endroit ressemblait à tout, sauf à une église. Chaleureux et apaisant. Avec une musique douce en fond sonore, un mur de verdure, beaucoup de livres. Dans un coin, un petit groupe de disciples assis en tailleur était réuni autour d'une tasse de thé et discutait à voix basse, le visage serein.

D'emblée, elle fut séduite par l'harmonie qui régnait et songea aux propos anti-sectes de son père, se demandant s'il ne forçait pas un peu le trait. Était-il seulement venu ici ? Ce qu'elle découvrait était à l'opposé de l'image qu'elle s'en faisait ; l'image du juge Le Goff, en fait, d'un univers oppressant et terne. Il était plus que temps qu'elle s'affranchisse de son influence.

Sortant d'une pièce jouxtant l'espace principal, une jeune femme vint à sa rencontre ; la fille du juge la reconnut aussitôt et en fut déconcertée.

— Gaëlle, quelle bonne surprise !

— ... Bonjour, Marie-Rose. Heu...

Son trouble était éloquent.

— Tu ne t'attendais pas à tomber sur moi, c'est ça ?

— Un peu, oui... Je croyais que vous étiez infirmière.

— C'est le cas mais je consacre une journée par semaine à l'Église et le mardi, c'est mon jour. Viens, allons nous installer sur le sofa ; veux-tu une tasse de thé, une boisson fraîche ?

La voix de Marie-Rose était douce, enveloppante. Gaëlle se laissa faire, accepta une tasse de Lapsang souchong, puis expliqua le motif de sa visite.

— J'ai beaucoup réfléchi depuis notre rencontre et je crois que j'ai envie de vous rejoindre.

— Ton amie Blandine a fait ce choix et elle ne le regrette pas. En quelques semaines, elle a accompli des progrès extraordinaires. C'est un élément remarquable.

— Comment va-t-elle ?

— Très bien, sois rassurée. Il ne faut pas croire tout ce que disent les journaux.

Marie-Rose devait faire allusion à l'article paru la semaine précédente dans *Le Progrès*. Gaëlle savait que le journaliste était une relation de son père et avait interviewé les Lenoir à sa demande.

— Alors pourquoi n'avons-nous plus de ses nouvelles ?

— C'est normal, dans notre cheminement vers la plénitude spirituelle, il y a des moments de retraite. C'est indispensable. Mais elle va très bien, je t'assure.

— À l'occasion, dites-lui que je l'embrasse.

— Tu le feras toi-même d'ici quelques jours, j'en suis persuadée.

L'aplomb de Marie-Rose avait quelque chose de rassurant et Gaëlle n'insista pas ; inutile d'éveiller les soupçons.

— Je vous remercie, dit-elle avant de porter la tasse de thé à ses lèvres.

— Il n'y a vraiment pas de quoi. Et à partir de maintenant, tutoyons-nous, c'est une règle importante, car il n'y a pas de barrière ni de hiérarchie entre nous, seulement des étapes à franchir grâce au travail sur soi et au soutien des autres.

— Vous êtes vraiment une Église ? demanda-t-elle sur un ton plein de naïveté.

— Nous avons nos croyances, nous pensons que l'homme n'est pas le fruit du hasard mais d'une intelligence supérieure dont il est possible de s'approcher pour notre plus grand bien. C'est ce que nous te proposons de découvrir grâce à notre enseignement et à nos techniques. Si tu es d'accord, je vais te projeter un DVD et nous en reparlerons tout à l'heure.

Elle releva le store qui masquait un écran plat fixé au mur et, à l'aide d'une télécommande, lança la lecture.

— Mets-toi à l'aise. Je reviendrai te voir quand il sera terminé. Ah, dernière chose, je vais préparer ton dossier d'inscription. Veux-tu me donner ton nom et ton adresse ?

— Heu... Oui, bien sûr. Je m'appelle Gaëlle Ducray et j'habite rue du Chariot d'or, au numéro 21.

— Merci.

Le film débuta par un message d'Ernst Blake destiné à l'humanité et fut suivi par une longue présentation de l'Église survivaliste, de son œuvre salvatrice et pacifique, de ses centres de perfectionnement moral répartis autour du monde, de ses nombreux chantiers humanitaires, le tout agrémenté de témoignages d'adeptes engagés dans *la voie du bonheur*, l'une des finalités de cet enseignement.

Pour Gaëlle, ce fut plus qu'une révélation.

*Si c'est du marketing, c'est vraiment bien fait!* songea-t-elle.

Rien de ce qu'elle voyait et entendait ne semblait de nature à aliéner les individus, ni à les entraîner à vivre hors de la société. Au contraire. Il était question de liberté, d'amour, de spiritualité, d'épanouissement, de responsabilité à l'égard de son prochain, de progrès individuel et collectif et la conclusion enthousiaste de l'acteur Tim Cross ne laissait aucun doute quant à la pureté des intentions d'Ernst Blake.

Pendant ce temps, Marie-Rose avait regagné les coulisses du temple.

— Je n'en reviens pas que cette idiote soit venue, dit-elle à l'homme qui suivait la scène depuis un moniteur de contrôle.

La pièce principale était truffée de caméras.

— On peut dire qu'elle tombe à pic ! Continue de la mettre en confiance et préviens-la que je la verrai demain. Mais avant, approche, j'ai envie de toi !

Sylvain Rivière, le patron lyonnais de l'Église, savourait sa victoire. Sa réputation de manipulateur n'était pas usurpée et ce joli coup lui permettrait de remonter dans l'estime de ses chefs.

Il souleva la jupe de Marie-Rose, arracha sa culotte et se planta en elle.

# 22

*De tous les dangers, le plus grand est de sous-estimer son ennemi.*

Pearl Buck

Dans le taxi qui le conduisait à l'université Jean-Moulin, Renan repensait à son entretien avec Raoul Berthoux ; ostensiblement soucieux de sa santé comme de son avenir professionnel, le procureur avait osé lui parler d'une promotion en Bretagne, « une opportunité qui ne se présente pas deux fois ». La ficelle était si grosse que Renan l'aurait bien utilisée pour le pendre.

Avait-il oublié que les juges étaient inamovibles ?

*Pauvre fou...*

Toutefois, il se doutait que le procureur n'avait agi que sur ordre qui, en l'occurrence, devait venir de très haut et avait dû faire l'objet d'un marché minable : la promotion tant attendue par Berthoux – procureur général de Paris – en échange de la mutation de Le Goff. L'intervention du procureur confirmait simplement que le pouvoir utiliserait tous les moyens à sa disposition pour l'écarter des affaires en cours. Prudent, Renan s'était abstenu de donner une réponse négative, se contentant de laisser entendre qu'il lui fallait un peu de temps pour réfléchir et d'abord s'occuper de sa santé. Mais Berthoux avait voulu forcer la décision, usant d'arguments de plus en plus fâcheux, et la conversation s'était soldée par des éclats de voix et une porte claquée.

Pour la quinzième fois, Renan tenta de joindre Gaëlle. Cinq sonneries et le même message devenu horripilant. « Absente, vous pouvez me laisser un message... Biiip ! »

Dehors, un brouillard de saison donnait à la ville des airs fantomatiques et Renan frissonna, songeant à cette atmosphère si propice aux mauvais coups.

Le chauffeur le déposa devant les larges grilles de l'université, quai Claude-Bernard. Il était dix-huit heures trente-cinq. La conférence ne commençait qu'à dix-neuf heures mais il voulait avoir le temps de se familiariser avec l'amphi et de discuter avec les organisateurs. Inquiet, il regarda autour de lui avant de traverser la rue et se dirigea ensuite vers l'entrée principale. Où se cachaient les hommes chargés de le surveiller ?

— Bonjour ! dit une charmante apparition surgissant de la brume. Je m'appelle Camille Doppel.

Renan se souvenait du nom communiqué par Agathe mais fut étonné par l'âge de la jeune femme. Une étudiante en troisième année de droit devait avoir entre vingt et vingt-deux ans. Or, Camille Doppel en avait au moins vingt-cinq.

*Si c'est ça le piège, je veux bien tomber dedans !*

— Bonjour... Vous êtes la présidente du bureau des élèves ?

— Pour vous servir, monsieur le juge... répondit-elle.

Il lui rendit le sourire spontané qu'elle lui adressait et la suivit dans la cour puis à travers les couloirs menant au lieu de la conférence.

Chemin faisant, il la détailla sous toutes les coutures mais préféra ne pas engager la conversation pour éviter de dire une banalité.

*La première phrase est toujours difficile...*

Dans l'amphi, une cinquantaine d'étudiants était déjà là. Renan serra quelques mains et s'installa au pupitre sur lequel il déposa ses notes. Plusieurs professeurs vinrent le saluer ainsi que le directeur adjoint de l'université qui le priait d'excuser l'absence du recteur et celle du doyen, tous deux retenus par le préfet. Renan n'était pas dupe ; en d'autres circonstances, ces illustres personnages seraient venus l'écouter.

*Mais quand sonne l'hallali, s'enfuient les moins hardis !* songea-t-il en faisant un alexandrin. Il nota alors qu'une caméra était installée dans les travées, au troisième rang, face à lui.

— Vous avez prévu de filmer la conférence? demanda-t-il à Camille Doppel.

— Oui, pour les archives du BDE. Ça vous pose un problème?

— Non, non...

Mais il pensait le contraire et n'oubliait pas qu'on pouvait tenter de le compromettre en détournant son image ou ses propos. Par exemple, s'il dérapait pendant l'intervention ou s'il se faisait coincer par une question piège, la vidéo se retrouverait sur les réseaux sociaux en quelques minutes.

À l'heure dite, devant une salle comble de trois cents personnes, Camille Doppel prit la parole pour faire le panégyrique de l'orateur et Renan songea que les mêmes mots seraient prononcés le jour de son éloge funèbre.

*On n'en est peut-être plus très loin...* se dit-il.

Il supposa que la DCRI était dans la salle et repéra deux individus qui lui firent davantage l'effet de barbouzes que d'universitaires.

Puis elle céda sa place à la tribune et lui adressa un signe léger qu'il fut le seul à voir. Surpris, il chercha d'abord ses mots, bafouilla un vague remerciement et enfin se lança. Sans langue de bois ni précaution de langage, Renan fustigea tour à tour un parquet aux ordres, un ministre de la Justice plus prompt à protéger ses amis qu'à doter l'institution d'un budget décent et une hiérarchie judiciaire servile.

Il parlait depuis vingt minutes lorsqu'il le remarqua. Debout, au-dessus du dernier rang, au milieu des étudiants qui n'avaient pas trouvé de place.

*Don Alessandro!*

Il le reconnut sans peine pour avoir fait quelques recherches sur ce prétendu descendant des chamans mayas qui se targuait d'être *l'expert mondial de l'apocalypse selon Tzolkin.* Aussitôt, il se remémora l'avertissement de Miranda Gomez qui avait surpris une conversation évoquant une « combine très astucieuse ».

*Le voilà ton piège! Un gourou déguisé en conseiller de la MILS!*

En pensée, il remercia la commissaire Gomez et se concentra sur la charge en règle qu'il menait contre le système judiciaire français et ses représentants inféodés au pouvoir politico-financier. Exaspéré par les récents événements, il profitait de la tribune qui lui était offerte pour ériger le juge d'instruction en ultime rempart contre toutes les formes de corruption, à commencer par celle, la plus condamnable, organisée au sein même de la classe politique.

Son exposé sur l'indépendance de la justice – ou plutôt sa servitude! – dura trente minutes et fut salué par de longs applaudissements. Puis, pendant une demi-heure, il répondit aux questions, prenant bien soin de peser chacun de ses arguments. Volontairement polémique, un étudiant lui demanda s'il fallait modifier le statut pénal du chef de l'État afin d'en faire un justiciable comme les autres. Mais Renan refusa d'entrer dans son jeu, indiquant qu'il ne lui appartenait pas d'ouvrir un tel débat, ni même d'y participer, laissant cela à ceux qui avaient en charge la rédaction de la loi. Comme prévu, Camille Doppel reprit la parole à vingt heures, fit une brève conclusion et remercia chaleureusement l'orateur.

Alors que la salle se vidait et qu'il rangeait ses papiers, il vit le colosse à la chevelure blanche et nattée comme celle d'un Indien descendre les marches de l'amphi et venir à sa rencontre. La confrontation approchait et Renan était sur la défensive. Comment la DCRI avait-elle prévu de le piéger ou de le compromettre ?

— Quelle audace! tonna Don Alessandro de sa voix teintée de fortes sonorités espagnoles. Voilà un discours qui ne manque pas de panache.

D'un mouvement souple pour son âge, soixante-sept ans selon Internet, le Mexicain était monté sur scène; il dépassait Renan d'une bonne tête et devait peser deux fois son poids.

— Merci... Il est temps que les juges redressent la tête, croyez-moi.

— Bravo!

Puis, baissant la voix, il ajouta :

— J'aimerais vous inviter à boire un verre dans un endroit tranquille.

— C'est très aimable à vous, mais ce soir, j'ai déjà un engagement.

— C'est que... je suis venu spécialement de Paris pour vous parler. C'est important, insista Don Alessandro.

— Vous auriez dû me prévenir. Laissez-moi un numéro, je vous appellerai.

Le Mexicain marmonna dans une langue incompréhensible et s'en alla sans même le saluer. *Bon débarras!* se dit Renan avec soulagement, sans savoir toutefois à quoi il avait échappé. Qu'importe. Par très gros temps, le marin navigue à vue et ne soucie pas des écueils évités.

La grande salle était maintenant vide. Ne restait que Camille Doppel qui l'attendait pour le raccompagner. Un taxi était réservé.

Sans presser le pas, ils empruntèrent le chemin parcouru à l'aller.

— Monsieur le juge, votre conférence était passionnante, minauda-t-elle dès qu'ils eurent quitté l'amphi. Je n'ai eu que des compliments.

— Je vous remercie de l'avoir organisée, mademoiselle.

— Camille, appelez-moi Camille, s'il vous plaît.

— Heu... d'accord.

— J'ai une faveur à vous demander. Accepteriez-vous de me recevoir à votre cabinet, ou ailleurs... J'ai besoin de conseils pour mon mémoire.

— Bien sûr! Avec plaisir... enfin, je veux dire... aucun problème, je vous dois bien ça.

Renan s'embrouillait au contact de cette charmante blonde et ce n'était pas bon signe. Il était en train de s'en laisser compter. Vingt ans d'écart... Il avait fait pire, songea-t-il pour se rassurer. En outre, avec tout ce qu'il lui arrivait en ce moment, il avait bien le droit d'aspirer à un peu de réconfort. Même en rêve.

— Oh c'est génial ! Merci !!

— Quel est votre sujet ? demanda Renan pour retrouver un peu de contenance.

— L'organisation du parquet avant la réforme de 1970.

— Je vois... ce n'est pas simple, mais je veux bien vous aider.

— Comment puis-je vous contacter ?

— Le plus facile, c'est mon portable. Au palais, les lignes sont toujours occupées.

Il lui donna une carte de visite personnelle. En retour, elle lui tendit un morceau de papier avec ses coordonnées qu'il mit dans sa poche.

Mais déjà, ils atteignaient la sortie et Renan regretta que le taxi soit ponctuel.

— Heu... Voulez-vous que je vous dépose quelque part ? risqua-t-il sans trop y croire.

— Vous êtes chou, mais j'ai mon scooter. Une prochaine fois, peut-être. À bientôt...

Rêveur, il la regarda s'éloigner et tourner à l'angle de la rue, puis il monta dans la Peugeot.

*Vous êtes chou... Moi, je suis chou ?*

Voilà bien un mot qui ferait hurler de rire les dizaines de prévenus qu'il avait fait incarcérer et qui attendaient son bon vouloir dans un mitard pourri. Cette idée l'amusa.

Mais c'est en arrivant chez lui qu'il se laissa vraiment aller à savourer le présent. En moins de deux heures, il avait déjoué le piège de la DCRI et eu un coup de foudre. Quelle belle soirée ! *Camille ! Camille !* se répétait-il, à deux doigts d'entamer la danse de la victoire. Il fallait qu'il voie son écriture, qu'il sente encore son parfum. Il chercha le bout de papier griffonné mais ne le retrouva pas. Agacé, il fouilla toutes ses poches et les vida ; rien !

*Il a dû tomber quand j'ai payé le taxi !*

Irrité par cet acharnement du sort, il tenta de reconstituer le numéro qu'il avait entraperçu à la lumière d'un réverbère. Sans y parvenir. Déçu, il dîna rapidement et se mit à sa table de travail pour préparer la fin de cette chaotique semaine. Mais il lui fut impossible de se concentrer. Il était branché en mode obsessionnel, avec une seule image en tête. Ou plutôt, une seule idée... Finalement, il se coucha vers une heure du matin, en espérant que Camille lui téléphonerait très vite et s'endormit en pensant à elle.

Mais il se réveilla en sursaut à trois heures, réalisant qu'il avait communiqué son numéro de portable et non celui de sa greffière qu'il utilisait depuis hier.

*Quel c... !!!*

Si elle l'appelait, la DCRI en serait aussitôt informée. Voilà qui était ennuyeux. Dans sa situation, même s'il n'enfreignait aucune loi en fréquentant une étudiante majeure, il devait prendre un maximum de précautions. Du coup, il éteignit son mobile et pria pour que Camille tente sa chance par le standard du palais de justice.

# 23

*Trahir, c'est sortir du rang et partir dans l'inconnu.*

Milan Kundera

— Tu es certaine de vouloir t'enfuir ?

— Oui ! affirma Blandine. Et tu devrais venir avec moi. Ce sont tous des menteurs !

Chris Manterson était sa seule amie. Avec Karim, bien sûr. Le jeune Marocain lui avait tout révélé des conversations qu'il n'aurait jamais dû entendre. Ainsi, elle avait réalisé que sa présence à bord de l'*Ark* n'était en rien liée au hasard d'un verre pris le soir de la Fête des lumières. On l'avait repérée, suivie, appâtée et, comme une gourde, elle s'était fait prendre au piège de la secte. Mais pourquoi ? Pourquoi elle ? Était-elle vulnérable au point de constituer une proie idéale ?

— Je ne peux pas... Je n'ai pas ton courage... Ma vie est avec les survivalistes. Pour moi, comme pour mes parents, il est trop tard pour changer.

— Mais non !

— Si, crois-moi. Je te demande juste une chose. Quand tu seras loin d'ici, ne m'oublie pas.

Les deux jeunes femmes échangeaient à voix basse et se rendaient au réfectoire pour le dîner. Ensuite, comme elle l'avait déjà fait, Blandine prétexterait un coup de fatigue et, au lieu de gagner son dortoir, se rendrait dans la cabine de Blake. Elle disposerait d'une quinzaine de minutes.

Il était vingt heures quarante-cinq lorsqu'elle y pénétra. Aucune lumière n'était allumée mais Karim était là, elle sentait sa présence. L'attirance que le Marocain éprouvait pour elle était réciproque. Ils avaient d'ailleurs échangé un premier baiser deux jours plus tôt, lorsqu'ils s'étaient retrouvés ici.

— Ne fais pas de bruit, murmura Karim dès qu'elle eut refermé la porte de la suite.

Il la prit dans ses bras et l'enlaça avec fougue. Cédant au désir, elle se laissa embrasser avant de le repousser doucement.

— Pas ici... On ne peut pas... Non...

Comme ils avaient peu de temps, il n'insista pas et lui exposa son plan pour fuir l'*Ark*.

— Demain, le bateau mouillera à quelques milles de Saint-Martin pour faire du ravitaillement. À la tombée de la nuit, nous partirons à la nage. Personne ne nous verra.

— Mais les courants? s'inquiéta Blandine. Ils risquent de nous entraîner au large.

— Ils nous seront favorables. Et grâce aux gilets de sauvetage, nous ne craignons rien. Demain à la même heure, nous serons loin.

— J'ai si peur...

Soudain, la lumière s'alluma et la haute stature du capitaine Sventörn apparut dans l'encadrement de la porte.

— Que faites-vous ici? rugit-il.

Blandine recula de plusieurs pas et fut prise d'un vertige; Karim dut la retenir pour qu'elle ne s'effondre pas.

Le capitaine pénétra dans la chambre du gourou suivi de quatre marins et de... Chris Manterson dont le regard brillait d'excitation.

— Je répète ma question, que faites-vous là?!

Mais ni Karim ni Blandine ne trouvaient les mots pour répondre.

Alors, il se tourna vers Chris qui paraissait assumer pleinement son acte de délation.

— Ils projetaient de s'enfuir! révéla-t-elle en les désignant d'un doigt accusateur. Elle m'a tout raconté. C'est un esprit rebelle. Et lui, un sale traître!

— Emparez-vous d'eux ! ordonna le capitaine. Le Maître décidera de leur sort. Quant à toi, tu as fait ton devoir. Je te félicite ! Comme promis, tu bénéficieras de deux semaines de croisière gratuites. Va maintenant, rejoins les autres et tiens ta langue !

Ainsi, Chris ne s'était pas contentée de la dénoncer. Elle avait été désignée pour gagner sa confiance et recueillir ses confidences.

Encadrés par les marins, ils furent conduits à fond de cale et enfermés séparément dans des pièces aménagées à cet effet près de la salle des machines. Le bruit des moteurs était difficile à supporter et l'atmosphère suffocante.

Une fois seule, Blandine se recroquevilla dans un coin, à même le métal de la coque, et se mit à pleurer. Cette fois, tout était perdu. Elle n'avait plus d'espoir, plus d'avenir. Jamais la secte ne les laisserait repartir vivants.

# 24

*Si tu crains la solitude, n'essaie pas d'être juste.*

Jules Renard

*Lyon, jeudi 17 janvier*

Pour donner le change, Renan était resté chez lui toute la journée de mercredi. Il avait également prié sa greffière de ne pas lui rendre visite. Mais ce matin, il était impatient de faire le point avec elle. Ils avaient pris place dans le salon, devant un café et des croissants encore tièdes apportés par Agathe.

— Le député Albrard a téléphoné, dit-elle après avoir échangé avec *son juge* quelques banalités sur le froid qui sévissait à nouveau. Il veut vous voir demain à l'Assemblée nationale.

— Le fondateur de la MILS ? Il vous a dit pourquoi ?

Pour le coup, cette quasi-convocation était une vraie surprise.

— Il a seulement précisé que cela concernait une affaire de la plus haute importance.

— Bien… Confirmez-lui ma venue. Je serai là-bas à quinze heures. Ma fille a-t-elle appelé ?

— Non, en revanche, vous avez reçu un appel d'une certaine Camille. Deux en fait.

*Ouf !*

Il avait vécu cette attente comme un tourment, s'interdisant de brancher son mobile pour écouter sa messagerie.

— Rappelez-la et dites-lui de me contacter sur votre portable. Et donnez-moi son numéro. Concernant la plainte des Lenoir, où en sommes-nous ?

— Nulle part ! Avant de venir vous voir, je suis passé au secrétariat commun de l'instruction pour consulter le tableau des affaires entrantes et il n'y avait rien.

— C'est bizarre... Le commissariat qui a reçu la plainte aurait dû la transmettre au parquet.

— Tous les services sont engorgés, expliqua Agathe pour rassurer son patron.

— Vous avez peut-être raison. Et sinon, quelles sont les nouvelles du palais ?

— Eh bien... Les rumeurs les plus folles circulent. Certains prétendent déjà que vous ne reviendrez plus, d'autres affirment que vous avez accepté une promotion et que le transfert de vos dossiers serait imminent... Mais il y a pire, l'intervention télévisée du garde des Sceaux et tous les articles parus dans la presse depuis lundi ont mis le feu aux poudres. Vos collègues vous tiennent pour responsable de la possible suppression du juge d'instruction.

— Évidemment ! bondit Renan. C'est tellement plus facile. Ce sont des lâches !

C'était rageant. On le disait acharné alors qu'il se contentait de faire son métier. Si tous les magistrats travaillaient comme lui et s'ils n'étaient pas aussi cupides ou arrivistes, la corruption n'aurait jamais atteint de tels sommets.

— Il fallait vous y attendre, modéra Agathe. D'ici quelques jours, tout sera calmé. Ce genre de tempêtes ne dure jamais longtemps.

— Nous verrons bien... À partir de lundi, je serai à nouveau sur le pont ! Préparez-vous car nous allons mettre les bouchées doubles. Mardi, je reverrai Dorville, il appréciera de sortir de sa cellule. Vous convoquerez également ce cher Legendre pour une nouvelle confrontation. Ensuite, je verrai un à un tous les dirigeants du PRP. Et s'il le faut, j'irai jusqu'à l'Élysée !

En parallèle, il comptait boucler l'enquête sur les survivalistes le plus vite possible et réunir les éléments qui lui permettraient de retenir le chef d'accusation d'escroquerie en bande organisée afin d'assigner la secte en tant que personne morale et requérir sa dissolution. Ainsi, il mettrait un terme aux agissements pervers de l'organisation et de ses responsables sur le territoire français.

— Vous n'êtes pas sérieux !

— Je ne l'ai jamais autant été !

Il avait longuement mûri sa décision, en pesant bien le pour et le contre et en tentant d'évaluer le rapport de forces. D'une certaine façon, cet arrêt de travail forcé l'avait aidé à prendre le recul nécessaire. Sa marge de manœuvre n'avait jamais été si étroite mais avec de la chance, beaucoup de ruse et en agissant très vite et sur plusieurs fronts à la fois, il prendrait ses adversaires de vitesse et parviendrait à faire triompher la justice. Et pour contrer la campagne de dénigrement qui ne manquerait pas de démarrer par la publication des photos avec Lula, il se servirait lui aussi des médias pour dénoncer une basse machination anti-judiciaire. L'opinion était une arme redoutable, elle croyait aux complots, aux coalitions de l'ombre et se rangerait derrière lui. De toutes les façons, il ne reculerait pas. Ce n'était pas dans son tempérament.

— Mais on ne vous laissera pas faire !

— Ça passe ou ça casse. Je n'ai plus d'autre choix que d'aller au bout mais je comprendrais que vous choisissiez une voie moins exposée et j'accepterai votre demande de mutation.

À court terme, son départ serait une catastrophe pour lui mais sa greffière avait raison de s'inquiéter pour sa carrière. Avec un patron comme lui, elle risquait par ricochet d'être marquée à vie du sceau de l'insubordination. Une tare pour un greffier. À moins qu'elle ne plaide la bêtise… Hélas, ça ne valait guère mieux pour son avancement.

— Il n'en est pas question ! s'indigna Agathe. Ce n'était pas le sens de mon propos. Je suis préoccupée, c'est vrai, mais vous pouvez compter sur moi.

— Merci, Agathe. Sans vous, je suis paralysé.

C'était vrai et Renan était touché par la loyauté à toute épreuve de sa greffière. Une femme remarquable, courageuse et entièrement dévouée à l'idéal de son métier. Pour un peu, il l'aurait embrassée. Sur les joues, bien sûr.

# 25

*Les enfants commencent par aimer leurs parents ; devenus grands, ils les jugent; quelquefois, ils leur pardonnent.*

Oscar Wilde

Gaëlle ne décolérait pas. Elle sortait de chez les Lenoir et fonça au tribunal. À cette heure, son père était certainement à son cabinet. Souriante, comme toujours, Agathe lui expliqua qu'il était chez lui, en arrêt de travail depuis mardi. Et Gaëlle de se souvenir du SMS reçu lundi soir. Il se cachait !

Dix minutes plus tard, elle sonnait quai de Bondy. Il lui ouvrit et l'accueillit d'un sourire empreint de soulagement. Elle entra mais n'enleva pas sa doudoune. Elle ne resterait que le temps de cracher son venin.

— Tu n'as pas l'air malade !

— J'avais besoin de faire le point.

— Et pendant ce temps, Blandine est toujours introuvable !

— Pour une fois, écoute-moi ! Ses parents ont enfin porté plainte, nous allons...

— Je le sais ! coupa-t-elle. Mais y'a un bug ! Monsieur Lenoir a appelé le commissariat ce matin pour demander ce qu'il advenait de sa plainte et un inspecteur lui a indiqué que le parquet avait adressé un machin transmis...

— Un soit-transmis, précisa Renan en référence à une manœuvre procédurale incompréhensible pour le commun des mortels.

— C'est ça. Un soit-transmis pour entendre les plaignants. Par conséquent, il n'y a pas de juge saisi. Tu t'es planté !

La tuile ! Berthoux s'était arrangé pour garder la haute main sur l'affaire. En demandant à la police d'auditionner les Lenoir, il retardait l'ouverture de l'instruction et mettait en place une enquête préliminaire bidon qui pouvait durer des semaines, voire des mois, et dont il déciderait seul de la fin. En clair, le parquet préparait l'enterrement du dossier car ce n'était pas avec cette carte postale écrite à l'encre bleue et non verte que la justice prendrait au sérieux les allégations de la famille. D'autant que leur fille avait vingt et un ans. Les adultes sont libres de disparaître.

— En théorie, il n'y a rien d'anormal, voulut justifier Renan. Le procureur utilise un artifice pour faire traîner la procédure. Mais c'est en représailles contre moi.

— Je ne comprends pas.

— Berthoux a analysé la plainte et comme les éléments accréditant l'hypothèse d'une disparition ne lui paraissent pas suffisamment probants, il veut en savoir davantage avant de confier l'enquête à un juge, en l'occurrence moi.

— Quel rapport avec toi ?

— On veut m'empêcher de conduire cette enquête sur les survivalistes.

— Toi, toujours toi ! Et moi, je vois bien que tout le monde se fiche pas mal de Blandine et que ta justice ne fait rien.

Gaëlle venait de remonter le zip de sa fermeture Éclair.

— Ne dis pas ça !

— Tu veux une preuve ? Le commissariat a convoqué monsieur Lenoir. Devine quand ? Début février !

Si Grümmel avait été là, rien ne se serait déroulé de la sorte. À nouveau, Renan constatait que ses adversaires ne laissaient rien au hasard et intervenaient à chaque fois qu'il voulait s'emparer d'un levier d'action. Frustrant !

— Ce n'est pas très bon signe, admit-il, mais je vais voir ce que je peux faire. Laisse-moi quelques heures pour réfléchir.

— Je ne te crois plus ! explosa-t-elle, le regard brûlant. Quand il s'agit de mettre des patrons en prison, monsieur le juge est là ! Mais pour enquêter sur la disparition de la meilleure amie de sa fille, il n'y a plus personne !

Renan avait peut-être eu le tort de se vanter auprès de ses proches de figurer parmi les magistrats les plus enclins à pratiquer la garde à vue.

Dans sa tête, il se mit à compter. Dans moins de dix secondes, sa fille aurait vidé les lieux.

— Tu te trompes, Gaëlle. Avec la justice, il ne suffit pas de claquer des doigts et cette affaire dépasse tout ce que tu imagines.

— Y'en a marre de ce baratin ! T'es trop nul !

*Neuf... dix...*

Gaëlle avait déjà ouvert la porte.

— N'espère pas me revoir de sitôt ! Si tu veux de mes nouvelles, appelle maman !

Dehors, le froid vif lui fit du bien. Elle avait besoin de se calmer. Bien sûr, elle s'en voulait d'être devenue si incontrôlable à l'égard de son père mais depuis quelque temps, sa passivité l'horripilait. Sans oublier cette photo qui le montrait avec une prostituée. La justice et le vice réunis. Quelle image !

Bref, elle ne supportait plus le duo – le couple ? – qu'ils formaient. Lui, le père adulé, protecteur-respecté-craint, avec ses poncifs et ses grands airs de justicier tout-puissant. Elle, dans le rôle de la fille à papa, jolie-polie-intelligente-merci, avec du caractère mais juste ce qu'il faut pour ne jamais indisposer le *patriarche*. La réalité était autre, loin des mythes et des utopies, et c'est là qu'elle devait vivre, pas dans l'illusion d'une *famille parfaite*.

En temps normal, ce conflit l'aurait chamboulée. Mais au lieu de cela, elle éprouvait une sensation proche du soulagement. Un début de libération. Et plus l'image du père se fissurait mieux elle respirait. Pourtant, elle sentait que sa nature profonde se rebellait contre cette émancipation ; les chaînes du passé n'étaient probablement pas toutes brisées. Une chose était sûre, elle comprenait les critiques de sa mère envers lui et se promit de se rapprocher d'elle quand tout serait terminé. Elle hâta le pas car elle avait rendez-vous à dix-sept heures avec le directeur lyonnais de l'Église. Il s'appelait Sylvain Rivière et son charisme ne la laissait pas indifférente. Rien à voir avec son père.

Elle l'avait rencontré la veille et leur entrevue avait d'abord été consacrée à une séance de questions/réponses sans aucun tabou. Gaëlle avait apprécié la clarté de ses explications, sa patience et sa franchise. Elle conservait toutefois un fond de méfiance et ne perdait pas de vue son but : retrouver Blandine.

Ensuite, il lui avait proposé de passer plusieurs tests de personnalité et, enfin, elle s'était livrée à une séance de décodage biologique. À l'aide d'un appareil baptisé électrobiomètre – mis au point et breveté par Ernst Blake –, Sylvain avait mesuré son stress et l'énergie négative qui circulait dans son corps. Des électrodes étaient fixées à ses tempes, ses poignets et ses mollets, et dans les mains, elle tenait des tiges en acier reliées à la machine. La durée de l'examen pouvait varier, lui avait-il expliqué. Il dépendait des résultats, l'objectif étant de canaliser son énergie grâce au travail de l'esprit.

Simple en apparence, l'exercice se complexifiait rapidement car il fallait répondre aux questions précises et intimes posées par Sylvain et deux autres membres de l'Église.

« As-tu refusé d'obéir à un ordre provenant de quelqu'un à qui tu aurais dû obéir ? »

« As-tu un secret ? »

« As-tu fait quelque chose dont tu as vraiment honte ? »

« Y'a-t-il quelque chose que tu devrais raconter à tes parents et que tu n'as jamais osé avouer ? »

« As-tu déjà eu des relations sexuelles avec un Noir ou un Arabe ? »

« As-tu déjà eu des relations homosexuelles ? »

« Rêves-tu souvent d'en avoir ? »

Gaëlle avait vite été déstabilisée, surtout lorsqu'elle s'était mise à regarder les aiguilles de l'électrobiomètre qui s'affolaient chaque minute un peu plus, et Sylvain avait arrêté l'exercice avant qu'elle ne fonde en larmes. Aussi bouillante et trempée qu'après un sauna, elle était sur le point d'admettre la vérité.

« Tu as un problème sérieux à régler, qui aliène ta personnalité, et il te faudra accomplir un gros travail sur toi pour en venir à bout. Mais c'est normal. Nous sommes tous passés par là. À demain, même heure ! »

Aujourd'hui, Sylvain devait lui présenter les résultats des tests et lui soumettre le programme de formation conçu pour elle. Dans sa poche, cent euros, le tarif de chaque séance.

Ils prirent d'abord un thé au cours duquel il la délesta avec doigté – « As-tu pensé à apporter ta petite contribution à notre Église ? »

*Le prix à payer pour retrouver Blandine...* pensa-t-elle en lui remettant la somme.

Entièrement vêtu de blanc et toujours parfaitement sûr de lui, le gourou local intimidait Gaëlle. Soudain mystérieux, il plongea la main droite dans sa poche.

— J'ai une surprise pour toi.

Il sortit une feuille de papier pliée en quatre et une photo.

— Nous avons reçu un fax de Blandine, annonça-t-il.

Effectivement, c'était une surprise. Elle regarda le cliché qui montrait sa meilleure amie sur le pont d'un luxueux yacht avec en toile de fond un décor de carte postale – une île paradisiaque – et lut le texte. Blandine était comblée, sa vie avait enfin pris un sens, « l'enseignement de l'Église est remarquable, libérateur ». Tout était si simple dès lors que l'on parvenait à « se débarrasser du fardeau des névroses et à éveiller son esprit ». « Je suis heureuse », écrivait-elle encore, espérant que Gaëlle aurait la « même chance ». « Tu peux leur faire confiance », ajoutait-elle enthousiaste. Elle expliquait aussi être passée quelques jours par l'Espagne avant de rejoindre l'*Ark* et concluait par ces mots : « Embrasse mes parents quand tu les verras. Ton amie qui t'aime, B. » Indéniablement, il s'agissait de son style.

Gaëlle ressentit un profond soulagement. Ainsi, ils se trompaient tous. Son père, le grand pourfendeur de sectes, et les parents de Blandine avec leurs accusations fondées sur une couleur d'encre.

Que faire de cette nouvelle?

*Qu'ils aillent au diable!* décida-t-elle instinctivement. Hors de question qu'elle révèle l'existence de cette lettre. Qui sait ce qui adviendrait ensuite? Elle refusait de renoncer à son projet, même si son amie n'était plus en danger.

— Tu es contente ? demanda Sylvain.

— Comment ne pas l'être. Merci! Je pourrai lui répondre?

— Tout à l'heure. Maintenant, j'aimerais que nous nous mettions au travail.

Il la guida jusqu'à la salle réservée à l'électrobiomètre. Mais avant de commencer la séance, il la fit asseoir face à lui et plongea son regard d'aigle dans le sien.

— Ce que je vais te révéler maintenant est fondamental, affirma-t-il d'un ton cérémonieux. Ceci est la clé de ta libération.

Mais tu ne devras jamais partager, sauf avec l'un des nôtres, ce que nous allons t'enseigner. Veux-tu le jurer?

Il avait prononcé la question avec beaucoup de douceur.

— Heu... oui... je le jure..., balbutia Gaëlle qui prenait soudain conscience de son engagement.

Une folie? Désormais, elle était membre de l'Église survivaliste. Tout était allé si vite!

— Bien, nous prenons acte de ton serment. Voilà. Tu dois savoir que ta psyché est composée des trois stades de l'évolution de ton moi. Nous les appelons les topiques : le père que tu as eu, l'enfant que tu as été et l'adulte que tu es aujourd'hui. C'est un processus évolutif et constructif. Quand deux ou trois des topiques entrent en conflit, à la suite d'un événement douloureux, un dysfonctionnement de la personnalité apparaît. C'est pourquoi il faut travailler pour neutraliser l'injonction négative de tes deux premiers topiques. Une fois libérée de cette sujétion pédo-parentale, tu seras libre d'employer la force de ton moi adulte pour laisser croître ton autonomie et permettre enfin le plein épanouissement de ta spiritualité.

Ça paraissait drôlement compliqué. Pourtant, les mots tapaient juste et elle comprenait l'essentiel : elle avait été victime d'un bourrage de crâne familial qui l'empêchait de voler de ses propres ailes. En clair, on lui avait dérobé une partie de sa vie et sa haine envers son père s'en trouva encore renforcée. Tentant de calmer le tumulte qui agitait son esprit, Gaëlle se laissa faire par les assistants de Sylvain. Elle fut installée dans le fauteuil réservé au décodage biologique. On lui laissa le temps de se détendre. « Fais le vide... Respire profondément... » Puis, sitôt les électrodes installées, tiges en mains – déjà moites! –, l'exercice commença.

— Pour toi, que représente le père?

— ...

Renan passa la fin de la journée à ruminer l'incident avec sa fille. Quelle mouche l'avait piquée? Crise d'adolescence tardive? Certes, Gaëlle n'était pas un modèle de rationalité et pouvait se montrer caractérielle. De plus en plus, en fait. Mais leur relation, qui s'était lentement dégradée, n'avait jamais atteint un stade si critique. Il faudrait qu'il en parle avec un psychiatre pour éviter que la situation ne dégénère. Car dans le même mouvement, il prenait la pleine mesure de sa condition de juge. Dépendant du bon vouloir des forces de l'ordre lorsqu'il était saisi d'une affaire, il n'était qu'un citoyen ordinaire le reste du temps, sans arme ni aucun moyen d'investigation propre.

Vers dix-neuf heures, au bord de la neurasthénie après cette deuxième journée de vie recluse, il n'y tint plus et sortit une bouteille de condrieu du frigo. Et c'est au moment précis où il l'ouvrait que le portable de sa greffière sonna. Le deuxième appel de la journée.

Il s'empressa de décrocher mais cassa le verre posé à côté de lui.

— Juge Le Goff? Heu... Bonsoir... C'est Camille. Camille Doppel...

— Camille? Oui, oui, bien sûr, j'y suis... La conférence... dit-il en feignant un effort de mémoire.

Il avait eu le temps de préparer sa réplique. Pas comme mardi.

— Vous m'aviez proposé de vous recontacter, vous savez, pour mon mémoire...

— Je n'ai pas changé d'avis. Voyons-nous quand vous voulez.

— Demain?

Demain! Il ne voulait pas y croire.

— Je dois me rendre à Paris dans la journée et je ne serai pas de retour à Lyon avant vingt heures, c'est peut-être un peu tard pour vous.

De sa main libre, il croisa les doigts.

— Non, non, il faut seulement que je m'organise. Je vous appelle dans la matinée?

— Oui. À ce numéro, pas de problème. Bonsoir, Camille.

— Bonsoir, monsieur le juge...

*Youpiii!*

La bataille dans laquelle il s'était engagé atteignait son point d'orgue et il trouvait le moyen de tomber amoureux. Était-ce le bon moment? Pas sûr. Mais après une courte rêverie, il estima mériter une compensation. D'ailleurs, il n'avait pas fait l'amour depuis un mois. Insupportable.

# 26

*La hâte engendre en tout l'erreur, et de l'erreur sort bien souvent le désastre.*

Hérodote

Après avoir longtemps pleuré, Blandine était parvenue à s'endormir ; aucun rêve, juste une plongée glacée dans le néant des ténèbres.

Elle se réveilla en sursaut. Quelque chose venait de heurter la cloison ! Un choc sourd. Puis le silence. Sans montre – et pour cause – et dans le noir total de sa cellule, elle n'avait aucun repère. Juste une peur atroce qui l'habitait. Quelle heure pouvait-il être ? Le jour s'était-il levé ?

À tâtons, elle chercha la bouteille, porta le goulot à ses lèvres et recracha tout de suite la première gorgée d'eau qui était à la même température que cette cale surchauffée. La soif l'emporta cependant et elle but avec avidité le liquide au goût de vase, mais manqua vomir à deux reprises. Elle s'aperçut alors que les moteurs étaient à l'arrêt, le vacarme des premières heures ayant cessé, et se douta que l'*Ark* mouillait au large de Saint-Martin.

La terre ferme, la liberté, retrouver sa famille. Tout ce bonheur à portée de main. Hélas, elle était prisonnière de cette cage de fer.

D'autres questions tournaient en boucle dans sa tête. Pourquoi avait-elle été choisie ? Quelle valeur avait-elle ? Quand une idée se fit jour dans son esprit.

*Ce n'est pas moi qu'ils veulent, c'est Gaëlle ! Je suis l'appât !*

Elle venait de comprendre que, à travers elle, la secte comptait atteindre le père de sa meilleure amie, le juge Le Goff qui enquêtait sur le suicide d'un adepte lyonnais de l'Église. Comment allaient-ils s'y prendre ? Tout simplement en se servant de sa fille. Ils voulaient l'endoctriner à son tour pour l'attirer ici et faire chanter le juge. Bien sûr, c'était ça ! Il fallait qu'elle sorte d'ici et prévienne Gaëlle.

Soudain, elle entendit des bruits de pas dans le couloir et colla son oreille à la porte. Puis un cliquetis de serrure. On devait ouvrir la cellule de Karim. Il y eut des cris, des bruits de lutte, des coups étouffés, des gémissements. Et à nouveau le silence.

Avaient-ils tué Karim ?

Tremblante, elle se recroquevilla dans un coin, n'imaginant pas une seconde qu'elle pourrait en réchapper. Nouveau cliquetis. Plus proche, cette fois. La porte de sa cellule s'ouvrit et une silhouette noire se dessina dans le halo de lumière du couloir.

— Blandine, vite !

— Karim ?

— Oui ! Viens ! On se sauve !

— Que... que s'est-il passé ?

— Ils voulaient m'emmener, je me suis défendu... Ne traînons pas ici.

À bord de l'*Ark*, ils ignoraient que Karim avait été champion de boxe amateur.

Comme Blandine était tétanisée, il l'empoigna et la força à se lever.

— Courage !

Elle commença à reprendre espoir, se mit à marcher et enfin à courir. Par chance, grâce au poste de confiance qu'il avait occupé, Karim connaissait bien le paquebot. En passant par les soutes, ils parviendraient jusqu'à la plate-forme de livraison qui était à l'opposé du navire. Inaccessible depuis l'extérieur, elle n'était que faiblement gardée. Un matelot, pas plus. Il le neutraliserait, trouverait deux gilets et ils se mettraient à l'eau. De nuit, on ne les retrouverait jamais et dans quelques heures, ils seraient à terre.

Essoufflés par cette course folle, ils arrivèrent sans encombre dans la dernière coursive mais, là, ils tombèrent nez à nez avec trois marins affectés à la surveillance du pont inférieur et qui sortaient de la salle de repos. Karim avait oublié son existence et jura.

Comprenant qu'ils étaient en fuite, deux hommes se jetèrent sur le Marocain tandis que le troisième fonçait sur la jeune fille. La bagarre tourna vite à l'avantage de Karim qui savait se servir de ses poings. De son côté, Blandine se débattait comme une furie. Elle roula à même le sol avec le marin qui la ceinturait et, après l'avoir mordu au sang, réussit à se défaire de son emprise. D'un mouvement prompt, elle se releva pour rejoindre Karim qui finissait le travail à coups de pied. Mais au dernier moment, le marin l'accrocha par la cheville. Elle virevolta, perdit l'équilibre, tomba lourdement en arrière et, dans la chute, sa tête heurta le chambranle d'une porte métallique.

Le choc fut violent.

— Blandine !

Karim se précipita dans sa direction, mit le matelot hors jeu d'un violent shoot dans le ventre et s'agenouilla près d'elle. Elle gisait à même le sol en fer, inanimée. Il voulut la prendre dans ses bras mais, déjà, cinq marins sortaient du carré et il n'eut pas d'autre choix que de l'abandonner s'il voulait réussir son évasion. Il reviendrait la chercher avec la police.

Des sirènes assourdissantes se mirent à hurler. L'alarme avait été déclenchée. En pareil cas, les hôtes avaient pour consigne de rejoindre immédiatement leurs cabines, ce qui laissait le champ libre à l'équipage pour mener à bien les opérations secrètes.

Il parvint à accéder à la zone de livraisons sans se faire rattraper, en condamna l'accès de façon rudimentaire à l'aide d'un fût d'huile qu'il renversa devant la porte et cala d'une palette ; puis, il ouvrit le sas, jeta un bref coup d'œil à la côte dont il aperçut le scintillement – impossible d'évaluer la distance qui l'en séparait – et se laissa glisser le long d'une corde jusqu'à l'eau.

Comme il l'avait prévu, le courant le portait du bon côté. Restait à espérer qu'il ne soit pas parti trop tard ; si la marée changeait avant qu'il n'atteigne le rivage, il était fichu car il n'avait pas pris de gilet afin de nager le plus possible sous l'eau et d'échapper à ses poursuivants. Il pouvait aussi rencontrer des requins qui avaient la réputation d'être affamés en cette saison. Seule bonne nouvelle, le ciel couvert masquait la pleine lune.

Mais il n'eut pas le temps de penser. Une minute à peine s'était écoulée et, déjà, les premiers faisceaux lumineux balayaient l'océan. Karim arrêta de nager un instant, pour reprendre sa respiration et décider de la meilleure direction à prendre en tenant compte des recherches. Il reconnut alors la voix tonitruante du capitaine qui avait gagné la plate-forme.

— Où est-il ?! hurlait le géant suédois.

— Il a plongé, capitaine !

— Mettez les hors-bord à l'eau et repêchez-moi ce salopard ! Mort ou vif !

Puis Sventörn s'empara d'un porte-voix pour s'adresser au fugitif qu'il savait encore proche de l'*Ark*.

« Où que tu sois, nous te retrouverons ! Nous avons des amis partout ! Et n'oublie jamais, ta petite copine est ici et nous savons où habite ta famille ! »

# 27

*Allié. Celui qui a besoin de vous.*

Léo Campion

*Paris, vendredi 18 janvier*

Renan arriva à l'Assemblée nationale un peu avant dix heures trente. La veille en fin de journée, Agathe l'avait informé que le député Albrard désirait avancer l'heure du rendez-vous.

Il fut accueilli à l'entrée du 101 rue de l'Université par un jeune homme qui se présenta comme l'assistant du fondateur de la MILS et le conduisit dans un petit salon désert, la plupart des parlementaires présents étant en session. Il le laissa seul sans même lui offrir un café.

Quelques minutes après, un homme fit son entrée.

— Juge Le Goff, bonjour ! Je suis Paul Suzini.

— Bonjour monsieur le député, répondit-il, très surpris de se retrouver face à l'une des figures les plus emblématiques de l'opposition.

Cet ancien ministre du Budget, au physique tout en rondeur et aux cheveux blanc-gris frisottés, jouissait d'une forte popularité. On le voyait souvent un cigare aux lèvres.

Il pensa que l'élu l'avait aperçu et venait le saluer par courtoisie.

— Si par hasard votre enquête sur le PRP piétinait, voilà qui devrait vous aider.

Il se trompait. Suzini lui tendit une grande enveloppe portant le signe de l'Assemblée.

— Comment saviez-vous que je serais ici ?

— Tout se sait, ce n'est pas à vous que je vais l'apprendre... Nous n'avons que peu de temps, il ne faut pas que l'on nous voie ensemble.

Était-ce ça le piège que lui tendait la DCRI ? Renan hésitait à s'emparer de l'enveloppe.

— Vous vous méfiez? observa Suzini. À votre place, j'en ferais autant, mais il n'y a aucune embrouille.

— Pourquoi voulez-vous m'aider ?

— Disons que mes amis et moi n'apprécions que modérément la façon dont le gouvernement se met en travers de votre chemin.

— Je crois surtout que vos *amis et vous* apprécieriez que les dirigeants du PRP soient exposés au feu de la rampe judiciaire. Les élections approchent...

Le politicien lui adressa un sourire entendu.

— Il ne faut pas voir des manœuvres électorales ni des complots partout, monsieur le juge. Alors vous prenez ?

Il devait en avoir le cœur net. Dans sa situation, quasi désespérée, il ne fallait peut-être pas négliger l'aléa positif.

— Je vais d'abord jeter un œil au contenu.

— Aucun problème, mais faites vite.

Renan alla s'asseoir dans un coin de la pièce et ouvrit l'enveloppe. Pendant ce temps, Suzini faisait le guet devant l'entrée du salon.

Ce qu'il découvrit était de premier ordre et confirmait que l'ancien ministre avait gardé de son passage à Bercy un solide réseau d'informateurs.

— Je la conserve, annonça-t-il.

— Naturellement, je nierai vous avoir jamais rencontré. Et si vous voulez un conseil, battez le fer pendant qu'il est chaud. Au revoir.

À nouveau seul, Renan rangea le dossier explosif dans sa sacoche puis se remit à parcourir *Le Figaro* de la veille qui traînait sur une table tout en réfléchissant. Qui avait informé Suzini de sa présence à l'Assemblée? Une toux légère le fit se retourner : Jean-Pierre Albrard venait à sa rencontre.

*C'est lui ! Bien sûr. Qui d'autre ?*

Mais il faisait partie de la majorité présidentielle et l'on joue rarement contre son camp.

— Monsieur le juge ! Pardon pour ces quelques minutes de retard. Un coup de fil... Et merci encore d'avoir fait le déplacement.

— Ma greffière m'a rapporté que vous aviez beaucoup insisté.

— Elle ne vous a pas menti... Avez-vous des projets pour la journée ?

Le temps semblait n'avoir aucune prise sur ce personnage politique bien établi sur la scène médiatique depuis une vingtaine d'années. Comble du paradoxe, il possédait le physique du grand prédicateur américain. Magnétique, toujours bronzé-souriant-élégant, il avait le verbe haut, le sens de la formule et la réputation d'être le « cauchemar des sectes ».

— Non.

*Sauf, ce soir,* pensa-t-il. *Je dois voir Camille...*

— Alors ne restons pas là !

Ils sortirent dans la cour de l'Assemblée et montèrent dans une Peugeot officielle noire conduite par un chauffeur. À l'avant, les attendait Lisa Brioni.

*Et si c'était elle ? D'après mes sources, elle serait plutôt de l'autre bord.*

La voiture démarra aussitôt et Renan pensa aux hommes de la DCRI qui lui filaient le train. Ils devaient s'affoler. D'autant que le chauffeur avait allumé le gyrophare et qu'ils traversaient Paris à vive allure en grillant tous les feux.

— Où allons-nous ? demanda Renan.

— Si vous n'avez pas peur de prendre l'avion, au Bourget.

— Ah... Et ensuite ?

— Chez les cathares !

Un simple haussement des sourcils suffit à révéler la surprise du juge.

— Gomez a bien fait de nous prévenir, enchaîna Lisa Brioni. Il était urgent que nous agissions.

*Gomez... Troisième possibilité...*

Pendant le trajet et par précaution vis-à-vis du chauffeur qui était un policier en civil, ils évitèrent de parler du but de ce déplacement et encore moins des affaires en cours. La conversation roula sur les travaux du Parlement. Une nouvelle loi destinée à moderniser la procédure pénale était à l'étude. Un texte considérable, plus de sept cents pages, et Jean-Pierre Albrard faisait partie de la commission chargée de son examen ; le vote devait intervenir mardi prochain.

Au Bourget, un jet privé les attendait. Albrard lui expliqua qu'il appartenait à un riche Mexicain qui le prêtait souvent à son ambassadeur.

Renan allait de surprise en surprise. Des Incas aux cathares, quel lien établir ?

— Vous ne craignez pas que la DCRI nous attende à l'arrivée ? s'inquiéta-t-il.

— Aucun risque, nous avons communiqué un faux plan de vol. Le pilote le changera au dernier moment, prétextant un problème technique.

Une fois à bord du Falcon, ils firent le point sur la situation critique de Renan. Tout à son histoire, c'est à peine s'il remarqua la luxueuse décoration du jet. Partout, le blanc dominait ; épaisse moquette au sol, cuir pour les fauteuils convertibles en couchettes, parois recouvertes de boiseries laquées çà et là incrustées de miroirs.

*Presque un lupanar volant...* songea-t-il avant de prendre la parole.

— On m'attaque sur tous les plans, directement et indirectement, à travers mes proches et mes alliés. On écarte ceux qui me soutiennent, on vise ma moralité, on tente de me pousser à la faute professionnelle. Les coups viennent de partout et de nulle part, résuma Renan.

Puis il évoqua les pressions du procureur Berthoux qui était venu à son domicile pendant son arrêt de travail pour lui conseiller d'accepter une promotion en Bretagne.

Enfin, il décida de ne pas passer sous silence le chantage odieux dont il était victime. À l'aide du smartphone de Lisa Brioni, il leur montra le site Internet et sa photo en partie tronquée avec Lula. Le député l'examina attentivement et rendit son verdict.

— Vous ne craignez rien. Je connais bien les méthodes de vos adversaires, s'ils l'avaient pu, ils vous auraient déjà mis à terre !

— Ce qui signifie ?

— Qu'il y a un problème avec ces photos. Elles sont ratées ou inexploitables.

La représentante de la MILS partageait ce point de vue.

— Tant mieux si c'est le cas, souffla Renan à qui l'on venait d'offrir un court répit.

Mais tout cela était inadmissible et Albrard annonça son intention de monter au créneau pour le défendre lors de la prochaine séance de questions au gouvernement. « La bataille n'est pas perdue, croyez-moi sur parole ! »

Ils se posèrent à Carcassonne après une heure cinq de vol. Alors qu'à Paris la neige menaçait de tomber, un soleil lumineux et glacé baignait le Pays cathare, son relief hercynien et sa célèbre Montagne Noire.

Une Jeep les attendait, conduite par un homme à la peau mate. Il s'appelait Echua, un prénom dont Renan releva la consonance inca.

— Maintenant, annonça le député, je peux vous dire que nous allons au pic de Bugarach !

— Drôle d'endroit pour déjeuner... ironisa Renan qui avait faim.

Proche de la cité de Rennes-le-Château, haut lieu de l'ésotérisme, il s'agissait du point culminant de la chaîne des Corbières qui, pour de nombreuses sectes apocalyptiques, était considéré comme le *dernier refuge* après la fin du monde programmée le 21 décembre 2012. À l'appui de leurs dires, les adeptes apportaient les nombreux témoignages d'autochtones et de touristes ayant vu des OVNI se poser au sommet du pic, véritable *point de passage* vers un autre univers. Par ailleurs, cette montagne présentait des caractéristiques géologiques et magnétiques uniques, ce qui accréditait les thèses les plus folles ou relançait de vieilles légendes remontant aux Esséniens, aux Celtes et aux Templiers. Il paraissait même que le président François Mitterrand y aurait été aperçu ! De là à penser que l'endroit cachait un secret d'État, il n'y avait qu'un pas que beaucoup franchissaient sans réfléchir.

Mais tout cela n'expliquait pas le choix de la destination.

— Vous ne devinez toujours pas ? demanda Albrard. Pourtant, depuis peu, les Mayas s'intéressent beaucoup au pic.

— Nous allons rencontrer Don Alessandro ?

— Gagné ! Nous avons compris que vous ne pouviez pas lui parler à l'issue de votre conférence, ce qui explique que vous l'ayez éconduit un peu sèchement.

— Ce n'est pas ça, rectifia Renan. Je n'ai pas voulu lui parler car un indic m'avait prévenu qu'un piège m'était tendu à l'université.

— Mais Don Alessandro est de notre côté ! Quoi qu'il en soit, et compte tenu de tout ce vous venez de nous raconter, nous avons bien fait de prendre des précautions.

— Admettons. Mais pourquoi venir ici ? Il y a plus central comme lieu de rendez-vous.

— Notre ami mexicain ne pouvait nous recevoir ailleurs. Il poursuit des recherches qu'il ne peut lâcher, mais je n'en sais pas davantage, notre homme cultive le mystère.

Perplexe, Renan passa le reste du trajet à essayer d'y voir clair. Miranda Gomez lui avait-elle menti ? Avait-elle été manipulée ? Avait-il été piégé à son insu ? Si oui, comment ?

Après avoir parcouru une soixantaine de kilomètres sur des petites routes, ils arrivèrent au pied du pic de Bugarach vers treize heures trente. Le 4 x 4 s'engagea sur un chemin de terre sinueux qui devint de plus en plus chaotique au fil des lacets pour enfin s'arrêter devant un refuge en bois d'où sortait une épaisse fumée odorante. Don Alessandro les attendait sur le seuil, seulement vêtu, en dépit du froid, d'une chemise en gros coton blanc, d'un jean délavé et de vieilles chaussures de marche. En comparaison, Renan était couvert comme un Esquimau.

Il les accueillit chaleureusement et les fit pénétrer dans ce chalet rudimentaire.

À l'intérieur, une belle flambée élevait la température de quelques degrés et trois lampes à pétrole dispensaient l'éclairage. Le Mexicain avait préparé une collation avec des produits locaux, deux bouteilles de vin de pays, une de tequila et une boîte de cigares. Dès que l'occasion se présenta, Renan dissipa le malentendu né lors de leur première rencontre et Don Alessandro l'en remercia d'une tape dans le dos.

Ils déjeunèrent assis sur des tabourets à l'équilibre incertain. Préposé au feu, Echua entrait par intermittence pour ranimer les flammes, les bras chargés de grosses branches prélevées sur les flancs de la montagne, et Renan savourait ces instants qui lui rappelaient son pèlerinage à Compostelle et sa traversée des Pyrénées. Il attendait sans impatience que la conversation prenne un tour sérieux.

— Monsieur le juge, dit Don Alessandro après avoir allumé un gros havane, vous enquêtez sur les survivalistes et plus généralement sur les mouvements apocalyptiques. Je suis celui qui les connaît le mieux. Posez vos questions !

Une entrée en matière quelque peu prétentieuse, estima Renan qui, instruit du dossier remis par Lisa Brioni au début du mois, n'était plus un débutant. Sur le fond, cette étape de son instruction était essentielle. Respectueux de la procédure pénale, il se devait d'enquêter à charge et à décharge, et ainsi, se mettre à la place de ceux qu'il espérait renvoyer en correctionnelle et comprendre leurs motivations pour tenter de les disculper ou de diminuer les charges qui pesaient sur eux.

— Commençons donc par Ernst Blake qui se trouve être au cœur du problème, proposa Renan.

— Blake fait partie de cette *nouvelle vague* d'escrocs qui exploitent les textes sacrés à des fins mercantiles, expliqua le Mexicain.

— La référence à des textes dits *sacrés* suppose l'adhésion à une croyance. Vous pouvez me donner un exemple ?

— Le calendrier maya en est la pure illustration !

— Parce que vous croyez à la fin programmée du monde? demanda Renan en bon adepte de l'anti-déterminisme.

— Ne pas croire en quelque chose ne veut pas dire que ce quelque chose n'existe pas.

Renan espéra qu'on ne l'avait pas *kidnappé* pour participer à une querelle philosophique niveau terminale.

— L'éternel débat de la foi et de la raison... se contenta-t-il de répondre.

— Je vois. Vous faites partie de la catégorie des irréductibles... Alors laissez-moi rectifier quelques-unes de vos... certitudes!

Renan croisa brièvement le regard entendu du député et comprit qu'il avait provoqué l'illustre descendant des Mayas; il allait devoir ferrailler.

— Chez nous aussi et dans toute l'Amérique latine, les sectes pullulent... expliqua Don Alessandro, mais elles ne dérangent personne à vrai dire. Depuis des temps immémoriaux, nous sommes le continent des chamans et des guérisseurs qui sont tous respectés par les populations. Leur science s'appuie sur un référentiel ancestral et universel solide.

Sûr de lui, il offrit un cigare à Renan qui n'osa pas le refuser, pas plus que la rasade de tequila qui déborda de sa tasse, avant de poursuivre.

— Les Mayas, et les Aztèques avant eux, ne peuvent pas être tenus pour responsables du dévoiement de leurs découvertes exceptionnelles. Nul n'ignore que des gourous sans scrupule, Blake en tête, s'en servent habilement pour attirer dans leurs filets des populations en plein désarroi.

— OK, professeur, ça, c'est clair. Mais que pouvez-vous me dire du calendrier Tzolkin? demanda Renan qui ne perdait pas de vue son enquête.

Le regard de Don Alessandro s'illumina à l'évocation de ce qui suivit.

— C'est une merveille! Un travail d'orfèvre unique en son genre. Rendez-vous compte ! Il a été gravé sur une pierre basaltique de vingt-cinq tonnes et de quatre mètres de diamètre.

Jusque-là, personne ne comprend ni comment il a été sculpté avec autant de finesse, ni comment un tel ouvrage a pu être transporté au sommet de la pyramide de Tenochtitlan.

— On l'attribue aux Incas, n'est-ce pas ?

— Et on se trompe ! Cette « Pierre du Soleil » comme nous l'appelons est l'œuvre des Aztèques dont Tenochtitlan fut la capitale. Quant à l'invention des calendriers, elle revient en fait à une autre civilisation voisine, celle des Olmèques. Les Mayas n'ont fait que les améliorer au fil des siècles. Ils calculaient le temps et prédisaient le futur en fonction du passé, selon une approche cyclique des phénomènes astronomiques. Pour comprendre, ils comparaient le temps à une boucle qui, à l'instar d'un orgue de Barbarie, joue et rejoue le même morceau. Ils savaient donc prévoir les événements à des dates qu'ils déterminaient grâce à leur phénoménale connaissance du ciel, de l'astrologie et des mathématiques. Il suffit pour s'en convaincre d'admirer l'une des pyramides les plus célèbres sur le site de Chichen Itza dans le Yucatán et son célèbre « Caracol ».

— Caracol ? répéta Renan.

— Oui... en patois espagnol, l'escargot... C'est la forme de cet observatoire astronomique très rudimentaire... et pourtant !

Passionné, Don Alessandro déploya une large gravure qu'il balaya à l'aide d'une loupe. Renan remarqua alors un grand sac à dos posé derrière le Mexicain. Visiblement, il était venu avec une documentation conséquente. La consultation risquait de durer des heures et il aurait été mal venu de l'abréger, surtout pour se rendre à un rendez-vous galant. Dès que possible, il préviendrait Camille ou pour le moins, lui enverrait un SMS et lui proposerait de remettre leur rendez-vous à un autre jour. Discrètement, il consulta son portable.

*Zut ! Pas de réseau !*

— ... Haute de vingt-quatre mètres, poursuivait l'imperturbable professeur, chacun de ses quatre côtés est composé de quatre-vingt-onze marches, soit trois cent soixante-quatre marches en tout, auxquelles il faut rajouter le plateau du sommet pour arriver au nombre de trois cent soixante-cinq... équivalant à la durée d'une année solaire ! Merveilleux, n'est-ce pas ?

Renan acquiesça en hochant la tête et Albrard lui adressa un sourire compatissant : on n'arrêterait plus Don Alessandro.

Le professeur se lança ensuite dans de savantes démonstrations au cours desquelles il fut question d'éclipses, d'équinoxes, de rotation complète de l'axe de la Terre, « comme une toupie », qui mettait vingt-six mille ans à s'accomplir. Tout cela, et bien davantage encore, avait été découvert par un peuple ignorant le fer et qui, en guise d'instruments de calcul, ne disposait que du gnomon – bâton planté au sol pour suivre le mouvement des ombres du soleil – et de l'alidade – sorte de règle en bois avec à chaque extrémité un viseur qui permettait de mesurer les angles des étoiles. Il fit aussi mention du *codex de Dresde* – ainsi nommé pour être conservé dans cette ville allemande – rapporté d'Amérique au quinzième siècle par les conquistadors et qui avait permis de décoder le calendrier Tzolkin.

Pour ne rien oublier, Renan prenait des notes sur son carnet à spirales.

— Passionnant, admit-il... mais les Mayas et cette fin du monde annoncée pour 2012 ?

— J'y viens, j'y viens... répondit Don Alessandro qui resservit une tournée générale de tequila.

Il fallut trinquer, et personne n'échappa à l'invitation du Mexicain. Renan remarqua que les paupières de Lisa Brioni devenaient lourdes.

*Bien fait ! Chacun son tour...*

— Cher ami, reprit-il satisfait, les Occidentaux font une erreur. Pour les Mayas, c'est une période cyclique qui prend fin le 21 décembre 2012, après l'accomplissement des treize cycles de cent quarante-quatre mille jours. Ils n'ont jamais envisagé cette fin de cycle comme une catastrophe mondiale. Les Mayas donnent un autre sens à cette transition. Il s'agit non pas de la fin de notre monde mais de la fin du quatrième âge commencé le 13 août 3114 avant notre ère pour laisser place au cinquième âge. 2012 sera donc la jonction entre ces deux ères... mais rien n'interdit de penser que l'entrée dans cette cinquième ère s'accompagnera, comme toute naissance, de souffrances...

— Vous ne pouvez pas être plus précis, professeur?

— Plus précis? Je ne suis ni devin ni prophète, bien que je descende des Mayas, dit-il en mâchonnant son cigare.

— Donc selon vous 2012 ne signifierait pas forcément la fin du monde, mais un simple changement d'époque comme l'histoire de l'humanité en a connu d'autres dans le passé?

— Je ne détiens pas la vérité. D'ailleurs, qui peut le prétendre? De nombreuses civilisations ont cependant cherché dans la même direction et le plus étonnant, c'est qu'elles sont toutes parvenues au même résultat.

Et il repartit de plus belle!

Cette fois, il fut question des hindous, du Kali Yuga – l'âge de fer – et d'une période cyclique de quatre cent trente-deux mille années qui coïnciderait avec la prédiction maya au moment précis de l'alignement de la Terre, du Soleil et de Shukra, Vénus en sanscrit. Puis il évoqua les néo-spiritualistes qui, imprégnés de croyances astrologiques, étaient persuadés que l'entrée dans l'ère du Verseau s'accompagnerait de changements radicaux. Vinrent ensuite les calculs du philosophe américain Terence McKenna sur le *Yi-King*, le *Livre des transformations*, vieux de plusieurs milliers d'années, qui aboutissaient à un verdict sans appel : le temps chinois s'arrêterait le 22 décembre 2012!

Les pensées de Renan s'embrouillaient, sous l'effet du cigare et de la tequila; il secoua la tête et le Mexicain interpréta ce mouvement comme une manifestation de scepticisme.

— Vous doutez encore? Alors laissez-moi ajouter que votre monde judéo-chrétien n'échappe pas à la règle!

Du sac à dos, il sortit le livre de Michael Drosnin *La Bible : le code secret*, dans lequel le journaliste américain avait décrypté le texte hébreu avec la méthode de la numérologie autrement appelée Gematria. Il en lut un passage qui annonçait, déduction à l'appui, que « la Terre serait criblée de comètes... en 2012 »!

Enfin, il mentionna le fameux Malachie d'Armagh, évêque d'Irlande qui avait rédigé en 1595 une liste de cent onze devises à l'attention des cent onze futurs papes.

— Benoît XVI est le cent onzième pape et sa devise, la dernière de la liste, indique que « la cité aux sept collines sera détruite et un juge redoutable jugera son peuple »! Étonnant, non?

Il s'arrêta de parler pour rallumer son cigare, guettant les réactions du juge.

— Vous êtes très convaincant, dit Renan qui espérait enfin poser des questions. Mais... êtes-vous convaincu vous-même?

— Quelque chose nous dépasse, c'est évident! En fait, le sentiment qu'une page de l'Histoire va être tournée ce jour-là est une idée largement répandue et ce, depuis des temps immémoriaux. Il ne vous a pas échappé que tous les grands livres de la religion monothéiste décrivent le début de la Création... et sa fin... La Bible avec ses cavaliers de l'Apocalypse, l'Ange destructeur dans le Coran, etc.

— Alors quoi? Nous sommes soumis à la programmation d'une sorte d'horloge sacrée?

Don Alessandro vida sa tasse de tequila et se resservit avant de répondre. L'alcool ne semblait avoir aucune prise sur lui.

— Je crois, voyez-vous, que le temps tel que nous l'entendons n'a guère d'importance. Saint Paul, qui l'avait si bien compris, ne datait pas ses lettres et ne faisait jamais mention du calendrier pour situer les événements historiques. En définitive, toute création contient la date de sa propre destruction.

Plutôt dérouté, à la fois par ce qu'il venait d'apprendre mais aussi par le fait que ce soit le fondateur de la mission anti-sectes qui l'amène à ces théories, Renan se tourna vers Albrard.

— Non, non! anticipa le député. Nous ne partageons pas les thèses de Don Alessandro et il le sait parfaitement. Mais nous ne pouvons pas négliger ces informations. On a beau être au pays de Descartes, on ne peut qu'être troublé par ces convergences et ces similitudes à travers les siècles et les civilisations.

Une question brûlait les lèvres de Renan : comment des peuplades reculées et disposant de technologies d'observation rudimentaires et de moyens de calcul basiques avaient-elles pu réaliser ses prouesses astronomiques et mathématiques? Mais il se retint de la poser pour éviter la théorie du mythe de l'Atlantide et celle d'un *héritage venu d'ailleurs.*

— Bien, dit-il. Les gourous disposent d'une formidable matière première pour accréditer leurs prophéties. Soit. Maintenant, professeur, regardons les choses sous l'angle scientifique. Certains astrologues parmi les plus sérieux prédisent qu'en décembre 2012 le soleil se positionnera à l'intersection de la Voie lactée et du plan écliptique de notre Galaxie, l'ensemble formant alors une croix cosmique qui serait le prélude à des catastrophes majeures telles que le renversement des pôles magnétiques, une forte augmentation du rayonnement solaire et que sais-je encore.

— Il est bien difficile de démêler le vrai du faux, n'est-ce pas ? dit le Mexicain qui prenait un plaisir manifeste à distiller ses connaissances pour entretenir le suspense.

— C'est le lot du juge d'instruction ! lança Renan, trop content de marquer un point.

— Bien sûr... Alors laissez-moi éclairer votre lanterne... Il est exact que le 21 décembre 2012, le Soleil, la Terre et le centre de la Galaxie seront parfaitement alignés. Mais ce qu'on ne vous dit pas, c'est que cette conjonction astrale se reproduit chaque année et pas uniquement tous les vingt-six mille ans comme le prétendent les charlatans que vous traquez. Ce phénomène s'inscrit dans le cycle parfaitement connu du changement d'axe de la Terre ; les scientifiques le nomment la précession des équinoxes.

Et d'enchaîner sur un cours d'astrophysique complété par une série de dessins exécutés sur de grandes feuilles de papier blanc. Et là, Renan perdit totalement pied mais profita de la brèche d'un silence de Don Alessandro – il fallait bien qu'il respire, lui aussi – pour réorienter la conversation.

— Merci, professeur, pour cette démonstration. C'est... comment le dire ? Très impressionnant. Maintenant, j'aimerais que vous me parliez de cette planète que les survivalistes ont baptisé Nibiru et qui doit percuter la Terre le 21 décembre 2012.

Le visage du Mexicain s'assombrit et Renan ne sut interpréter ce changement d'expression.

— Si vous me demandez des preuves de la non-existence de Nibiru, je serais bien incapable de les apporter... Selon Blake et les gourous de son espèce, il s'agirait de la douzième planète dont plusieurs textes sacrés font mention, telle L'Apocalypse de Jean qui évoque une grande étoile, ardente comme un flambeau, tombant du ciel. On en trouve également trace sur une tablette d'argile des Sumériens ou encore dans une prophétie de Nostradamus. Mais en dehors de ces textes antiques, point de Nibiru à l'horizon !

— J'ai pourtant lu un article du *Washington Post* qui mentionnait l'existence d'un corps céleste mystérieux découvert par un télescope à infrarouge.

— Cette découverte remonte à 1983 et toutes les études menées par la NASA ont conclu que le télescope avait détecté une galaxie lointaine et en aucun cas une planète inconnue.

— Alors comment expliquez-vous que la NASA vienne de lancer un nouveau programme d'observation astronomique baptisé « Wise » ? objecta Renan.

— Mais ça n'a aucun rapport avec Nibiru ! L'objectif de ce programme est de découvrir de nouvelles galaxies, parmi les plus lumineuses, au fond de l'Univers. Il n'a jamais été question de rechercher une planète qui menacerait la Terre. D'ailleurs, si cette planète fantôme avait eu une quelconque existence, elle aurait déjà été détectée par des millions d'observateurs aguerris.

Renan venait de tester Don Alessandro avec les dernières questions et la vaste érudition du Mexicain ne laissait pas de l'étonner.

*Quel étrange personnage...* songeait-il.

— Vous excluez donc toute manipulation des gouvernements qui cacheraient à l'humanité l'imminence d'une grande catastrophe ?

Cette « théorie du complot » était très répandue. De nombreuses voix laissaient entendre que les dirigeants de la planète étaient informés du désastre à venir et qu'ils organisaient la survie d'une élite fortunée, à l'instar du scénario imaginé par Roland Emmerich dans son film *2012*.

— Absolument ! Pour autant, ne me faites pas dire ce que je n'ai pas dit. Un jour prochain, c'est certain, un corps céleste ou un astéroïde heurtera notre bonne vieille Terre. Cela s'est déjà produit, il y a environ soixante-cinq millions d'années, et a entraîné l'extinction des dinosaures !

Don Alessandro dressa alors une liste impressionnante de tous les risques stellaires, trous noirs et autres géocroiseurs aux noms hermétiques qui nous menaçaient : 1989PC, 2002MN, 2004FH, etc. Il expliqua également que des dizaines d'observatoires scrutaient le fond du ciel dans le seul but d'enregistrer une présence qui constituerait un danger et de permettre le déclenchement des plans de destruction ou de déviation qui avaient été mis au point par les militaires des grandes puissances.

— L'Univers est en perpétuel mouvement, conclut le professeur, il y aura des catastrophes, c'est inéluctable et pas seulement venues de l'espace. D'autres périls nous guettent comme les tremblements de terre ou les supervolcans mais Blake n'en connaît pas la date. Il ne fait qu'exploiter la peur et la crédulité pour s'enrichir.

— Je vous remercie pour cet exposé, professeur.

Renan avait obtenu les confirmations qu'il souhaitait ; la *vérité* de Don Alessandro levait les derniers doutes sur les survivalistes. Ils n'étaient que des margoulins.

Il regarda sa vieille Omega qui indiquait seize heures dix. C'était fichu pour Camille.

— Je n'ai pas fini ! reprit le Mexicain. L'histoire ne s'arrête pas là !

— Très sincèrement, l'éclairage que vous venez de m'apporter est suffisant, lui opposa Renan qui espérait échapper au deuxième acte.

Don Alessandro se redressa, l'air soudain inamical.

— Parce que vous croyez que j'ai organisé cette rencontre dans le plus grand secret, avec le concours de mon ami Albrard, pour vous donner une leçon de géophysique et d'astronomie ?

Où voulait-il en venir ?

— Pour être tout à fait franc, je l'ignore.

— Ce qui se joue avec votre enquête sur le suicide de Francis Véry va au-delà de tout ce que vous avez imaginé.

— Vous voulez parler des pressions de Washington sur Paris ? suggéra Renan.

— Pardonnez-moi de vous le dire, mais les relations diplomatiques entre la France et les États-Unis, on s'en fout ! se récria le Mexicain en tapant du plat de la main sur la table.

— Première nouvelle.

Lisa Brioni avait pourtant fait de cet enjeu la principale source des ennuis de Renan.

— Comprenez-moi bien. Dans le monde, beaucoup de gens luttent contre l'empire survivaliste, mais peu de pays disposent d'une législation comme celle de la France. Aux États-Unis, par exemple, le *Freedom Religious Act* empêche toute action. Si vous parvenez au terme de votre instruction et si votre dossier est suffisamment solide, nous avons une chance d'obtenir la dissolution de la secte.

— Certes, mais le jugement ne concernera que la branche française des survivalistes.

— Oui, mais il constituera un précédent à partir duquel nous pourrons organiser une grande campagne médiatique contre la secte. Ce jugement libérera les consciences et déliera les langues ; dès lors, des centaines, que dis-je, des milliers de plaintes seront déposées contre elle un peu partout dans le monde. Pour se défendre, Blake se ruinera en frais d'avocats. Ce sera le début de sa fin, l'apocalypse des survivalistes !

Renan craignait que Don Alessandro ne s'emballe trop.

— Je vous entends, mais hélas, à ce stade, je ne dispose pas d'éléments pour convaincre à coup sûr un tribunal que le délit d'escroquerie soit le fait d'une bande organisée. Je tiens deux sous-fifres qui jouent les idiots. Rien ne me permet de démontrer qu'ils agissaient sur ordre ou avec l'assentiment de leur hiérarchie. À la barre, les avocats de la secte s'attacheront à expliquer que l'existence des prêtres pédophiles ne fait pas de l'Église catholique la nouvelle Sodome.

Le pragmatisme de Renan ne plut pas au Mexicain ; il attrapa une seconde bouteille de tequila et se servit généreusement, ignorant ses hôtes qui ne lui en tinrent pas rigueur.

— Le problème, dit Lisa Brioni qui sortait enfin de son silence, c'est l'infinie prudence des survivalistes. À la MILS, nous disposons de nombreux dossiers relatifs à des dérives sectaires mais aucun sur eux et, les rares fois où nous en avons eu un entre les mains, les plaignants et les témoins ont fini par se rétracter.

— Il faut frapper à la tête ! tonna Don Alessandro. C'est ainsi que vous les aurez !

— Facile à dire… marmonna Renan.

À son tour, Jean-Pierre Albrard se mêla de la conversation. Renan était étonné qu'un politicien de sa trempe parvienne à garder le silence aussi longtemps.

— Nous savons que Blake séjourne assez souvent en France et nous connaissons ses manies. Il a une peur panique de l'informatique. Par conséquent, il n'utilise aucun ordinateur pour gérer la secte. Il se sert de carnets de notes et de grandes feuilles de papier pour dresser son organigramme aux multiples ramifications.

— Ne me dites pas qu'il trimbale tout avec lui lorsqu'il voyage ?

— Si ! affirma Don Alessandro. Car il se croit intouchable. Et jusqu'à présent, il l'est.

— Il est très mobile, se déplace toujours en jet et n'annonce jamais sa venue, sauf lorsqu'il s'agit de ses prêches publics, compléta Lisa Brioni. En outre, il ne possède rien par lui-même.

— Dispose-t-il d'une résidence en France ? demanda Renan.

— A priori oui, mais nous en ignorons l'adresse, répondit le député. En revanche, celles-ci vous seront utiles. Ce sont les coordonnées des domiciles de Jérôme Beltram et Sylvain Rivière, les responsables français de la secte.

— Mais j'ai déjà perquisitionné chez eux et ça n'a rien donné !

— C'est normal. Vous avez fouillé des logements de couverture. Là, vous devriez avoir plus de chance. Tenez…

Renan examina la page et les deux adresses qui y figuraient : une à Lyon et l'autre dans la banlieue ouest de Paris. Il remercia Albrard et empocha le renseignement lorsque Echua entra, sans bûche cette fois, et s'approcha de son maître pour lui souffler quelques mots à l'oreille.

— Nous devons partir ! annonça le Mexicain en se levant. Une voiture suspecte vient dans notre direction. Il fait encore jour et la fumée ne manquera pas de nous faire repérer.

Renan supposa que la DCRI savait que le professeur traînait dans le coin. Il n'en fallait pas davantage pour que Maréchal, informé de la disparition du juge, fasse le rapprochement entre le jet qui s'était posé à Carcassonne et le pic.

Tout en rangeant les livres et les cartes qu'il avait apportés dans son sac à dos, Don Alessandro délivra un ultime avertissement à l'attention de Renan.

— Notre ennemi est partout à l'œuvre, ne l'oubliez jamais. Et il a même réussi à infiltrer l'entourage de votre président !

— De qui s'agit-il ?

— Nous aimerions bien le savoir, assura Albrard. Nous n'avons qu'un nom de code. Monsieur X.

*Avec ça, on n'est pas très avancé...* estima Renan.

Chaudement couverts, à l'exception de Don Alessandro que la tequila devait maintenir hors gel, ils sortirent du chalet.

Le Mexicain donna une accolade à son ami député, embrassa Lisa et vint saluer le magistrat.

— Bon courage, monsieur le juge. Vous en aurez besoin.

— Merci...

— Je dois partir en voyage, mais si vous souhaitez me joindre ou me poser une question, passez par Lisa.

La Cherokee s'engagea sur le chemin de pierres tandis que Don Alessandro filait à travers la montagne sur une moto tout-terrain qu'il avait dissimulée derrière un gros rocher. Avec sa tête recouverte d'un casque noir et sa chemise blanche au vent, il faisait l'effet d'un fou échappé d'un asile.

— Étonnant personnage... commenta Renan qui le regarda s'éloigner avec perplexité.

— Pour le moins, approuva le député. Sa collaboration nous est précieuse mais l'homme conserve tout son mystère.

Enfin, il retrouva un réseau et put consulter sa messagerie, le cœur battant comme celui d'un collégien. Aucun appel en absence, ni SMS.

*Zut!*

Le jet décolla de l'aéroport de Carcassonne à dix-huit heures. Il devait faire escale à Lyon pour déposer le magistrat. Quelques minutes après le départ, Albrard fut appelé dans le cockpit et en revint l'air ennuyé. Renan se crispa, redoutant que sa collection de tuiles ne s'agrandisse encore.

— Mauvaise nouvelle... La neige vient de se mettre à tomber sur Lyon, annonça Albrard. Impossible d'atterrir.

Cette fois, il pouvait dire adieu à son rendez-vous avec Camille et c'était plié pour le week-end : il avait promis à sa mère de lui rendre visite pour la nouvelle année. Rien n'était plus important.

— Au point où j'en suis, pouvez-vous me déposer à Quimper?

Sur place, il louerait une voiture et, pour une fois, ferait une bonne surprise à sa mère. Il pourrait ainsi repartir dimanche de bonne heure pour préparer sa semaine, sept jours qui seraient décisifs.

— Avec ce détour, je vais rater le dîner de mon club... plaisanta Albrard. Allons-y!

Pendant le vol, Renan mit de l'ordre dans ses notes, profitant du fondateur de la MILS et de sa représentante pour éclaircir certains points.

Ils arrivèrent à Quimper, chef-lieu du Finistère et capitale de la Cornouaille, à dix-neuf heures quinze. C'est dans cette ville que Renan avait passé son bac; ensuite, il avait entamé des études de droit à Rennes, réussi le concours de l'École nationale de la magistrature (ENM) et rejoint Bordeaux avec la qualité d'auditeur de justice.

Avant qu'ils ne se séparent, Jean-Pierre Albrard prit Renan par le bras et l'entraîna un peu à l'écart de l'avion. À l'extérieur, un brouillard dense et mouillé donnait un air de hammam géant à l'aéroport local, à ceci près que la température avoisinait les cinq degrés.

— Je sais que vous enquêtez sur le PRP. J'approuve votre action, mieux, je vous soutiens. D'ailleurs, Legendre est une crapule. Il est grand temps de nettoyer les écuries d'Augias. Cette corruption organisée, à tous les niveaux de l'appareil politique, est devenue insupportable. Mais faites attention à vous, j'espère que vous serez de taille à mener toutes ces batailles de front.

*Qui trop embrasse, mal étreint...* pensa Renan qui ne sut comment interpréter ce message. Le député était-il sincère? Tentait-il de le dissuader de poursuivre ses investigations politiques? Voulait-il conclure un marché et offrir au juge l'opportunité de faire condamner les survivalistes en échange de l'abandon des poursuites contre les leaders du PRP?

— Je ferai tout ce qui est en mon pouvoir pour que la justice triomphe, affirma-t-il avec autorité.

*Autrement dit : je ne négocierai jamais! Reddition interdite.*

— Qu'il n'y ait aucune ambiguïté entre nous, réagit Albrard. Je ne vous demande rien. Au contraire, je vous souhaite une victoire totale. Puissiez-vous seulement ne pas trébucher en chemin.

— Avec un peu d'aide, la vôtre en particulier, personne ne m'arrêtera.

— Tant mieux. Vous avez les cartes en mains. Alors, à vous de jouer! Nous restons en contact. Voilà un numéro auquel vous pouvez me joindre jour et nuit.

Les deux hommes se saluèrent avec respect et Renan regarda le jet s'éloigner sur le tarmac.

Puis il gagna l'intérieur de l'aéroport. D'une cabine, il prévint sa mère de son arrivée et, veinard, put louer la dernière voiture disponible à une minute de la fermeture de l'agence.

Sur la route du Guilvinec qu'il n'avait pas empruntée depuis l'été précédent, il se détendit enfin. Mieux, il se sentait revigoré par cette journée riche d'informations. Avec ce que lui avait confié Paul Suzini et les adresses des dirigeants de la secte, ses enquêtes allaient faire un bond de géant. Le vent tournait peut-être en sa faveur.

Un peu avant d'arriver dans son village natal, il se gara sur le bas-côté, près d'un calvaire, et appela – enfin ! – Camille pour lui proposer un rendez-vous dimanche soir. Hélas, il tomba directement sur le répondeur et préféra ne pas laisser de message.

À tout hasard, il téléphona à sa fille mais cette dernière raccrocha dès qu'elle entendit le son de sa voix. Dépité, il passa un coup de fil à son ex-épouse et pour toute explication quant à l'attitude excessive de Gaëlle, reçut une volée de bois vert : « Ta fille est ulcérée par ton comportement ! Et entre nous, il y a de quoi. Laisse-la respirer ! »

Las de tous ces problèmes féminins, il se remit en marche et choisit de traverser Le Guilvinec en passant par le port et en prenant ensuite la route du bord de mer, plus longue mais tellement plus belle ; quoique ce soir, avec cette visibilité réduite, il fallait être un autochtone pour apprécier le spectacle.

C'est probablement ce choix qui lui permit de remarquer un détail insolite en arrivant aux abords de la maison familiale, Chemin des chardons bleus, à deux pas de la plage. À cent mètres de là, idéalement positionnée pour observer les véhicules qui empruntaient la route principale, invisible d'eux, il remarqua une voiture à l'arrêt. À son bord, deux hommes qui éteignirent le plafonnier dès qu'ils aperçurent la Fiat de Renan. Ils n'avaient pas prévu le détour effectué par le juge.

Son sang ne fit qu'un tour. On le surveillait même ici ! Et on connaissait son emploi du temps dans les moindres détails. À moins que sa mère ne soit elle aussi sur écoute ?

Exaspéré, Renan fut à deux doigts d'aller chercher le fusil de son père et de faire déguerpir ces mercenaires de la DCRI. À l'évidence, ils ne porteraient pas plainte.

## 28

*Les conséquences d'un acte sont incluses dans l'acte lui-même.*

George Orwell

*Lyon, samedi 19 janvier*

Les locaux de la DCRI étaient déserts.

Comme chaque samedi matin, Bertrand Maréchal s'enfermait dans son bureau pour travailler. Un moment calme pour passer en revue les dossiers sensibles et prendre de bonnes décisions. Une en particulier.

Il était neuf heures très précises lorsque le Portugais frappa. Le divisionnaire l'attendait de pied ferme. Manuel Braga n'était pas à son aise, la semaine qui venait de s'écouler n'ayant pas été couronnée de succès. Le Goff ne s'était pas laissé intimider; pire, il préparait une offensive, son voyage à Paris et sa disparition pendant quelques heures en attestaient, ce qui avait valu au Portugais une remontée de bretelles mémorable. Et pour comble de malchance, le piège envisagé n'avait pas encore pu être activé.

— Le Goff doit se servir d'un autre portable, expliqua-t-il pour justifier ses difficultés à cerner les projets et les mouvements du juge.

— Alors changez de technique. Utilisez un Catcher[1] ! Si je dois vous apprendre votre métier, je me passerai de vos services. Avez-vous identifié ses comparses ? Car il en a, c'est évident.

1. L'IMSI-catcher permet d'intercepter les communications de n'importe quel portable dans un périmètre restreint.

— Il ne serait pas surprenant que sa greffière lui serve de relais.

— Mettez-la aussi sur écoute et ne le lâchez plus d'une semelle. Ce type n'a pas fini de nous donner du fil à retordre. C'est un Breton et les Bretons sont têtus. Mettez-vous ça dans le crâne, Braga!

La mauvaise humeur de Maréchal n'avait pas pour seule origine les déboires de ses affidés. Il s'était trompé et il détestait ça.

Une heure plus tard, c'est Miranda Gomez qui pénétrait dans le bureau du divisionnaire.

— Bonjour Gomez, asseyez-vous, dit-il d'une voix inhabituellement douce.

Tendue à craquer, elle prit place sur une chaise, face à Maréchal, mais ne s'y posa que du bout des fesses. Cette convocation soudaine ne présageait rien de bon et, cette fois, il ne serait certainement pas question de ses excès de vitesse. Elle remarqua alors que son dossier personnel était posé sous les mains croisées du patron.

— Vous me connaissez bien, dit-il sans la regarder. Je récompense toujours les bons éléments et il se trouve que vous êtes une enquêtrice hors pair. J'ai parlé de vous avec le ministre de l'Intérieur et nous avons une proposition à vous faire.

— Ah... Déjà? Mais je ne suis en poste que depuis...

— Ne soyez pas modeste, la coupa Maréchal. Le talent est un titre de responsabilité.

Il venait de s'approprier une citation du général de Gaulle.

— Merci, monsieur. Mais...

— Il n'y a pas de mais! Le poste de chef de groupe à la Crim' de Marseille vient de se libérer. Pour vous, c'est une opportunité extraordinaire.

— Mais dans ce cas, je quitte la DCRI... releva-t-elle tristement.

— Ce n'est que pour mieux y revenir. Si vous voulez faire partie de l'élite de demain, vous devez connaître tous les rouages de notre grande maison.

— Puis-je refuser ?

— Personne ne le comprendrait ! répondit Maréchal d'un ton sans appel. Une telle opportunité ne se représentera pas avant longtemps.

Elle n'avait que cinq secondes pour se décider. Son refus la condamnait à des années de placard, voire pire. Son acceptation revenait à renier ses valeurs.

— Quand dois-je prendre mes nouvelles fonctions ? demanda-t-elle en serrant les poings jusqu'à enfoncer ses ongles dans la chair pour retenir ses larmes.

— Lundi matin, Gomez. Le préfet des Bouches-du-Rhône y tient. Vous pouvez récupérer vos effets personnels avant de partir. Au revoir, Gomez. Bon vent !

Mortifiée, elle quitta le bureau du divisionnaire sans mot dire.

Il signa l'ordre de mutation à effet immédiat. D'ici une heure, le badge de la jeune commissaire serait désactivé et elle ne pourrait plus pénétrer dans les locaux de la DCRI. Elle serait également privée de son accréditation « confidentiel défense », ce qui l'empêcherait d'accéder aux ordinateurs du service.

Puis, dans le broyeur installé à droite de son fauteuil, il détruisit le rapport de filature concernant le déplacement à Paris de Miranda Gomez et sa visite à la MILS. Effectué pendant un jour de congé, il n'avait pas échappé aux hommes de Manuel Braga.

Bertrand Maréchal n'avait aucun état d'âme mais regrettait de perdre un élément de cette valeur. Désormais, l'avenir professionnel de Gomez ne tenait qu'à un fil. Encore une incartade de ce genre et elle finirait ses jours à la circulation.

# 29

*Notre morale ? Une houppette pour nous-mêmes, une étrille pour les autres.*

Ernest Jaubert

*Lyon, dimanche 20 janvier*

Renan ne regrettait pas son week-end en Bretagne ; revoir sa mère et marcher au calme sur les terres de son enfance lui avaient permis de prendre un peu de recul. Il avait aussi pu étudier le dossier dynamite que lui avait remis Paul Suzini et préparer le programme chargé de la semaine. Il était parvenu à joindre Camille. Elle devait penser qu'il n'appellerait plus et pour se faire pardonner, il lui avait proposé de dégrossir par téléphone le sujet de son mémoire. Ils ne se connaissaient pas et, pourtant, une complicité naturelle s'installait entre eux, subtil mélange d'humour, de finesse et d'intuition.

Déformation professionnelle oblige, Renan n'avait pu s'empêcher de s'intéresser à son histoire. Native d'Aix-en-Provence, issue d'une famille bourgeoise, Camille avait grandi dans le Midi avant de partir à dix-huit ans aux États-Unis, sur « un coup de tête » que Renan avait traduit par « coup de cœur ». Après une longue année de vacances mise à profit pour découvrir l'Amérique, elle avait intégré l'université de Caroline du Sud à Columbia et passé un *Bachelor of Arts* de littérature orientale. De retour en France, elle avait choisi Lyon, la ville de son père et la voie du droit pour devenir commissaire de police, à condition de réussir le concours ; un choix qu'elle s'était abstenue de motiver.

Tout cela confirmait ce qu'il savait déjà, pour s'être renseigné sur son compte, notamment auprès du recteur de l'université

Jean-Moulin et d'un ami enseignant. Dans sa situation, il n'était pas concevable de s'engager dans une liaison, même passagère, sans un minimum de précautions.

Ils étaient restés en ligne plus d'une heure et Renan fut interrompu par sa mère qui l'attendait pour déjeuner. Mais ils étaient convenus d'un premier rendez-vous à son bureau mercredi soir, vers dix-neuf heures trente, après le départ de sa greffière. Le choix du lieu permettait de ne rien précipiter. Encore trois jours à attendre.

*Laissons l'effet se faire...* songeait-il un brin grivois.

Après être descendu du taxi sur une chaussée que la neige verglacée avait rendue impraticable, Renan pénétra dans le hall de son petit immeuble et releva le courrier. Une enveloppe blanche attira son attention. Rien d'écrit dessus, ni au dos. Intrigué, il l'ouvrit et en sortit un feuillet plié en deux avec une seule ligne dactylographiée :

*Blandine Lenoir est détenue à bord de l'Ark.*

*Ça vient d'où un truc pareil?*

Cerné par les hommes de la DCRI, probablement surveillé par la secte, voilà maintenant qu'un informateur anonyme lui révélait l'endroit où se trouvait la meilleure amie de sa fille : le navire amiral d'Ernst Blake, La Mecque des survivalistes.

*Autant s'attaquer à Fort Knox!*

Hélas, une lettre anonyme n'avait aucune valeur juridique. Tout en grimpant quatre à quatre les marches, les questions se bousculaient. Qui lui envoyait ce message et pourquoi? Était-elle détenue et, si oui, dans quel but?

Alors qu'il atteignait son étage, il tomba nez à nez avec Miranda Gomez qui l'attendait, assise sur la dernière marche, entièrement vêtue de noir, comme le serait un membre des forces spéciales prêt à passer à l'action.

— Commissaire, que faites-vous là?

Voilà bien une surprise à laquelle il ne s'attendait pas. Elle se leva, conservant ses mains dans les poches de sa parka.

— Je suis mutée à Marseille... dit-elle de but en blanc. Maréchal m'a virée du service hier!

Et de lui raconter son entretien avec le divisionnaire ou comment, en quelques minutes, il avait brisé sa carrière.

— Tout ça est déplorable ! s'indigna Renan. Dire que c'est à cause de moi... Je m'en veux tellement.

— Ne vous en faites pas, j'assume mes choix et je m'en sortirai. Les Espagnoles ont la peau dure. Quant à Maréchal, un jour ou l'autre, il paiera. Ce n'est qu'une question de patience.

— En attendant, c'est vous qui faites les frais de cette vendetta. Je suis vraiment navré.

Les couloirs de l'immeuble étaient glacés, il l'invita à entrer mais elle refusa.

— Pas le temps ! Mais avant de partir, j'ai quelque chose pour vous.

Intrigué, Renan regarda la série de clichés que la commissaire lui présentait.

— Merde ! C'est la femme de Siméoni ! s'exclama-t-il.

Le substitut était marié à une belle Russe dont son supérieur direct, Raoul Berthoux, appréciait visiblement le charme. Une relation adultère qui n'avait pas échappé aux téléobjectifs fouineurs de la DCRI.

— Oui. Les donneurs de leçons sont souvent les pires hypocrites.

— Mais je ne peux pas accepter ces photos ! affirma Renan face à un dilemme.

La tentation de les garder était grande mais sa conception de la justice ne l'encourageait pas à s'emparer de pièces qu'il pouvait un jour utiliser pour faire chanter le procureur.

— Bien sûr que si ! Je ne crois pas que vous soyez en mesure de refuser les cadeaux.

Déjà, elle s'était levée et passa devant lui.

— Faites attention, vos collègues surveillent l'immeuble.

— Personne ne m'a vue arriver et personne ne me verra partir ! *Adiós señor !* J'espère que vous réussirez.

Et tandis qu'il ouvrait la porte, le bruit des pas décrut dans la cage d'escalier. Leur conversation n'avait pas duré plus de trois minutes.

*Un peu court pour un adieu.*

Affecté par la perte de cette alliée et la sanction injuste qui lui était infligée, il imagina qu'il n'était pas prêt de revoir Gomez. Ça valait mieux pour elle, sauf à risquer de compromettre définitivement son avenir dans la police.

# 30

*La peur tient à l'imagination, la lâcheté au caractère.*

Joseph Joubert

*Mardi 22 janvier*

Renan consulta sa montre pour la dixième fois et retint un soupir. Encore une heure et leur TGV arriverait à Lyon. Agathe faisait partie du voyage. Sa présence lors des perquisitions était obligatoire, pour consigner les faits et enregistrer les pièces saisies. Autour d'eux, personne ne se doutait qu'ils venaient de semer la panique au sein de la classe politique, jusqu'au sommet de l'État.

La perquisition menée au siège parisien du PRP n'avait rien donné. En revanche, celle réalisée dans l'une des annexes dont l'adresse avait été communiquée par Paul Suzini avait permis de collecter de précieuses informations. Restait maintenant à dépouiller et à analyser la pleine valise de documents et de disques durs qu'ils rapportaient. Renan ne la perdait pas de vue et ne serait tranquille qu'une fois arrivé au palais de justice.

Nerveux, il surveillait les passagers et guettait le moindre comportement inhabituel. Un homme en particulier l'agaçait, installé sur l'autre rang à trois places devant lui ; un homme avec une cravate verte. La cinquantaine, très large d'épaules, il lui faisait l'effet d'un tueur à gages. Il travaillait sur un ordinateur mais, à intervalles réguliers, levait le nez et l'observait avant de replonger sur son clavier dès que son regard croisait le sien.

Tout au long de cette journée, Renan avait pensé aux hommes de la DCRI qui lui filaient le train mais n'avaient rien pu entreprendre pour entraver son action. Maréchal devait être fou de rage ! Son impuissance avait dû provoquer une terrible colère de ses chefs. Gare aux représailles. Qui sait d'où viendrait le prochain coup ? Du passager à la cravate verte ? Tout était possible.

— Écoutez ! lui dit Agathe.

Il colla le smartphone à son oreille et entendit l'interview qu'il avait accordée à France Info en milieu d'après-midi. Deux minutes pour allumer le feu. Sur l'enquête elle-même, il conserva son devoir de réserve et indiqua qu'elle se poursuivait sans en dire davantage. Comme le journaliste s'étonnait qu'il ait aussi perquisitionné la permanence PRP dans le seizième arrondissement, il se borna à répondre qu'il ne fallait pas être surpris à chaque fois que la justice faisait bien son travail. Et, lorsqu'on lui demanda s'il comptait entendre le président de la République, sa réponse fusa : « Si je devais prendre une telle décision, vous n'en seriez pas les premiers informés ! »

En revanche, lorsque le journaliste s'intéressa au contexte de l'affaire, Renan retrouva sa liberté de parole.

« Subissez-vous des pressions ? Cherche-t-on à contrecarrer votre enquête ? »

« Rien n'est fait pour me simplifier la tâche, si c'est ce que vous voulez savoir. Mais je n'ai pas l'intention de reculer et la justice passera ! »

« Et que répondez-vous à ceux de vos collègues qui estiment que vous menez un combat personnel contre le gouvernement et que vous serez tenu pour responsable de la suppression du juge d'instruction ? »

« Encore une manipulation dont nos dirigeants sont coutumiers ! Le juge d'instruction est le dernier rempart contre la corruption. Que vos auditeurs ne s'y trompent pas. Si le gouvernement supprime cette fonction après avoir monté les magistrats les uns contre les autres, c'est dans un seul but : contrôler totalement l'appareil judiciaire et empêcher les juges de lutter contre la délinquance financière et la corruption qui gangrènent l'État et les partis politiques. »

La bombe était lâchée!

— Vous pouvez être fier de vous, complimenta sa greffière. Mais vous n'allez plus avoir beaucoup d'amis.

— Parce que j'en avais encore? À part vous, bien sûr, chère Agathe...

Il était dix-huit heures trente-trois lorsque le TGV ralentit brutalement et s'arrêta en rase campagne. Dans les haut-parleurs, une voix de femme invita les passagers à patienter quelques instants et à ne pas descendre du train.

L'homme à la cravate verte rangea ses affaires; puis il regarda sa montre, jeta un bref coup d'œil à l'extérieur et se leva. À nouveau, il fixa le juge et marcha dans sa direction, une main à moitié passée sous le pan de sa veste comme s'il s'apprêtait à dégainer une arme.

Crispé sur son fauteuil, Renan chercha une parade. Mais il était bel et bien coincé et si l'homme à la cravate verte voulait l'abattre comme un chien, rien ne serait plus facile. Ensuite, il profiterait de l'arrêt du train pour s'enfuir, emportant la valise et les documents saisis.

*Cet arrêt était prévu!* percuta Renan. *Une voiture l'attend!*

Son cœur s'était mis à battre la chamade.

Parvenu à sa hauteur, l'homme à la cravate verte se pencha vers lui et sourit.

— Pardon de vous importuner, mais je vous ai reconnu et j'ai écouté la radio, aussi... Bravo, monsieur le juge! Continuez, il ne faut pas lâcher ces pourris.

— Heu... Oui, merci... furent les seuls mots qu'il parvint à prononcer.

L'homme à la cravate verte se redressa et se dirigea vers la voiture-bar et le TGV redémarra quelques instants plus tard.

*Quel parano!* se dit Renan.

— Vous allez bien, monsieur le juge? demanda Agathe. Ne me dites pas que vous avez cru que...

— Si... avoua-t-il, ridicule et blanc comme un linge.

— Hooo... Nous ne sommes pas en Italie, tout de même!

Une voiture de police – réquisitionnée pour la circonstance – les attendait à la gare et les conduisit au palais de justice. Ils y arrivèrent à dix-neuf heures cinquante et purent regarder le JT de la première chaîne. Renan avait fait installer une petite télévision dans son cabinet.

On vit d'abord des images le montrant avec Agathe sortant du siège du PRP. Puis la présentatrice rapporta des extraits de son interview et notamment le passage relatif à la corruption d'État.

Interrogés, les ténors du PRP dénoncèrent une « cabale sans fondement, un dossier vide » et les « errements de quelques juges en mal de reconnaissance ».

Quant aux leaders de l'opposition, ils fanfaronnaient devant les micros et les caméras, dénonçant « des pratiques d'un autre temps » et ce « règne du tout argent qui, bientôt, prendrait fin ». Le député Paul Suzini s'était fendu d'une tirade dont il avait le secret : « Ce sont des hommes comme le juge Le Goff, et ils sont nombreux, qui font la grandeur de l'institution judiciaire. Seuls contre tous, ils portent le fer au bon endroit ! »

Renan se tourna vers sa greffière, un large sourire de satisfaction sur les lèvres.

— Vous voyez bien que j'ai des amis.

— Ça, un ami ? Nous ne sommes peut-être pas en Italie mais vous ne me ferez pas croire que monsieur Suzini appartient à la famille des bisounours !

*Elle a raison*, se dit-il.

À vingt-deux heures, après avoir effectué un premier tri des documents saisis, Renan donna le signal du départ. Il offrit un taxi à sa greffière et décida de rentrer à pied. Les trottoirs avaient été salés, il ne risquait pas de glisser. Ce qui ne l'empêcherait pas de faire une mauvaise rencontre. Comme un rituel parfaitement maîtrisé, il tapa le code de son immeuble, poussa la porte du bout du pied, alluma la lumière et releva son courrier.

*Encore une !*

Au milieu des factures et des pubs, une enveloppe blanche. Il attendit d'être dans son appartement pour l'ouvrir :

*Gendarmerie de Saint-Martin. Il s'appelle Karim. Il s'est échappé de l'Ark.*

# 31

*En politique, la sagesse est de ne point répondre aux questions.*
*L'art, de ne pas se les laisser poser.*

André Suarès

*Paris, mercredi 23 janvier*

Au premier rang, sur le banc du gouvernement, Philippe Interman attendait la question du député Albrard, membre du PRP comme lui. Comme le voulait l'usage, elle avait été transmise à l'avance et il se contenterait de lire la réponse préparée par son cabinet. Il s'agissait d'une précision sur les modalités d'application de la nouvelle loi réformant le code de procédure pénale qui avait été adoptée dans la nuit de lundi à mardi.

Bref, la routine.

Du haut du perchoir, maillet en main, le président de l'Assemblée nationale dirigeait la séance en se retenant de bâiller.

« La parole est au député Albrard pour une question à monsieur le ministre de la Justice. »

Le fondateur de la MILS se dressa dans l'indifférence générale et pencha sa haute silhouette vers le micro.

« Merci, monsieur le président… »

Il s'interrompit et son silence prolongé mit un terme aux bavardages. Tous les regards convergèrent vers lui. Il se racla la gorge et reprit.

« Monsieur le ministre, de récentes affaires touchant à la morale et à la probité de notre vie publique ont révélé des comportements et des agissements indignes d'une grande démocratie comme la France. Selon mes sources, et elles sont fiables, votre ministère exerce des pressions sur des juges pour les dissuader de mener à bien leurs enquêtes, allant même jusqu'à leur offrir des mutations déguisées en promotions, niant par là même le principe de leur inamovibilité ! » Ravie, l'opposition se manifesta bruyamment, criant, sifflant, huant et faisant claquer ses pupitres pour apporter son soutien à Jean-Pierre Albrard et fustiger la majorité. « Allons allons, mes chers collègues, un peu de calme ! » réclama le président qui sortait de sa torpeur.

Interman se tortillait sur son banc comme s'il était assis sur un oursin et cherchait un regard ami. Le Premier ministre lui fit comprendre d'un geste non équivoque que personne ne viendrait à son secours.

Albrard poursuivit :

« Nous avons été élus sur des valeurs aux antipodes de celles révélées par ces manœuvres de basse politique. De tels agissements, s'ils étaient confirmés, sont indignes de notre famille politique ! »

Le fait qu'il suggère que l'opposition soit coutumière de ces pratiques provoqua un redoublement des protestations.

« J'aimerais croire qu'il ne s'agit que d'un dérapage. Mais je n'en suis pas persuadé ! Monsieur le ministre, il vous appartient de mettre bon ordre à ces manquements et de prendre les mesures qui... »

Mais il ne put terminer son intervention. Des noms d'oiseaux fusaient de toutes parts, des poings se levaient et on craignit même que certains n'en viennent aux mains. Tant et si bien que le président dut suspendre la séance et faire évacuer l'hémicycle dans un brouhaha indescriptible pour endiguer le désastre.

Ce qui permit à Interman de reporter *sine die* son obligation de réponse.

Les députés se retrouvèrent par petits groupes dans les différentes salles attenantes et tandis que le Premier ministre tançait vertement Interman derrière une colonnade, le chef de la majorité cherchait Jean-Pierre Albrard du regard. Dès qu'il l'aperçut, il fondit vers lui et l'entraîna loin des caméras vers lesquelles le député se dirigeait.

— Es-tu devenu fou ?

— Moi, non ! Mais certains de nos amis, si !

— Ce n'est pas le problème !

— Au contraire. C'est le cœur de notre problème ! Si nous n'y prenons pas garde, à force de vouloir tout régenter depuis l'Élysée, nous perdrons les prochaines élections.

— Ce n'est pas à toi de décider de notre stratégie. Ton premier devoir, c'est de veiller à l'unité de la majorité !

— Nous sommes d'accord, mais pas à n'importe quel prix. Je t'avais prévenu de certaines dérives inacceptables. Tu n'as rien fait, m'obligeant à agir. De toutes les façons, tu pourras annoncer au président de la République qu'il est bon pour remanier son gouvernement.

— Que veux-tu dire ?

— Je me comprends et bientôt, tu comprendras aussi !

Déterminé, Albrard lui tourna le dos pour se diriger vers les journalistes. La une du vingt heures était assurée et celle des quotidiens du lendemain également.

# 32

*L'amour qui naît subitement est le plus long à guérir.*

Jean de La Bruyère

Dans la voiture de police qui le conduisait à Champagne-au-Mont-d'Or avec sa greffière, Renan savourait la grande victoire du jour, l'intervention de Jean-Pierre Albrard qui était publiquement monté au créneau pour le défendre. Même si son nom n'avait pas été cité, personne n'était dupe et les « récentes affaires » mentionnées par le député recouvraient d'un voile translucide l'enquête sur le financement du PRP. Désormais, il aurait les coudées plus franches pour agir.

Il avait décidé de *rendre visite* à Sylvain Rivière vers seize heures, à l'adresse donnée par Albrard. Simultanément, une équipe de police interviendrait sur commission rogatoire au *véritable* domicile parisien de Jerôme Beltram. Les deux dirigeants français de la secte ne s'attendaient pas à cette surprise. Beltram était absent; ce qui n'était pas le cas de Sylvain Rivière. Il habitait une vilaine maison grise à deux étages, dans une impasse proche du centre-ville. Les volets du rez-de-chaussée étaient fermés et dissimulaient un intérieur ultramoderne mais sans charme. Apparemment fan de technologie, le gourou local avait installé des écrans de télévision dans toutes les pièces, même les toilettes. Dans le salon, il y avait aussi une batterie que Phil Collins n'aurait pas repoussée et Renan eut une pensée compatissante pour les voisins.

Voyant le juge Le Goff et les policiers débarquer chez lui, alors qu'il était en peignoir, il explosa.

— Vous faites une grosse erreur en venant ici!

— Je fais mon métier et je vous conseille de ne pas vous mettre en travers de mon chemin !

La colère de Rivière dura tout le temps de la perquisition. Mais hélas, il ne franchit jamais la ligne jaune qui aurait permis à Renan de l'embarquer *manu militari*.

Trente minutes après, Henri de Fontbrun, l'avocat lyonnais de la secte, se présenta mais il ne put que constater la validité de la procédure et conseiller à son client de se maîtriser.

Avant de quitter les lieux, Renan dit quelques mots à Rivière :

— Nous aurons le plaisir de nous revoir très bientôt, à mon bureau, cette fois !

Puis, s'approchant de façon à ce que personne d'autre ne puisse l'entendre, il lui glissa : « Vous êtes mûr pour la garde à vue. Pensez à prendre une brosse à dents ! »

L'équipe du SRPJ qui l'avait assisté le raccompagna avec Agathe et deux pleins cartons de documents au palais de justice. Curieusement, ils n'avaient trouvé aucun ordinateur mais au vu des premiers éléments collectés, et notamment un manuel de formation des cadres de la secte, Renan se faisait fort de retenir comme chef de mise en examen l'escroquerie en bande organisée, susceptible d'entraîner la dissolution de la secte.

À Paris, la moisson avait également été fructueuse et le SRPJ lui ferait parvenir les pièces saisies dès le lendemain.

Il était dix-neuf heures lorsqu'ils arrivèrent à son bureau.

Ce soir, Renan ne comptait pas faire de zèle. D'abord parce qu'il avait rendez-vous avec Camille à dix-neuf heures trente, ici même. Ensuite, parce qu'il prenait à l'aube un TGV pour Roissy. De là, il embarquerait pour Saint-Martin. Le procureur Berthoux avait hurlé en apprenant que Renan se rendait dans les Antilles françaises. Mais il ne pouvait pas l'en empêcher, ce déplacement étant effectué dans le cadre de l'enquête sur le suicide de Francis Véry. « Il s'agit d'un témoin clé », avait affirmé Renan.

Alors qu'il vidait un carton, la sonnerie d'un SMS attira son attention.

*Pas vraiment fun votre bureau pour un premier rendez-vous !*
*Je vous propose le Banana Bar. 21h ? Camille*

Le Banana était un club assez chic qui permettait de flirter en toute tranquillité. Renan connaissait l'endroit et son patron qui lui devait une fière chandelle. Il saurait tenir sa langue. En outre, le bar disposait d'une entrée discrète, réservée au personnel qu'il utiliserait.

*Quelle bonne idée!* se réjouit-il, ravi à l'idée que les préliminaires soient de courte durée. Mais il lui faudrait ruser pour tromper la vigilance des hommes de la DCRI. Il y pensait depuis plusieurs jours et avait mis au point un stratagème infaillible. Sa réponse ne tarda pas :

*J'y serai. R*

En attendant, il avait gagné une heure et en profita pour parcourir le fameux manuel de formation des cadres de la secte. Une lecture qui se révéla confondante pour l'organisation de Blake.

Renan arriva au Banana Bar avec dix minutes de retard, mais il était persuadé d'avoir semé ses anges gardiens.

Pendant la journée, l'endroit était sinistre, comme toutes les boîtes de nuit et autres clubs privés. Mais le soir, la transformation était saisissante. Avec son éclairage tamisé et sa musique disco, le Banana Bar prenait des airs de claque 1900. Tous les ingrédients étaient réunis : épaisses tentures rouges, vieux miroirs piqués, profondes banquettes en velours grenat, serveuses déguisées en soubrette. Sur la piste, deux jeunes femmes dansaient de façon équivoque.

Pourtant, il n'y avait aucune prostitution dans ce club dont la seule gloire était d'encourager un brin de libertinage. Renan était bien placé pour le savoir. C'est lui qui, au terme d'une vaste enquête sur les réseaux de proxénétisme lyonnais, avait finalement mis hors de cause cet établissement et son gérant.

Jérémie, le ventripotent patron du Banana Bar, l'accueillit avec chaleur.

— Votre amie est arrivée, monsieur le juge. Joli brin de fille! C'est une vraie blonde, et je m'y connais !

Il ponctua son compliment d'un clin d'œil farceur.

— Si j'ai besoin de votre avis, Jérémie...

— Pardonnez-moi... Je l'ai installée dans un petit box. Vous ne serez pas dérangés. Bien sûr, la première bouteille de champagne est pour moi.

— Non merci !

La corruption commençait toujours ainsi.

— J'insiste. Je vous dois bien ça.

— Une coupe, pas plus !

— OK, m'sieur le juge, ne vous fâchez pas.

Impatient, Renan se dirigea vers le fond de la deuxième salle, la plus discrète, et découvrit Camille, rayonnante de beauté dans une robe noire qui mettait ses seins en valeur ; des escarpins de couleur léopard et des boucles d'oreilles assorties apportaient une touche fauve à cet ensemble. Il repéra l'attache d'un porte-jarretelles lorsque Camille décroisa ses jambes gainées pour se lever.

*Le repos du guerrier a sonné !* pensa-t-il la main gauche dans la poche pour masquer un début d'érection.

Mais il s'en voulut aussitôt. Accaparé toute la journée par ses perquisitions, il avait oublié de se changer et se présentait en bleu de travail, costume gris ultra-classique, chemise blanche un poil élimée au col et cravate noire en laine. Seule fantaisie, ses chaussures anglaises, d'un brun foncé. Sur la table basse, il vit que l'incorrigible Jérémie avait déjà fait servir une bouteille de champagne. Qu'à cela ne tienne, il la réglerait en partant.

— Bonsoir Camille... Drôle d'endroit pour préparer un mémoire, non ?

Il prit sa main mais au lieu de la serrer, il s'inclina pour la baiser dans un mouvement désuet. Amusée, Camille se laissa faire et accepta ce rôle de courtisane.

— J'ai amené mon cahier mais... nous aurons peut-être d'autres sujets de conversation...

Renan regarda autour de lui, feignant de chercher l'obstacle qui bloquerait la route du paradis.

— Rien ne s'y oppose... dit-il en lui offrant son plus beau sourire.

Puis il entra dans le box et tira le rideau.

# 33

*La chute d'un homme n'intéresse personne ; les châtiments passionnent tout le monde.*

Gilbert Langevin

*Saint-Martin, jeudi 24 janvier*

Lorsque Renan franchit la porte en fer de la gendarmerie de Marigot, rue de Hollande, vers seize heures trente heure locale, il était déjà en nage. L'écart de température entre Lyon et les Antilles dépassait quarante degrés !

Le capitaine Louis Victorin était venu le chercher à l'aéroport de Grand Case avec un vieux 4 × 4 personnel dont la clim était en panne. D'un naturel paisible, le Guadeloupéen s'était tout de même étonné qu'un juge d'instruction lyonnais vienne jusqu'ici pour s'intéresser à un petit délinquant de troisième zone. « Et pas n'importe quel juge. Celui qu'on a entendu à la radio ! » avait-il ajouté pour annoncer la venue du magistrat à sa troupe.

Karim avait été arrêté le samedi précédent au terme d'une course-poursuite dans les ruelles du quartier d'Orléans alors qu'il venait de voler de la nourriture en menaçant un épicier d'un couteau. L'interpellation avait mobilisé un déploiement de moyens inhabituel pour l'île, le Marocain ayant résisté et un gendarme avait même été mis KO.

« Il n'avait aucun papier sur lui et il a refusé de nous donner son identité, mais ses empreintes ont parlé », avait expliqué le brigadier.

Karim était fiché. Il avait été arrêté à plusieurs reprises pour des délits mineurs, condamné à une peine de prison avec sursis mais soumis à un contrôle judiciaire mensuel auquel il ne se présentait plus depuis six mois. Son dernier domicile connu était à Givors, une ville située à une vingtaine de kilomètres au sud de Lyon, chez un cousin. À en croire les dires d'un proche, il avait disparu et tout le monde pensait qu'il était rentré au pays.

Le Marocain fut amené dans une pièce sans fenêtre, à l'arrière de la gendarmerie, et une fois les menottes ôtées, l'interrogatoire put commencer.

Karim avait refusé l'assistance d'un avocat. De son côté, Renan s'était adjoint les services d'un huissier local qui remplissait l'office de greffier – après lui avoir fait prêter serment – et lui remettrait l'unique exemplaire du procès-verbal d'audition.

Après s'être assuré de l'identité du prévenu, il entra dans le vif du sujet.

— Inutile de nous mentir. Nous savons que tu as séjourné sur l'*Ark*, dit Renan en prenant soin de choisir ses mots et en tutoyant Karim pour le placer en situation d'infériorité.

— C'est faux !

— Nous avons des témoins, assura-t-il calmement.

— Et alors ? Qu'est-ce que ça peut foutre ? C'est pas un délit de faire du bateau !

Le piège, pourtant grossier, venait de fonctionner. À l'exception des membres de la secte, peu de gens connaissaient l'existence du yacht d'Ernst Blake et encore moins son nom.

Le Marocain dut s'en rendre compte car il se mordit les lèvres.

— Écoute-moi, Karim. Tu es dans de sales draps. Vol avec violence, délit de fuite, voies de fait sur un gendarme dans l'exercice de ses fonctions. Ton compte est bon. Si j'ajoute à cela tes antécédents et le non-respect du contrôle judiciaire, il ne faut pas t'attendre à la clémence du tribunal. Tu vas prendre cinq ans, minimum, et ensuite tu seras expulsé.

— C'est du baratin !

— Je t'assure que non. Mais nous pouvons trouver un arrangement si tu coopères.

Renan marqua une pause avant de reprendre.

— Une jeune fille du nom de Blandine se trouve à bord de l'*Ark*. Sa famille la cherche. Peux-tu nous donner de ses nouvelles ?

Les yeux du jeune cillèrent plusieurs fois malgré lui.

— Connais pas cette meuf ! Et j'vous répète que j'ai jamais été sur ce rafiot pourri !

La première lettre anonyme avait laissé Renan dans l'expectative. Rien ne permettait d'y accorder le moindre crédit. Mais la seconde, après vérification – Karim était bien détenu à la gendarmerie de Saint-Martin –, l'avait remobilisé car, outre les Lenoir qu'il ne pouvait laisser tomber, s'il parvenait à retrouver leur fille, il avait une chance de renouer avec Gaëlle et rien n'était plus important à ses yeux.

Seul problème, et de taille, il intervenait sans avoir été saisi par le procureur. Officiellement, il n'y avait pas d'affaire Blandine Lenoir, et à ce stade, le parquet gardait la main. Renan agissait donc sous couvert de l'enquête consécutive au suicide de Francis Véry. Mais c'était très risqué et il jouait sa tête.

— Pourquoi ne pas dire ce que tu sais ? relança-t-il.

— Je sais rien !

— Blandine est une chouette fille et nous savons qu'elle est en danger.

— Foutez-moi la paix !

À partir de là, Karim se mura dans le silence et l'interrogatoire tourna court. Renan avait cependant acquis deux convictions : le Marocain avait été en contact avec Blandine et il avait peur. Pour la forme, il lui posa des questions sur Francis Véry et les survivalistes, mais n'obtint aucune réponse.

Il le mit en examen et ordonna son placement en détention provisoire. Comme il s'y attendait, le Marocain refusa de signer le procès-verbal d'audition. Renan porta mention de ce refus sur le PV et quitta la pièce.

De retour dans le bureau du capitaine Victorin qui tapait laborieusement un rapport, il lui demanda de prendre les dispositions nécessaires pour qu'il puisse ramener le détenu à Lyon dès le lendemain matin. Le gradé faillit tomber de sa chaise.

— Mais, mais… c'est que… je suis à court d'effectifs et… Le transfèrement de Karim mobiliserait deux gendarmes.

— Je ne veux rien entendre, capitaine ! Je dois pouvoir disposer de ce témoin pour les besoins d'une enquête et je n'ai pas l'intention de prendre mes quartiers d'hiver dans votre île.

— Heu… bon, je vais voir ce que je peux faire.

— Ne voyez pas, faites ! Et si l'avion était complet, je réquisitionnerais les places nécessaires. Maintenant, je vous serais reconnaissant de me faire raccompagner à mon hôtel.

Par chance, Agathe avait réussi à dénicher une chambre dans le meilleur hôtel de Saint-Martin et obtenu un tarif compatible avec les frais journaliers auxquels il avait droit. Renan arriva à La Samanna en fin d'après-midi avec la ferme intention de piquer une tête dans la mer des Caraïbes. Il défit ses bagages, enfila un maillot de bain et fila sur la plage de sable blanc, regrettant seulement que Camille ne soit pas à ses côtés pour profiter de ce paradis. Elle lui manquait déjà. Il tenta de la joindre mais elle ne répondit pas.

Il dîna d'une langouste qu'il réglerait sur ses deniers personnels, et fit un ultime tour sur la plage avant de se coucher, persuadé de trouver le sommeil facilement. Voilà vingt-quatre heures qu'il était debout. Alors qu'il remontait vers l'hôtel, un groom lui apporta un pli cacheté.

*Une voiture passera vous prendre demain matin à huit heures. Vous partirez avec le prévenu et deux de mes hommes et arriverez à Roissy samedi matin.*

*Salutations distinguées.*

*Capitaine Louis Victorin, commandant la compagnie de Basse-Terre.*

Emporté par la fatigue qui avait brisé ses dernières résistances, il s'endormit comme une masse. Mais cette plongée dans un sommeil sans rêve fut de courte durée. Le radio-réveil indiquait vingt-trois heures douze lorsque son téléphone, celui que la DCRI écoutait, tinta.

Bonne surprise, c'était un SMS de Gaëlle. Il l'ouvrit avec entrain mais déchanta vite :

*Tu es ignoble ! Je te déteste !*

Que signifiait ce message ? Que se passait-il encore avec sa fille ? Il l'appela aussitôt mais tomba sur sa messagerie.

*Et merde !*

Il voulut contacter son ex mais réalisa qu'il était cinq heures du mat' à Paris. Alors il attendit, rongé par l'angoisse. Une heure plus tard, il reçut un autre SMS en provenance d'un numéro commençant par l'indicatif +375 et ce qu'il découvrit lui glaça les sangs : une adresse Internet du même style que celle renvoyant vers le site des photos avec Lula.

Renan se rhabilla à toute vitesse et gagna la réception afin de mettre la main sur un ordinateur connecté au réseau. Il eut quelque difficulté à réveiller le concierge qui, moyennant un pourboire, lui donna finalement accès au business center. Là, une boule dans le ventre, il tapa l'adresse et appuya sur la touche *Enter*.

Renan se décomposa à mesure qu'il visionnait le film dont il était la vedette, avec comme partenaire dans le rôle de la grande prêtresse de la félonie, la belle Camille !

Pendant deux minutes, il put apprécier les meilleurs passages de son flirt poussé avec Camille, ses remerciements adressés à Jérémie lors du départ et sa sortie du Banana Bar dont l'enseigne était bien visible. Mais le meilleur était pour la fin. Une courte vidéo montrait Camille, seins nus, manifestant joyeusement avec d'autres jeunes femmes dans les rues de Clearwater en Floride et brandissant des pancartes à la gloire du mouvement raëlien [1]. Suivait une page symbolisant un enfer grossier, sur un fond de flammes rouges et jaunes avec au centre, un texte en noir :

*Devinette*

*Le jour, je suis un justicier et un grand redresseur de torts devant l'Éternel.*

1. Mouvement pour l'accueil des Elohim créateurs de l'humanité dont le fondateur prône, entre autres, la « méditation sensuelle » et qui fut classé comme secte par un rapport parlementaire en 1995.

*Mais la nuit, je m'envoie en l'air dans des bars à putes avec une adepte de Raël, la belle Camille Doppel.*

*Je suis... je suis...*

*Le juge Renan Le Goff! Pour vous desservir...*

Le site ne possédait qu'un bouton – *Replay* – et un compteur indiquant le nombre de visites. Atterré, Renan ferma les yeux. Quand il revint dans sa chambre, il voulut rappeler Gaëlle. Il devait lui expliquer que tout cela n'était qu'une monstrueuse machination dont il était la victime. Il avait péché par orgueil. On avait exploité sa faiblesse. Il fallait qu'elle comprenne.

Mais c'est en rallumant son portable qu'il réalisa l'ampleur de la catastrophe : il avait reçu trente-cinq appels! À l'évidence, sa fille et lui n'étaient pas les seuls destinataires du SMS.

L'entreprise de démolition avait recommencé et cette fois, elle ne s'arrêterait pas.

# 34

*À quelques-uns l'arrogance tient lieu de grandeur ; l'inhumanité, de fermeté ; et la fourberie, d'esprit.*

Jean de La Bruyère

*Lyon, vendredi 25 janvier*

Une dernière fois – la troisième de la journée –, le divisionnaire Bertrand Maréchal regarda la vidéo dont Manuel Braga avait extrait les meilleurs passages qui circulaient sur le Net depuis quelques heures. Cette petite avait du talent pour donner du plaisir à un homme. Et le juge n'était pas maladroit non plus.

*Il pourra toujours se reconvertir...* ironisa-t-il en savourant un vieux cognac dont il conservait une flasque dans le tiroir de son bureau.

Cette fois, son équipe avait bien travaillé. Même si les images n'étaient pas de première qualité, personne ne douterait de l'identité des acteurs de ce clip érotique, interdit aux moins de seize ans. Ce qui n'avait pas été le cas avec les premières photos. Le réflexe du juge pour protéger la pute d'un agresseur avait rendu les clichés inexploitables : on ne voyait que Le Goff et les jambes de la fille dont le buste et la tête étaient masqués par le magistrat.

Certes, le propriétaire du Banana avait eu quelques états d'âme lorsque Braga était venu avec ses caméras miniatures. Les crapules aiment à se parer de vertu. Alors le Portugais lui avait donné le choix entre trois scénarios : se prêter au jeu, voir son établissement détruit par le feu ou la diffusion des preuves révélant la vraie nature de son commerce. Car la DCRI le tenait depuis longtemps et c'était elle qui lui avait sauvé la mise à l'insu du juge Le Goff lors de son enquête menée sur les réseaux de prostitution. Le taulier était l'un de ses meilleurs indics.

La jupe de Camille était maintenant relevée et la main du juge venait de glisser entre ses jambes.

*Pas mal, pas mal du tout...*

Maréchal consulta la pendule posée près de la lampe Tizio et calcula que Le Goff devait avoir pris place dans le vol Pointe-à-Pitre – Paris.

*Pauvre juge...*

Il devait trouver les heures très longues, impuissant devant l'incendie qui ravageait *sa maison*, toutes ces années d'efforts pour gravir les échelons, s'imposer et asseoir une réputation de magistrat irréprochable.

*Timing parfait!*

Il jeta un œil au compteur du site : déjà trois cent dix consultations et le rythme s'accélérait d'heure en heure. Au départ, Braga n'avait envoyé que dix SMS, mais il avait choisi en priorité les ennemis et les adversaires du juge ainsi qu'une journaliste féministe bien connue pour colporter les ragots. Puis il écouta les messages laissés sur la boîte vocale du juge :

Les insultes de son ex-femme.

Les moqueries de plusieurs collègues qui, bien sûr, restaient anonymes, sauf pour Maréchal.

Le député Albrard : « Il est préférable que nous ne nous voyions plus. »

Le député Suzini : « Vous êtes la lie de la justice! »

Le procureur de Lyon qui le sommait de se présenter « à son cabinet toutes affaires cessantes ».

Le président du TGI qui exigeait de le voir « dans les plus brefs délais »!

La fin de carrière de Renan Le Goff n'avait jamais été si proche. Le mouvement allant en s'amplifiant, la vidéo circulerait bientôt sur YouTube et dans les réseaux sociaux; dès lors, les médias s'en feraient l'écho; à l'ère de la presse à sensation, une telle gourmandise ne se refuse pas.

*Et paf, le juge!* jubila-t-il en fermant son ordinateur. Mission accomplie.

# 35

*L'homme est toujours la proie de ses vérités. Une fois qu'il les a admises, il ne peut plus s'en libérer.*

Albert Camus

Mortifiée, le visage enfoui dans une écharpe en polaire, Gaëlle marchait vite, tête baissée, et priait pour ne rencontrer aucune personne de sa connaissance. Heureusement, la nuit était tombée.

Elle avait passé la journée chez elle à pleurer et à maudire son père, et avait même éteint son téléphone. Mais à aucun prix, elle n'aurait raté son rendez-vous avec Sylvain ! Elle le voyait chaque jour à dix-huit heures. Il n'avait manqué leur rencontre qu'une seule fois. C'était avant-hier. Enfin, elle franchit le hall de l'église survivaliste. Entièrement vêtu de blanc, une khata en soie autour du cou – l'écharpe de félicité des bouddhistes –, Sylvain Rivière l'attendait et l'accueillit sans un mot. Il était même distant, ce qui ne lui ressemblait pas et sa tenue était différente des autres jours. S'agissait-il d'une nouvelle forme de préparation psychologique ? Elle l'ignorait.

*Bizarre…*

Une chance qu'elle se soit présentée sous une fausse identité sans quoi l'Église lui aurait peut-être fermé ses portes, ce qui l'aurait empêché de revoir Blandine.

Elle lui remit cent euros et ils passèrent dans la salle de l'électrobiomètre, une pièce sans fenêtre qui ressemblait à un grand sauna. Depuis quelques jours, les séances de décodage biologique se prolongeaient au-delà de deux heures et, à chaque fois, elle s'arrêtait au bord de la transe. C'était vraiment difficile mais elle commençait à éprouver une sorte de plénitude. Hélas, cette sensation ne durait jamais longtemps. « C'est normal, expliquait le gourou lyonnais, tu n'es qu'au tout début d'un long chemin. »

— J'ai une bonne nouvelle pour toi, annonça-t-il. Un nouveau fax de Blandine.

C'était le cinquième.

*Ma chérie, je ne me suis jamais sentie aussi bien de toute mon existence... Bientôt, toi aussi tu connaîtras cet état de bonheur, libérée de tes chaînes et des mensonges de ton enfance. Accroche-toi !*

*Tu me manques tant. J'attends ton fax avec impatience. Ta Blandine qui t'aime.*

Ces messages lui mettaient du baume au cœur. Gaëlle y répondrait après la séance du jour.

Elle aussi parée d'une tunique virginale et la chevelure agrémentée d'une fleur de lotus blanche, Marie-Rose entra dans la pièce et fut rejointe par un autre membre de la secte, un Indien qui s'appelait Anbu, ce qui voulait dire *amour* ou *gentillesse* en tamoul. Gaëlle l'appréciait beaucoup. Il portait un costume de couleur ivoire et une khata brodée d'or. Il avait le grade de salien, en référence aux prêtres de Rome qui s'adonnaient au culte de Mars.

— Es-tu prête ? demanda Sylvain d'une voix lente.

— Oui.

— Bien. Toutefois, nous avons un problème avec toi, Gaëlle.

En entendant cela, elle blêmit.

— Tes résultats sont toujours aussi mauvais, lâcha-t-il.

Tant d'efforts pour rien. Non, ce n'était pas possible. Elle aurait voulu crier !

— Mais nous savons pourquoi, enchaîna Anbu, et aujourd'hui, nous allons te libérer de tes chaînes. Es-tu prête ?

— Oui.

— Es-tu prête ? insista Marie-Rose.

— Oui !
— Plus fort ! Es-tu prête ?
— Oui !
— Plus fort !
— OUI !!! hurla-t-elle.
— Es-tu prête à vivre ?
— OUI !!!
— Veux-tu survivre ?
— OUI !!!

On lui demanda ensuite son nom et ce qu'elle venait chercher ici. « Je m'appelle Gaëlle Ducray et je veux survivre ! » fut la réponse qu'elle dut répéter cinq fois en hurlant de plus en plus fort.

— C'est bien, dit Sylvain. Nous te croyons. Maintenant lève-toi. Tu vois ce mur ?

— Oui.

— Va le toucher et plaque tes mains dessus.

Elle y alla ; Sylvain marchait à ses côtés, aussi vigilant que le serait un professeur accompagnant un funambule amateur lors de ses premiers pas dans le vide.

— C'est bien, dit-il dès qu'elle eut posé ses mains sur la paroi froide. Retourne-toi et va t'asseoir.

Elle obéit, Sylvain se tenant toujours près d'elle.

— Tu vois ce mur ? demanda-t-il à nouveau.

— Oui, dit-elle.

Son front perlait déjà d'une fine sueur.

— Lève-toi et va le toucher.

Gaëlle se soumit sans broncher, faisant le vide en elle, se laissant guider par la voix et porter par les exercices, persuadée qu'on ne lui ferait aucun mal. Sylvain veillait sur elle. Il était son ange gardien.

L'exercice continua ainsi deux heures, au rythme des ordres qui annihilaient ses dernières résistances.

« Tu vois ce mur ? Oui. Va le toucher... Tu vois ce tabouret ? Oui. Tourne autour... Tu vois Anbu ? Oui. Va devant lui... » Et toujours, Sylvain la suivait comme son ombre.

Sans que Gaëlle s'en rende compte, la lumière diminua d'intensité, Anbu alluma une à une sept bougies et une musique douce, parsemée de notes graves, accentua le caractère initiatique de l'instant. Un diffuseur distillait un délicat parfum d'ambre.

— Je sens les ondes positives, annonça enfin Sylvain. Maintenant, tu es prête. Va t'asseoir.

Marie-Rose lui banda les yeux, c'était une première, fixa les électrodes qui la reliaient à l'électrobiomètre et lui confia les tiges en acier, son dernier lien avec le monde réel.

La cérémonie se poursuivit par une série de questions, toujours les mêmes, posées par Marie-Rose. Sur sa vie, son passé, ses relations sexuelles, etc. Mais ses réponses avaient évolué au fil des séances.

Au début, elle avait tenté de se protéger, ou de donner les réponses qu'elle croyait attendues. Maintenant, elle était nue, transparente.

Assise sur l'unique tabouret de la pièce, elle se tenait droite – il le fallait – et son dos devenait douloureux. Totalement soumise, Gaëlle ne savait plus où elle se trouvait ni depuis combien de temps la séance avait commencé ; elle serrait les tiges en acier de toutes ses forces et répondait sans réfléchir. Sa tête tournait, son chemisier était trempé et ses sentiments s'opposaient violemment. Un instant, elle avait trop mal et voulait que tout cesse. Le suivant, elle brûlait de continuer et de percer le mystère de sa vie.

Alors que ses yeux étaient fermés, elle sentit une main sur son front trempé de sueur. Celle de Sylvain, fraîche, apaisante.

— Tout va bien… dit-il. Je suis là, près de toi, et je vois que tu es proche de la libération. En une seule séance, tu as accompli des progrès extraordinaires. Nous sommes fiers de toi. Veux-tu aller plus loin ?

— Oui !

— Es-tu prête au grand sacrifice, celui qui va te révéler à toi-même ?

— Oui !

Comment aurait-il pu en être autrement ?

— Je te crois. Mais je dois consulter mes assistants.

Il s'adressa à Marie-Rose et à Anbu.

— La croyez-vous capable d'affronter la vérité sans vaciller? La pensez-vous prête à mourir pour mieux renaître?

— Oui! répondirent-ils en chœur. Car elle veut survivre!

— Voilà qui est parfait. Ton initiation peut commencer. Bientôt, la Connaissance sera tienne.

On retira les électrodes qui étaient fixées sur sa peau et on lui ôta les tiges en acier des mains. Ne plus rien tenir l'angoissa et elle chancela.

Sylvain se plaça derrière elle et posa une deuxième main sur son front. Elle put enfin s'adosser, la tête contre son ventre et ses épaules au niveau de l'aine du gourou. Elle sentit son pénis appuyer sur son omoplate gauche et fut troublée.

— Écoute-moi bien, Gaëlle de Lyon, commença-t-il d'une voix grave. Ton corps est le réceptacle de ta mémoire individuelle et de ton passé familial. Tu l'as compris maintenant. Il te résume. Il est le témoin de toutes tes expériences, de tes vies conscientes et inconscientes. Il garde en mémoire tout ce qui s'est réellement passé. Il est LA mémoire. Il ne te ment jamais. Mais tu dois savoir que l'inconscient et le subconscient constituent le mental réactif. C'est lui qui est la cause de tes cauchemars, de tes peurs irraisonnées, de l'insécurité que tu éprouves. C'est lui qui t'enchaîne au passé et t'empêche de vivre le présent pour réaliser ton futur.

Les mots pénétraient l'esprit de Gaëlle, il lui semblait qu'ils éclairaient la caverne de ses inhibitions, qu'ils nommaient ses angoisses.

— Ton mental réactif, poursuivit-il, est celui qui décèle tes souffrances, ton *moi* enfoui et tes points de blocage. Si je parviens à gagner le plus intime de ta confiance, je vais t'aider à te débarrasser des impuretés et des scories qui perturbent l'équilibre général de ton organisme et font de toi l'esclave d'un maître impitoyable qui refuse de t'accorder la liberté. Veux-tu m'accorder ta confiance, Gaëlle?

— Oui.

Sylvain s'arrêta de parler afin de permettre à ses assistants de remplir leur office. La cérémonie prenait une dimension sacrée.

Marie-Rose prononça une phrase qui fut suivie d'un premier acte symbolique :

— Je dépose sur tes genoux le coussin de Vérité. Il peut encaisser tous les coups sans jamais craquer et recevoir ta peine sans jamais cesser de te réconforter.

Gaëlle tâta le coussin – il était fait de soie – et Anbu enchaîna après quelques secondes de pause.

— Je te confie cette statuette figurant un taureau, emblème du courage, et je trace sur ton cœur la croix auréolée de notre Église.

Gaëlle tressaillit en sentant le doigt d'Anbu parcourir son sein gauche. À nouveau le silence. Il parut durer une éternité. Puis Sylvain appuya ses paumes plus fermement sur son front, expira – le souffle caressa son crâne – et reprit d'une voix énigmatique.

— Quelque chose est bloqué en toi. Je le sens dans mes mains. C'est grave, profondément ancré en toi... Mais c'est loin, très ancien... Fais un effort, s'il te plaît, aide-moi... Veux-tu m'aider?

Pour stimuler sa réponse, il avait prononcé sa dernière phrase comme une supplique.

— Oui, je le veux! affirma-t-elle.

— Bien. Alors confie-toi, ouvre ton cœur et dis-moi quelle est la cause de ta plus grande souffrance? Si tu la connais, nomme-la! Maintenant!

— C'est... c'est mon père! avoua Gaëlle, tendue comme une corde à piano.

Elle avait répondu d'instinct et ces trois mots la plongèrent dans le vide, l'inconnu le plus total; le sol se déroba, un vertige emportait son corps; mais Sylvain tenait sa tête bien fermement et l'empêchait de basculer dans le néant.

— Ton père, oui. C'est bien lui. Je le sens, il est dans mes mains. La tension est brûlante, le lien charnel... Il est le problème. Il est Ton problème.

Maintenant, Gaëlle avait froid, la crainte de ce qui s'annonçait, cette rencontre avec elle-même, la peur de déjà savoir.

— Ton mal-être m'apparaît de plus en plus clairement... oui c'est bien ça... tu as subi dans ton plus jeune âge un traumatisme physique et affectif très douloureux... en rapport avec ton père... Mais... c'est...

Il avait parlé de plus en plus lentement, un mot par seconde, et venait de desserrer l'étau de ses mains.

— Ne t'arrête pas ! hurla Gaëlle. Je veux savoir !

Il serra à nouveau et reprit.

— Tu n'étais qu'une fillette âgée de quatre ans lorsque ton père a abusé de toi !

Ce fut comme une énorme gifle. Gaëlle lâcha la statuette en verre qui tomba sur le sol et se brisa; d'un geste paniqué, elle ôta son bandeau. Au même moment, les sept bougies s'éteignirent. Agrippée au coussin, elle regarda Sylvain, Marie-Rose puis Anbu, poussa un long cri de désespoir et se mit à pleurer et pleurer encore.

Le gourou s'agenouilla près d'elle et la prit dans ses bras tandis que les assistants regagnaient la pièce centrale de l'église.

— Mon père... balbutia-t-elle entre deux sanglots... oui... ce tordu... Oh, mon Dieu...

— La vérité vient de te libérer, Gaëlle, et ces larmes sont le ferment de la vie nouvelle qui s'ouvre à toi.

— Et ma mère... ma mère...

— Ta mère savait, affirma Sylvain, mais elle ne disait rien. Elle avait peur de ton père. C'est très classique, il faut la comprendre... Tu devras lui pardonner pour te libérer définitivement. Il te faudra du temps, beaucoup de temps. Nous sommes avec toi, maintenant, tu n'auras plus jamais peur...

Mais Gaëlle ne pouvait plus rien entendre. Trop d'émotions et de révélations en une seule journée. Et dans la confusion de l'instant, elle oublia la façon dont l'information du viol s'était imposée à son esprit. C'était une évidence et ça suffisait à la bouleverser.

Elle se leva et partit en courant. Ses yeux étaient si pleins de larmes qu'elle manqua se cogner à Anbu.

## 36

*La preuve est inséparable de la décision judiciaire : c'en est l'âme, et la sentence n'est qu'une ratification.*

Henri Lévy-Bruhl

*Lyon, samedi 26 janvier*

Renan était épuisé. Il n'avait pas dormi depuis… il ne comptait même plus.

Agressé de toutes parts – il lui suffisait d'écouter ses messages ou de lire ses SMS –, il n'avait échangé par téléphone qu'avec deux personnes depuis son départ de Saint-Martin. Agathe et son ex. Sa greffière avait compati, elle était bien la seule, puis l'avait informé qu'exceptionnellement, il serait reçu par le président du tribunal aujourd'hui à midi. Quant à Isabelle, son ex, désagréable au possible, elle lui avait conseillé de se faire soigner et d'oublier sa fille.

Parmi les messages dont il se souviendrait, celui de Martina Vilenovski qui se disait « sincèrement désolée pour lui » et se proposait de le soulager dans sa tâche en reprenant ses dossiers les plus urgents.

La bête bougeait toujours mais la curée avait commencé !

Sitôt descendus du TGV, Karim, les gendarmes et lui s'étaient rendus à la maison d'arrêt Saint-Paul, réputée pour sa vétusté. Seul élément positif, il n'y avait aucun journaliste à leur descente du train.

Qu'allait-il faire de Karim ?

Initialement, Renan projetait de le garder au frais le temps d'obtenir des renseignements sur Blandine et les survivalistes. Maintenant, il ne savait plus mais ne changea pas son plan et confirma le mandat de dépôt, malgré les réquisitions du parquet en faveur d'un simple contrôle judiciaire.

Arrivé chez lui, il se fit un café et passa dans la salle de bains. Après s'être habillé – il avait choisi une tenue dans les tons kaki –, il eut envie de revoir le film dont Camille et lui étaient les vedettes afin de préparer sa défense lorsqu'il serait face au président du TGI. Ce soir, il n'excluait pas d'aller casser la gueule à cette fripouille de Jérémie. Au point où il en était...

Sur son ordinateur, il composa l'adresse URL mais le site ne s'ouvrit pas. Sur l'écran du Mac, Safari indiquait qu'il ne parvenait pas à trouver le serveur. Il vérifia l'adresse et la tapa à nouveau. Même résultat.

Perplexe, il s'emmitoufla dans une parka chinée dans un surplus militaire et marcha jusqu'au tribunal, insensible au froid glacial qui figeait la capitale des Gaules sous les neiges.

Comme il devait s'y attendre, le président du tribunal de grande instance, Jean-Marie Borga, tapi dans son grand bureau aux murs lambrissés comme une murène dans un récif corallien, lui réserva un accueil mitigé. Ce magistrat en fin de carrière, parvenu au poste le plus élevé qu'il puisse jamais obtenir, cultivait la discrétion comme d'autres la flagornerie mais jouissait d'une honnête réputation. Il n'aimait cependant pas les vagues et Renan entrait dans cette catégorie de magistrats qui, par principe, l'horripilait.

— Tout cela est fort déplaisant, attaqua-t-il. J'ai bien conscience qu'un acte de malveillance est à l'origine de la diffusion de cette vidéo...

— Elle n'est plus en ligne ! se rebiffa Renan.

— Ah ? Et depuis quand ?

— Ce matin, cette nuit... je ne sais pas.

— C'est une bonne nouvelle qui va ramener un peu de calme, mais le mal est fait. Si je n'agis pas, on criera au corporatisme car ce film, ou la trace qu'il en reste, porte indéniablement atteinte à la dignité de votre fonction. Naturellement, je vous encourage à déposer plainte.

Tout en parlant, il étalait sur son bureau plusieurs captures d'écran, de la plus chaste à la plus indécente, lorsque la posture de Camille à genoux ne laissait aucun doute sur l'acte qu'elle accomplissait.

Humilié, Renan préféra détourner les yeux.

— En outre, ajouta Borga, la fréquentation d'un lieu comme le Banana Bar et d'une jeune femme au passé trouble...

— Ma vie privée ne regarde que moi ! bondit Renan. Et je n'ai aucun compte à rendre sur les personnes qui partagent ma vie !

Ses paroles avaient-elles dépassé sa pensée ? Il venait de parler de Camille comme d'une compagne alors qu'elle l'avait abusé dans les grandes largeurs.

— Bien sûr, bien sûr... Il est inutile de vous emporter. Je fais mon devoir, aussi pénible soit-il, et je m'efforce de vous amener à prendre la mesure de votre situation, dit-il d'un ton doucereux.

— N'en faites pas trop. Je connais la musique !

— Il est vraiment dommage que vous le preniez ainsi. Je dois maintenant recueillir vos observations.

Pendant une quinzaine de minutes, Renan lui résuma sa soirée au Banana Bar et la façon dont, selon lui, le film avait pu être tourné. Hélas, faute pour lui d'apporter la moindre preuve à ses allégations, le président refusa d'enregistrer ses accusations de manipulation et de complot.

— C'est très clair, conclut-il. Il est de mon devoir d'adresser un rapport au Conseil supérieur de la magistrature.

Tels furent les derniers mots du président Borga qui se leva et raccompagna Renan à la porte de son bureau.

Dès qu'il eut quitté le tribunal, Renan acheta un paquet de cigarettes et se rendit au commissariat de police de la rue de la Charité pour y déposer une plainte contre X. Un acte symbolique. Il savait pertinemment que cela ne servirait à rien car il était inconcevable que le SRPJ enquête sur les menées occultes de la DCRI.

Miranda Gomez l'avait alerté. La DCRI lui avait mis sous le nez l'appât destiné à le faire tomber dans un piège, le soir de sa conférence à l'université Jean-Moulin. Ceux qui avaient concocté ce plan étaient très malins. Et lui, très faible, ou très c... Il ne finirait jamais de se maudire.

Ensuite, il passa chez Gaëlle ; évidemment, elle n'était pas là, ou refusait d'ouvrir. Il en était de même chez Camille. Il faudrait pourtant qu'ils aient une explication.

Alors, il retourna au palais de justice pour se jeter dans le travail. L'atmosphère studieuse de son cabinet l'y aida. Autant boucler les affaires en cours et sauver les meubles avant d'être suspendu, sinon radié. Qui sait, la bataille n'était peut-être pas terminée.

Il alluma une cigarette, mit la machine à café en marche et décida d'éplucher le dossier du PRP, impatient de découvrir les arcanes de son financement secret. Il chercha le carton dans lequel étaient conservés les documents saisis à l'annexe du parti présidentiel, tous estampillés « CONFIDENTIEL ».

Il fouilla son bureau, celui de sa greffière, les placards qui tous fermaient à clé, mais ne parvint pas à mettre la main dessus. C'était curieux, pour ne pas dire anormal. Autant en avoir le cœur net. Il appela Agathe.

— Mais le carton est dans l'armoire numéro un, monsieur le juge ! Je l'ai rangé moi-même hier soir et j'ai refermé. Je suis formelle.

— Et les disques durs, où les avez-vous mis ?

— À côté !

— Ils n'y sont pas.

— C'est impossible ! s'énerva Agathe. J'arrive !

Hélas, la venue de sa greffière n'y changea rien. Les documents « CONFIDENTIEL » prélevés au cours de la perquisition parisienne avaient bel et bien disparu. Pour comble de malchance, Agathe n'avait pas eu le temps de faire la moindre copie. Compte tenu de l'agenda de la semaine et de l'actualité de la veille, cela n'avait rien de surprenant. En revanche, l'ensemble de ce qui avait été saisi chez les survivalistes occupait toujours les étagères en bas de l'armoire numéro trois. L'identité du commanditaire de ce vol ne faisait donc aucun doute.

Au bord des larmes, Agathe était effondrée. La disparition d'un dossier sensible dans le bureau d'un juge d'instruction était une affaire grave qui pouvait lui coûter sa place.

— Ce n'est pas de votre faute, ne vous faites aucun souci,

— Si j'avais fait les copies... se lamenta-t-elle.

— Calmez-vous, Agathe. Vous ne pouviez pas en faire davantage cette semaine. Le cabinet croule sous les procédures.

Il était convaincu de la loyauté de sa greffière et voulait la rassurer quant à ses intentions.

— Oui, mais...

— Chut! Je ne veux plus rien entendre. Venez, allons prendre un verre au Look Bar, vous en profiterez pour me raconter les derniers potins du palais. Et ne me cachez rien!

Autour d'une table et de deux cafés, elle répondit sans détour à ses questions : « Les mauvaises langues se délient... Certains vous traitent de satyre, d'autres de pervers... Beaucoup se réjouissent... On ne vous donne pas un mois... »

Il était cuit, anéanti, et ce vol n'arrangerait rien, il le pressentait. Comment avait-il pu se produire? Il y avait là un mystère qu'il espérait élucider. D'emblée, ses soupçons se portèrent sur le procureur ou l'un de ses proches qui pouvait accéder à l'ensemble des locaux du TGI sans attirer l'attention. Il pouvait aussi s'agir d'un collègue de Renan, comme cette garce de Martina. Le PRP avait les moyens de motiver un magistrat ambitieux. Et la DCRI disposait de certains éléments pour tordre le bras d'un fonctionnaire peu accommodant. Les photos de Raoul Berthoux avec la femme de Siméoni, par exemple.

Vingt minutes plus tard, et pas vraiment heureux de ce qu'il venait d'entendre, il remercia sa greffière pour sa franchise et la renvoya en urgence chez elle. « Votre famille vous attend, prenez soin d'eux. »

À nouveau seul, il remonta dans son cabinet, fit le point et examina ce qui restait du dossier du PRP.

Au terme de trois heures d'un travail minutieux, d'une dizaine de cigarettes et d'un demi-litre de café, il dut se rendre à une cruelle évidence : en l'état, il ne tenait que Richard Dorville. Sauf si le chef d'entreprise passait des aveux complets, ce qui était aussi probable que la fin du monde annoncée pour le 21 décembre 2012. Et concernant Hervé Legendre, le trésorier du PRP, les éléments détenus par Renan lui vaudraient dans le meilleur des cas – c'était loin d'être gagné – une condamnation avec sursis.

Il ne pouvait plus espérer faire exploser le système de financement parallèle du PRP. Le dossier tombait à l'eau.

Fin de la partie.

## 37

*Lorsque vous avez éliminé l'impossible, ce qui reste, si improbable soit-il, est nécessairement la vérité.*

Sir Arthur Conan Doyle

*Lyon, dimanche 27 janvier*

— J'ai pas d'mandé d'avocat!

— Pour sortir d'ici, il t'en faudra un.

— J'veux pas sortir!

— Il le faudra, pourtant.

Devant lui, l'homme en costume sombre qui portait deux rubans à la boutonnière, un rouge et un bleu, s'appelait Henri de Fontbrun. Maître Henri de Fontbrun, *alias* l'embrouilleur. Lors d'un procès d'assises, il n'y avait pas plus adroit que lui pour désorienter les jurés et même le président et ainsi créer le sacro-saint doute – ce germe de l'acquittement, le *in dubio pro reo* dans le droit romain – qui profitait à ses clients. La rançon de son succès : la plus belle collection de Porsche de la région. C'est ce que lui avait raconté le gardien en le conduisant dans ce parloir minable, encore plus mal chauffé que sa cellule.

— Non! De toute façon, j'ai pas les moyens d'vous payer!

Alors que Karim était un garçon plutôt bien éduqué, il se faisait passer pour un petit délinquant pas futé chaque fois qu'il avait maille à partir avec la police ou la justice française dans l'espoir qu'on ne s'intéresse pas de trop près à son cas.

— Ce n'est pas un problème. Les amis sont là pour ça et toi, tu es un gros veinard car les tiens sont riches et très puissants.

Karim n'eut pas besoin d'un dessin. L'embrouilleur était l'envoyé des survivalistes.

— Vous travaillez pour eux, c'est ça?

— Ça m'arrive, oui, répondit Henri de Fontbrun qui lissait patiemment sa fine barbe brune.

— J'veux plus jamais les voir!

La seule personne qu'il espérait revoir un jour, c'était Blandine. Qu'était-elle devenue? Que lui avaient-ils fait? Il ne se passait pas une heure sans qu'il pense à elle.

— Hum... tout dépendra de ton attitude. Tu as laissé des traces derrière toi. Des traces qui ne sentent pas bon, si tu vois ce que je veux dire.

Faisait-il allusion aux heures passées dans le placard de la suite de Blake? Il n'avait pu se retenir d'uriner sous lui. Avec le temps, et malgré ses efforts pour nettoyer après le départ du gourou, l'odeur avait peut-être attiré l'attention.

Comme il se taisait, l'avocat le relança et voulut savoir pour qui il travaillait.

— Pour personne, m'sieur!

— Pas monsieur, maître. Je repose ma question. Pour qui travailles-tu?

— Pour personne, maître.

— Alors pourquoi t'es-tu enfui?

— J'en pouvais plus... C'est l'enfer à bord de ce rafiot! Et si vous voulez vous casser, on vous l'interdit! C'est vrai, faut me croire...

Henri de Fontbrun cuisina son client une vingtaine de minutes avant de regarder sa montre, une Porsche également, et de conclure.

— Voilà le marché. Je vais te défendre et d'ici la fin de la semaine, tu seras dehors. En échange, tu disparaîtras à jamais. Va où tu veux, loin d'ici, au Maroc ou au diable, on s'en fiche mais fais-toi oublier. Tu m'as bien compris ?

— Oh oui!

— Bien. Quand tu seras libéré, viens me voir au cabinet. Il y aura dix mille euros. De quoi commencer une nouvelle vie.

— Merci, maître.

— Dernier point de notre accord et il est très important, si un juge vient t'interroger, tu ne sais rien, tu ne connais pas les survivalistes et tu lui expliqueras que tu es venu à Saint-Martin après t'être embarqué comme passager clandestin sur un paquebot, que tu rêvais d'aller aux Antilles, que tu as perdu tes papiers et ton argent pendant la traversée et que tu en étais réduit à voler pour survivre.

# 38

*Dis quelquefois la vérité, afin qu'on te croie quand tu mentiras.*

Jules Renard

En désespoir de cause, Renan avait décidé de consacrer son dimanche au dossier survivaliste. Si ce dernier disparaissait à son tour, il aurait au moins pris connaissance des documents qu'il avait saisis. Par ailleurs, il se doutait qu'à partir du lendemain, il n'aurait plus un instant pour les affaires en cours. Entre le procureur, la chancellerie, le CSM, les médias, ses collègues, ses *amis* et la gestion courante du cabinet, il risquait d'être harcelé.

Toutefois, il ne recevait presque plus d'appels anonymes pour le railler. À qui devait-il le miracle de la mise hors ligne du site? En tout état de cause, pas à la DCRI qui n'avait aucun intérêt à stopper l'entreprise de démolition.

Hélas, Jean-Marie Borga avait eu raison d'affirmer que « le mal était fait ».

Prudent, Renan passa plusieurs heures à photographier les pièces les plus importantes du dossier à l'aide d'un appareil numérique. Il transférerait les photos sur un site dédié au stockage d'informations et aussi sur une clé USB.

Vers dix-huit heures, il rassembla les documents qui constituaient le socle de ses déductions et relut son projet d'ordonnance de renvoi devant le tribunal correctionnel. Cette fois, il pouvait s'estimer satisfait. La démonstration de l'escroquerie en bande organisée était imparable; elle entraînerait une lourde condamnation des dirigeants français de l'Église survivaliste et la dissolution de la branche française de la secte. Aucun tribunal, fût-il présidé par un juge à la botte du gouvernement, ne pourrait prendre une autre décision.

Ce serait sa dernière victoire judiciaire, à titre posthume. Il entendait par là sa *mort professionnelle*.

Précaution supplémentaire, il enferma le tout dans le petit coffre de son cabinet et ensuite, aéra longuement la pièce pour dissiper l'odeur de tabac. Un paquet y était passé. Maintenant, il allait acheter une pizza dans un boui-boui de la rue Saint-Jean, il n'avait rien avalé depuis le matin, et rentrerait chez lui. Une dernière soirée de calme avant la tempête qui s'annonçait et qui risquait de l'emporter.

Il franchit le porche du TGI qui donnait rue du Palais-de-justice et, alors qu'il s'apprêtait à remonter vers le Panier à salade, il aperçut Camille et son cœur se mit à battre plus vite. Emmitouflée dans une sorte de plaid à carreaux gris écossais, un bonnet de laine enfoncé jusqu'aux oreilles, elle attendait, adossée à une porte cochère, et paraissait grelotter.

D'abord hésitant sur la conduite à tenir – il avait pourtant imaginé la scène cent fois –, il avança dans sa direction et remarqua ses yeux gonflés et ses cernes. Elle avait dû beaucoup pleurer et il en fut affecté.

— Comment savais-tu que j'étais ici ? murmura-t-il d'une voix enrouée alors qu'il aurait voulu se montrer autoritaire.

— Tu… tu n'étais pas chez toi et depuis la rue, on voit la lumière de ton bureau.

— Tu m'attends depuis quand ?

— Des heures…

— Pourquoi n'as-tu pas appelé ?

— Je n'osais pas. J'ai tellement honte, si tu savais…

Incapable de continuer, elle fondit en larmes. Un spectacle qui bouleversa Renan. Si elle jouait la comédie, elle méritait un oscar. Cette fois, il en aurait le cœur net.

— Viens, dit-il. Ne restons pas là.

Il passa le bras autour de ses épaules et l'entraîna, stupéfait par sa propre réaction. Au lieu de la gifler, voilà qu'il la réchauffait et l'emmenait chez lui.

*La chair est faible...* songeait-il, incapable d'agir autrement. Il l'avait vraiment dans la peau. Parvenu quai de Bondy, il la poussa sous une douche bouillante. En attendant, il avala un reste de pâtes et ouvrit une bouteille de vin. Quand elle revint, enroulée dans son gros peignoir beige, une serviette nouée sur la tête, ils s'installèrent au bar qui séparait la cuisine du salon, Renan servit les verres, endossa son habit de juge d'instruction et la somma de s'expliquer.

« Mon passé, oui... J'aurais dû te prévenir... mais j'ai eu peur que tu me rejettes... Quand je t'ai vu, j'ai complètement flashé... Le coup de foudre, quoi... Et puis, toute cette histoire remonte loin, j'avais dix-huit ans, je m'étais entichée d'un type qui m'a emmenée aux États-Unis ; des potes à lui étaient raëliens, c'était marrant, je me suis laissé embarquer... Jusqu'au jour où il a voulu me forcer à coucher avec d'autres mecs pour de l'argent... Je me suis enfuie mais ça n'a pas été facile, crois-moi, il m'a cherchée partout... Heureusement, je suis tombée sur un policier qui m'a aidée et j'ai repris mes études... »

Son récit était assez confus pour être crédible, Renan l'avait écouté avec intérêt mais ce n'était pas la réponse qu'il attendait.

— Touchant ! Mais je ne m'intéressais pas à ton passé. Qui t'a demandé de me piéger ?

— Te piéger ? Mais tu te trompes !

— Nous avions rendez-vous à mon cabinet et tu m'as proposé ce rendez-vous au Banana Bar.

— Mais pas du tout ! se défendit-elle. C'est ta greffière qui m'a appelée mardi vers quatorze heures pour me prévenir que tu aurais du retard et que tu proposais ce club. Ça m'a surpris comme endroit...

— Agathe t'a téléphoné ? demanda-t-il incrédule.

Ce n'était pas croyable et pourtant, si c'était elle, bien des choses s'expliquaient. À quatorze heures, ils n'étaient pas encore partis perquisitionner chez Sylvain Rivière et elle avait très bien pu passer l'appel. Dans ce cas, elle travaillait en sous-main pour la DCRI et aurait tout aussi bien subtilisé le dossier du PRP. Ça se tenait, mais il se désespérait à l'idée qu'elle ait pu le trahir et même s'il ne se faisait plus guère d'illusions sur la nature humaine, cette fois, il tombait de haut.

— Elle n'a pas donné son prénom, elle m'a dit qu'elle était ta greffière.

— Je te ferai écouter sa voix. Mais alors, le SMS que tu m'as envoyé...

— Quel SMS ?

De sa poche, il sortit le portable d'Agathe et afficha son message. Camille le lut, vit la signature – son prénom – parut décontenancée puis s'exclama :

— Ce n'est pas mon numéro !

Il vérifia et dut se rendre à l'évidence : le SMS avait été envoyé avec un autre portable et, galvanisé par son désir de la revoir, il n'avait pas prêté attention à ce détail.

— Tu n'as qu'un seul téléphone ? insista-t-il.

— Mais oui !

Dans ses yeux, Renan lisait *crois-moi, je te dis la vérité*. Était-il possible que ce soit le cas ?

Il cessa de la questionner et prit un instant pour réfléchir, verre à la main. Si Camille ne lui mentait pas, cela signifiait qu'elle était fichée à la DCRI, ce qui, compte tenu de son passage chez les raëliens, était plausible. Ensuite, lorsque la conférence avait été programmée, un agent de Maréchal avait dû sortir sa fiche ; comme en parallèle la DCRI savait que Renan était amateur de jeunes femmes et qu'il traversait une période de célibat prolongée, il suffisait d'attendre un peu et de forcer le destin au bon moment – l'envoi du SMS et l'appel de la greffière –, en arrangeant la soirée au Banana Bar. Un stratagème opportuniste. Les hommes du renseignement avaient conçu bien pire. Quoi qu'il en soit, « le mal était fait », alors autant profiter de la vie. Il était amoureux et se sentait incapable de trouver la force de lutter contre ses sentiments, sans doute épuisé par les autres combats qu'il menait.

Il s'approcha de Camille, caressa son visage, essuya les larmes qui glissaient sur ses joues et libéra sa belle chevelure de la serviette avant de l'embrasser. À la façon dont elle tremblait dans ses bras, il eut la certitude que ce baiser effaçait deux jours d'angoisse et de torture morale à se ressasser que leur histoire appartenait au passé.

Vers minuit, il se releva pour aller boire. Camille dormait près de lui, le visage apaisé. Dans la cuisine, il consulta son portable et celui d'Agathe-la-fourbe.

Sur le sien, deux SMS. Le premier émanait de son ex :

*Ta fille est partie skier. Deux semaines. Elle avait besoin d'argent, je le lui ai avancé. Si tu veux de ses nouvelles, désormais, passe par moi.*

Le second provenait de son contact au *Progrès*. Cet idiot ignorait que la DCRI avait placé Renan sur écoute, il était grillé !

*Désolé, mais dans l'édition de lundi, le journal n'a pas pu faire autrement que d'évoquer la vidéo et d'indiquer que vous feriez l'objet d'une procédure disciplinaire devant le CSM.*

# 39

*Dans les épreuves décisives, on ne franchit correctement l'obstacle que de face.*

François Mitterrand

*Lyon, lundi 28 janvier*

Afin de ne croiser personne, Renan avait gravi les quatre étages menant à son cabinet vers sept heures et s'y était enfermé. Camille resterait chez lui quelques jours. À cause du film, elle n'osait plus aller à l'université ni rentrer chez elle. Quant à ses parents, cette affaire ne risquait pas de les rabibocher, Camille lui ayant appris qu'ils l'avaient reniée depuis son départ aux États-Unis.

Il parcourut le journal du matin acheté chez son marchand habituel. Ce n'était qu'un entrefilet en page neuf, mais il suffisait à relancer la rumeur :

*Dérapage*

*Pendant quelques heures, une vidéo érotique montrant le juge Le Goff en galante compagnie dans un club libertin de Lyon a circulé sur Internet. Choquée par « un tel dévoiement de sa fonction », la hiérarchie du magistrat a fait connaître son intention de porter l'affaire devant le conseil disciplinaire du CSM.*

Il n'y allait pas de main morte, l'ami Burga ! Si l'occasion se présentait, Renan lui revaudrait ça. Mais pour l'instant, inutile de s'épuiser en de vaines colères, il alluma une cigarette, termina son café et se mit au travail.

Ponctuelle, Agathe prit son poste à neuf heures. Renan l'accueillit comme à son habitude, puis il mentionna l'article du *Progrès* ; elle lui rapporta les derniers potins peu élogieux à son égard et s'attaqua à la retranscription de l'ordonnance de renvoi des survivalistes, *son juge* ne rédigeant qu'à la main.

Vers neuf heures trente, le téléphone du cabinet sonna et elle prit l'appel. À l'autre bout du fil, une voix de femme qui demandait à parler au juge Le Goff. Mais Agathe la pria de rappeler plus tard, son patron ayant exigé qu'on ne lui transfère aucune communication ce matin. Elle insista, Agathe fit barrage; elle s'obstina – « C'est très important! » – et Agathe se résolut à déranger Renan.

— Qui est-ce?

— Une certaine Camille.

— OK, je la prends. Ah, prévenez Berthoux que je passerai le voir.

Il décrocha le combiné et voulut affecter une certaine distance; mais le sourire en coin d'Agathe lui fit dire qu'il n'était pas près de monter sur les planches.

— Bonjour, Camille… Ça va?

— Oui.

— Alors?

— Ce n'est pas la voix.

— Tu en es sûre?

— Absolument. Ta greffière doit être d'origine africaine et la femme qui m'a appelée n'avait aucun accent.

Renan était soulagé, cette trahison-là l'aurait anéanti.

Agathe était à cent lieues de se douter que son avenir venait de se jouer sur une simple reconnaissance vocale. Sans qu'elle sût pourquoi, Renan quitta son siège, leur servit une tasse de café et s'approcha pour discuter avec elle, de sa famille et de ses projets pendant une bonne demi-heure. Il lui parut étonnamment détendu, elle ne l'avait pas vu ainsi depuis décembre.

Il fut reçu par Raoul Berthoux en fin d'après-midi. Tout comme le président Burga, il bénéficiait d'un immense bureau aux murs couverts de livres, de tableaux et d'une splendide tapisserie d'Aubusson figurant Saint Louis rendant la justice.

— Vous tombez bien !

*On tombe rarement bien...* pensa Renan prêt au combat.

Il avait préféré rester debout, pour dominer ce descendant de la grande bourgeoisie qui négligeait de s'épiler les oreilles, cachait son ventre derrière un costume trois-pièces et sautait sans vergogne la jolie Oriana Siméoni, la femme de son subordonné.

— On ne parle que de vous ! poursuivit le procureur. Cela devient fatigant, Le Goff !

— Au lieu de m'accabler, vous devriez me défendre ! À travers moi, c'est toute l'institution judiciaire dont on se joue. Je suis victime d'une machination !

— Vous êtes victime de votre aveuglement, oui ! Et votre exhibition dans ce bar louche le confirme. Vous n'en faites qu'à votre tête et voilà le résultat. Relisez Icare ! S'il y a quelqu'un à blâmer, c'est vous et vous seul. Si je le pouvais, je vous suspendrais sur-le-champ !

Pour se donner une contenance, comme Burga, il avait cru utile d'étaler sur son bureau quelques tirages des ébats de Renan Le Goff avec Camille Doppel, sans oublier la page neuf du *Progrès*.

— Moi seul ? Alors comment expliquez-vous qu'un dossier sensible ait disparu de mon cabinet entre vendredi soir et samedi matin ? contre-attaqua Renan.

— Comment ça disparu ? Et d'abord de quel dossier s'agit-il ?

Berthoux semblait réellement étonné, même gêné et, du coup, il rangea les clichés libidineux.

— L'ensemble des pièces saisies à l'annexe du PRP.

— C'est fâcheux. Quelles sont vos preuves ?

— Ma parole et le témoignage de ma greffière ! Ça vous suffit ?

— Oui, bien évidemment. Qu'un vol se soit produit ici même est inquiétant. Je vais ouvrir une enquête interne, laissez-moi faire, inutile que l'inspection générale des services s'en mêle.

Renan comprit que le procureur préférait calmer le jeu. Il ne s'attendait pas à la suite.

— Êtes-vous satisfait de votre séjour à Saint-Martin? demanda-t-il.

La question lui déplut, au moins autant que le ton chafouin avec lequel Berthoux l'avait posée.

— Il fut court... Quant au jeune Karim, outre les délits dont il s'est rendu coupable sur place, il en sait long sur les survivalistes et devrait nous aider à faire progresser l'enquête.

— Vous l'avez fait placer en détention, tout de même! Et contre mes réquisitions!

— Je n'ai pas eu le choix. Il n'offre pas de garanties de représentation suffisantes.

— Dois-je vous rappeler que vous n'instruisez qu'une seule affaire à l'encontre de l'Église survivaliste?

— Ce n'est pas nécessaire, assura Renan qui ne voyait pas encore où Berthoux l'emmenait.

— Et vous êtes convaincu qu'il y a un lien entre ce jeune homme et le suicide de Francis Véry? Je vous pose cette question parce que tout le monde n'est pas de cet avis...

— Que voulez-vous dire?

Le procureur se leva, mains dans les poches de son costume vert olive, et alla se placer devant la tapisserie, au pied de l'arbre centenaire près duquel se tenait Saint Louis.

*Un gros gland est tombé du chêne...* ne put s'empêcher de penser Renan.

— Je viens de recevoir un appel d'Henri de Fontbrun, à titre officieux. Je ne sais pas si je vous l'avais dit, mais c'est un vieil ami. Nous avons servi dans le même régiment. Bref... Il m'a appris qu'il était l'avocat d'Ernst Blake, le président mondial des...

— Je sais qui est Blake! s'énerva Renan qui n'avait ni envie de partager les souvenirs militaires du proc, ni d'entendre le CV du gourou.

— Oui, bien sûr... Donc, monsieur Blake, *via* son conseil, va déposer une requête en suspicion légitime à votre encontre auprès du Conseil supérieur de la magistrature.

— Peut-on savoir pour quel motif?

— Selon Fontbrun, et que tout ceci reste entre nous, vous mèneriez une enquête parallèle à propos d'une disparition concernant une amie de votre fille. Vous seriez même intervenu auprès de ses parents pour les inciter à porter plainte et le Marocain que vous êtes allé chercher dans les Antilles aux frais du contribuable ne serait autre que le petit ami de la demoiselle... Je résume mais Fontbrun estime que vous vous acharnez contre son client pour des motifs qui vous sont personnels et qui, en aucun cas, ne concernent la justice.

— C'est absurde! Encore une manipulation!

— Il vous faudra le démontrer, mon cher. Et qu'on ne vienne pas me dire que je ne vous ai pas mis en garde. Vous voilà au-devant d'une deuxième plainte. En deux jours, c'est un record! Le CSM va vous adorer...

Ponce Pilate se lavant les mains, telle est l'image qui traversa l'esprit de Renan. Mais il était inutile de polémiquer. Aussi tourna-t-il le dos au procureur sans attendre que celui-ci lui donne congé, et se dirigea vers la porte.

— Ah... ajouta-t-il, il ne fait aucun doute que la chambre de l'instruction va relâcher votre petit Marocain.

Aux yeux de tous, cette décision serait perçue comme un cinglant désaveu. Un affront de plus. À ce moment, Renan hésita à faire pression sur Berthoux en évoquant sa relation adultère avec Oriana Siméoni, mais d'instinct, il préféra conserver cet atout maître pour une meilleure occasion. Karim ne lui servait plus à grand-chose. Il regrettait toutefois sa remise en liberté car lorsque le jeune homme serait dehors, les survivalistes pouvaient tenter de le réintégrer par la force, une pratique courante des sectes.

À son retour dans son cabinet, Agathe lui annonça qu'un journaliste de France 3 Lyon venait de téléphoner. On l'invitait à participer au JT de dix-neuf heures, en direct. Il accepta sans hésiter, se disant qu'il était peut-être temps de changer de tactique et de profiter de l'opportunité qui lui était offerte pour reprendre l'initiative.

Rue des Cuirassiers, il fut reçu par le rédacteur en chef de la chaîne régionale qui lui témoigna le même genre de compassion qu'un prêtre envers un condamné à mort le matin de son exécution. Une fois maquillé, il fut conduit sur le plateau, put échanger quelques mots avec le journaliste avant que le JT ne commence. Mais il se demandait s'il n'avait pas commis une grosse bêtise en venant ici. Ne prenait-il pas un risque insensé en attaquant son adversaire de front, et de surcroît, en prenant l'opinion publique à témoin ? Il plongeait dans l'inconnu encore plus vite et dut faire un gros effort pour maîtriser le tremblement de ses mains et conserver une expression impassible. Après avoir présenté les grands titres, Denis Vannet se tourna vers lui et résuma l'affaire de sa soirée filmée avec Camille Doppel au Banana Bar avant de lui donner la parole.

— Monsieur le juge, vous êtes un familier de nos plateaux et d'habitude, vous défendez les intérêts de la justice, mais ce soir, c'est vous-même que vous venez défendre.

— Oui, la vérité doit éclater au grand jour. Tout d'abord, je tiens à affirmer que tout ceci n'est qu'une machination destinée à m'écarter par tous les moyens des affaires que j'instruis et au passage, me museler.

— Certes, mais vous vous trouviez dans un club privé quelque peu libertin.

— C'est faux et ma vie privée ne regarde que moi !

Mais le journaliste poursuivit sur la lancée.

— Et vous étiez en compagnie d'une jeune femme qui a milité dans une secte aujourd'hui surveillée en France. Ça fait beaucoup pour un seul soir...

— Là encore, il s'agit d'un mensonge. Par ailleurs, mademoiselle Doppel est en règle avec notre justice. Son casier judiciaire ne comporte aucune inscription. Quant aux faits rapportés à la fin de cette vidéo, ils sont diffamatoires, ce film est un montage grossier et mademoiselle Doppel va porter plainte. Moi aussi, d'ailleurs. Hélas, comme le site qui a mis la vidéo en ligne est hébergé dans un pays bien connu pour être le paradis de la cybercriminalité, il sera difficile de remonter vers les commanditaires de cette cabale.

— Vous réfutez donc le passé raëlien de cette jeune personne?

— Avec véhémence! Que diriez-vous, monsieur Vannet, si j'affirmais ici, sans apporter la moindre preuve, que vous êtes alcoolique?

Le journaliste se raidit.

— Je démentirais, bien sûr. C'est de la calomnie!

— Exact. Eh bien, ce qui nous arrive à mademoiselle Doppel et à moi est du même ordre.

— Mais votre hiérarchie ne l'entend pas de cette oreille.

— Je le déplore et j'irai m'en expliquer devant le Conseil supérieur de la magistrature. Tant que le pouvoir politique contrôlera le parquet, certains magistrats obéiront au doigt et à l'œil. Mais je suis serein, ce n'est pas à un vieux singe qu'on apprend à faire la grimace...

— Vous prétendez donc être la victime d'un complot. C'est une accusation grave et il faut des preuves pour rétablir la vérité.

— Je les ai! Cette vidéo est un exemple, mais la liste des obstacles qui se dressent sur mon chemin ne s'arrête pas là. La semaine dernière, vous vous en souvenez certainement, j'ai mené une série de perquisitions au siège parisien du PRP. Or, il se trouve que les documents saisis ont été dérobés dans mon propre cabinet ce week-end!

— Vous voulez parler d'un vol?

— Tout indique que c'en est un, en effet.

Disant cela, Renan savait qu'il provoquerait la venue de l'inspection générale des services à Lyon; sans quoi le proc, ce roi de la courbette, aurait mené sa petite enquête puis enterré l'affaire.

— Quelles en seront les conséquences?

— C'est encore difficile à évaluer, mais il y a une probabilité non négligeable pour que cela réduise substantiellement les charges de l'accusation.

— Ce qui signifie...

— Que le PRP n'a plus besoin de faire voter une loi d'amnistie!

*Boum!* se dit Renan. *Maintenant, la guerre est déclarée...*

— Suggérez-vous que le PRP ait pu orchestrer ce cambriolage?

— Pas le moins du monde. Nous sommes en France, pas aux États-Unis, et les méthodes du Watergate appartiennent à une époque révolue... Enfin, nous l'espérons tous.

Et Renan de conclure par cette formule : « À travers ma personne, c'est toute l'indépendance de la justice et de ses représentants qui est bafouée! »

Sitôt l'émission terminée, Renan sauta dans un taxi et rentra quai de Bondy pour s'y réfugier, comme le ferait un chef d'État se précipitant dans un bunker après avoir balancé une bombe atomique sur le pays voisin. Bref, il n'en menait pas large!

Camille l'attendait et lui avait promis un dîner aux chandelles. Peut-être le dernier qu'ils prendraient ensemble, songea-t-il, incapable d'imaginer de quoi demain serait fait.

Sur place, il hésita un instant à ouvrir sa boîte aux lettres, redoutant confusément qu'elle contienne une nouvelle tuile. D'un geste nerveux, il releva son courrier et entre deux prospectus, découvrit un pli anonyme. Le troisième! Il attendit d'être dans son appartement pour le décacheter et ce qu'il lut lui donna envie de vomir.

*Coup dur.*

*Les peines prévues par l'article 131-39 ont été modifiées. Exit la peine numéro 1.*

Familier du code pénal en général et de ce dispositif en particulier, Renan n'eut aucun mal à comprendre la portée du message. Le parlement venait de voter une loi qui protégeait les survivalistes du risque de dissolution, la condamnation suprême pour Blake, celle qui interdirait à son Église d'exercer en France. Dans les faits, la sanction 1, la plus sévère de l'article 131-39 du nouveau code pénal, ne figurait plus dans la loi qui venait d'être votée et dont Jean-Pierre Albrard était l'un des rapporteurs. Le nouveau texte ne permettait donc plus de requérir la dissolution d'une association reconnue coupable du délit d'escroquerie en bande organisée. La manipulation était monstrueuse, mais imparable. Échec et mat !

Même s'il parvenait à faire condamner Sylvain Rivière, Jérôme Beltram et quelques autres, l'Église survivaliste pourrait toujours sévir en France et jouir d'une impunité totale.

Inutile de dire que Renan n'apprécia pas le dîner préparé par Camille comme il l'aurait voulu. En revanche, il but plus que de raison.

À minuit, quelque peu ivre et n'y tenant plus, Renan écouta France Info et fut servi. Les réactions étaient proportionnelles à son attaque et la majorité présidentielle se déchaînait. « Il est temps de mettre ce vieux singe à la retraite ! Ses grimaces fatiguent tout le monde et notre justice ne s'en portera que mieux ! » gronda un proche du chef de l'État.

# 40

*La promptitude à croire le mal sans l'avoir assez examiné est un effet de l'orgueil et de la paresse. On veut trouver des coupables ; et on ne veut pas se donner la peine d'examiner les crimes.*

François de La Rochefoucauld

*Lyon, mardi 29 janvier*

L'audition de Karim ne donnait rien et malgré les efforts de Renan pour l'amener à collaborer, le Marocain se bornait à raconter une histoire abracadabrante de rêve d'enfant, de chanson d'Aznavour dont il chanta un extrait – « il me semble que la misère serait moins pénible au soleil... » –, de passager clandestin et de perte de papiers.

Non ! Il ne connaissait pas les « survi... quoi ? »

Patient, Renan lui expliqua qui ils étaient et résuma leur méthode d'endoctrinement, persuadé que Karim avait subi ce processus redoutable.

« Désolé, m'sieur le juge, mais moi, les sectes, c'est pas mon truc ! »

Non ! Blandine Lenoir ne figurait pas au nombre de ses relations. Renan avait posé une photo d'elle sur la table. C'est à peine s'il la regarda. Mieux, il s'obligeait à ne pas la voir.

— Cette meuf, j'vous ai déjà dit cent fois que j'la connais pas !

— Je n'en crois rien.

À chaque fois que Renan posait une question à son sujet, l'expression de Karim se modifiait.

— Et moi, je sais c'que j'dis !

— Aidez-moi à la retrouver, avant qu'il ne soit trop tard.

Renan insista encore et encore. En vain.

Pour la légalité de la procédure, il l'interrogea sur le suicide de Véry et n'obtint que des réponses négatives. Évidemment.

Au terme d'une matinée stérile, Renan le fit reconduire à la maison d'arrêt de Lyon-Corbas. Il laissait à la chambre de l'instruction le soin de le libérer. Chacun son tour de se laver les mains ! Mais il regretterait cette décision car il estimait que Karim était sur le point de craquer. En outre, l'internement du fuyard de l'*Ark* mettait les survivalistes sous pression ; rien de tel pour pousser un adversaire à la faute.

Ensuite, Renan se retrancha dans le travail avec sa greffière, partageant son temps entre deux tâches essentielles : naviguer à vue dans cet ouragan politico-judiciaire et se préparer à passer le témoin dans les dossiers les plus importants, à l'exception du PRP et des survivalistes. Il reviendrait à son successeur de statuer sur le maintien en détention provisoire de l'ensemble des prévenus qui attendaient les décisions du juge.

En début d'après-midi et pour répondre aux multiples sollicitations qui émanaient des médias, il rédigea un communiqué qu'Agathe diffusa par mail à l'AFP et aux principales rédactions après lui avoir dit qu'il était « incorrigible ».

*Le juge Renan Le Goff n'a rien à ajouter aux déclarations de lundi soir sur France 3. Pour l'instant.*

Ce *pour l'instant* raviva l'incendie et il reçut une seconde visite du procureur qui lui demanda s'il n'était pas devenu « fou » et au passage, l'informa que « mon ami Henri de Fontbrun » avait déposé la requête en suspicion légitime. Puis ce fut le tour du doyen Hermory accompagné de Martina Vilenovski, sa maîtresse, qui vinrent le voir – le narguer ou respirer le parfum de son agonie ? – au nom de tous ses bienveillants collègues pour l'assurer de leur « confraternité », mais surtout, pour lui rappeler que « le débat sur l'avenir du juge d'instruction faisait rage » et que « son zèle mettait en péril toute une profession déjà très exposée depuis le fiasco d'Outreau ». Renan les remercia de leur sollicitude et les congédia en trois minutes. Non mais !

Vers dix-huit heures, Camille l'appela et demanda à le voir de toute urgence. Elle était dans la rue du Palais-de-justice. Il la fit monter et libéra Agathe de ses obligations.

Le cabinet était surchauffé. Camille ôta sa doudoune et son bonnet recouvert de cristaux blancs duveteux ; il s'était remis à neiger sur Lyon. Renan eut envie de lui faire l'amour, là, tout de suite, sur le bureau ; elle était si belle dans son jean moulant et son col roulé noir.

— Je suis retournée à la fac aujourd'hui. Une vilaine rumeur circule sur ton compte, annonça-t-elle.

— Une seule ? plaisanta-t-il.

— Sois sérieux ! Ça concerne ta fille. Tu aurais abusé d'elle quand elle n'était qu'une enfant !

Le désir s'était envolé d'un coup. Abasourdi, il écouta son récit sans l'interrompre.

— Inutile de faire un dessin, j'ai passé une matinée d'enfer, entre les regards moqueurs et les vannes salaces. Mais ça s'est calmé et pendant le repas au RU, on m'a parlé de toi et de ta *fifille chérie*. Au départ, je pensais qu'on me faisait une mauvaise blague, du genre « ton juge saute tout ce qui bouge, même sa fille ». Mais j'ai fait ma petite enquête, je suis remontée jusqu'à l'un des amis de Gaëlle, Éric. Il m'a fallu le bousculer un peu mais il a fini par cracher le morceau. C'est ta fille qui lui a révélé les attouchements dont elle aurait été victime à l'âge de quatre ans.

— Ce n'est pas possible un truc pareil !

Il enchaînait les cauchemars à un rythme olympique ! Pour peu que Gaëlle porte plainte, les faits supposés n'étant pas couverts par la prescription, il était bon pour une mise en examen et risquait de dormir en prison. Affreux.

— Ce n'est pas tout, ajouta Camille, il dit que Gaëlle est entrée chez les survivalistes.

— Oh non… Tout mais pas ça…

Comment avait-elle pu se laisser entraîner ? Certes, elle était influençable, comme la plupart des jeunes, mais il l'avait souvent alertée sur les dangers que représentaient les sectes.

Enragé, il se mit à arpenter son cabinet et, trois cigarettes plus tard, il appela son ex.

— Tu sais où est Gaëlle? lui demanda-t-il de but en blanc.

— Au ski! Je te l'ai dit. Écoute, je suis en réunion et...

— C'est toi qui vas m'écouter cette fois! Ta fille, notre fille, est entrée dans une secte! Et elle raconte à qui veut l'entendre que je l'ai tripotée quand elle avait quatre ans!

Un silence suivit la réplique de Renan, puis Isabelle balbutia quelques mots :

— Heu... un instant... je change de bureau...

Il entendit des bruits de pas, une porte qui se fermait et à nouveau la voix de son ex, en proie à une émotion audible.

— Renan... Gaëlle est à la montagne avec des copines... Qu'est-ce que tu racontes?

Et son ancien mari de lui résumer la situation.

— Je saute dans le premier TGV. Tu peux m'héberger?

*Elle est gonflée!*

La rencontre avec Camille s'avérait inéluctable, mais la cohabitation ne s'imposait pas. D'autant qu'Isabelle l'avait traité comme un moins que rien depuis ces dernières semaines. Rien de très surprenant, elle ne s'était jamais remariée et portait l'échec de leur mariage comme une mule son bât.

— Non! Je te réserve une chambre à la Cour des Loges.

Le plus bel hôtel de Lyon, situé rue du Bœuf, à deux pas du palais de justice et du quai de Bondy. Cher, mais son ex avait les moyens. Elle ne discuta pas – pour une fois!

Ensuite, Camille et lui foncèrent rue de la Loge, leur course ralentie par la chaussée qui s'était transformée en patinoire. Ne pas s'étaler relevait de l'exploit. Renan utilisa son double des clés pour entrer dans l'appartement de sa fille. En vieil habitué des perquisitions et des scènes de crimes, il n'eut aucune difficulté à établir que l'endroit était inoccupé depuis plusieurs jours. Une fouille rapide lui permit de vérifier ce qu'il subodorait : Gaëlle avait fait ses valises et emmené ce qui était le plus précieux à ses yeux. Dans la poubelle, il trouva des photos de lui déchirées, ainsi que toutes les lettres qu'il lui avait envoyées et son dernier cadeau, une paire de moufles Dior. Touché au cœur, il s'effondra sur le canapé et dissimula son visage derrière ses mains. Il dut faire un effort surhumain pour ne pas craquer. Silencieuse, Camille se tenait à ses côtés, prête à le soutenir. Finalement, il se releva et poursuivit ses recherches. Dans un tiroir de son bureau d'étudiante, il trouva ses relevés de compte – trop tard pour appeler la banque – et les mit dans sa poche avec le courrier non ouvert.

Quand soudain, une voix dans son dos demanda : « Vous avez un mandat? » Renan et Camille se retournèrent d'un seul élan.

— Vous m'avez fait une de ces peurs! dit-il en reconnaissant Loys Grümmel.

— Pardon, mais dans votre situation, vous devriez veiller à ne pas commettre d'infractions.

Le commissaire ferma la porte du grand studio derrière lui.

— Nous sommes chez ma fille!

— Peut-être, mais on pourrait croire que vous la harcelez, que vous cherchez à faire disparaître des preuves ou pire, que vous voulez la supprimer avant de vous suicider. Dans ce genre d'affaires, ça s'est déjà vu.

— Parce que... vous savez? bredouilla Renan déconfit.

— Les informations vont vite, les rumeurs encore plus!

— Et vous êtes venu pour m'arrêter?

— Moi? s'exclama Grümmel. Il ne manquerait plus que ça! Non, je suis rentré de mission depuis quelques jours. Pour tout vous avouer, je l'ai abrégée.

En peu de mots, le commissaire s'excusa pour sa lâcheté, il n'aurait jamais dû accepter sa mise à l'écart.

— J'ai appelé le député Albrard ce matin, expliqua-t-il ensuite. Il vous soutient toujours, Lisa Brioni aussi. Nous sommes quelques-uns à savoir que vous êtes au cœur d'une machination destinée à vous broyer et nous ne vous laisserons pas tomber.

— C'est... comment dire... inespéré. Mais plutôt risqué pour vous, non?

Méfiant – on le serait à moins –, Renan voulait comprendre les raisons de ce revirement.

— Si personne ne fait jamais rien, on laisse les méchants gagner la partie. Je ne suis pas entré dans la police pour ça.

*De là à sacrifier une carrière prometteuse?* se demanda Renan qui n'ignorait pas que les têtes brûlées dans son genre ne formaient qu'un minuscule bataillon. *Sauf si Albrard devient le prochain ministre de la Justice,* se dit-il. Or, une rumeur allant dans ce sens circulait depuis quelques jours. Pour le président, il n'y aurait pas de meilleur choix que de nommer à la place d'Interman celui qui prétendait la justice française gangrenée par un mal profond. Quoi de mieux qu'un ministère pour museler une grande gueule? L'ambition et la soif de reconnaissance prenaient tant de place dans le cerveau des politiciens qu'il n'en restait pas assez pour la gratitude, la morale et le souvenir des promesses électorales.

— Merci, Loys... Vous ne serez pas de trop pour m'aider à retrouver Gaëlle.

Les yeux du commissaire inspectaient l'unique pièce qui sentait le renfermé. Mobilier suédois en sapin, lit, table de travail et larges étagères garnies de livres de droit. Une chaise ergonomique. Un coin kitchenette plutôt bien équipé avec un évier garni de tasses de café sales et de canettes de bière vides. Aux murs, des posters d'Amy Winehouse, une grande photo du Che et une guirlande de Noël pas encore rangée. Le lit à une place était défait et en dessous, il aperçut des vêtements déjà portés. Il fut étonné du désordre ambiant, peu caractéristique des étudiantes douées. Elle devait être très perturbée. Il remarqua bien sûr la poubelle renversée avec les petits morceaux de photos et de lettres et secoua la tête en pensant aux parents de Gaëlle et à l'épreuve qu'ils traversaient.

— Avez-vous trouvé quelque chose qui nous permette de localiser votre fille?

— Non, rien! Mais je vais filer chez cet enfoiré de Rivière et il va se mettre à table!

La colère de Renan n'était pas feinte.

— Ne faites pas ça, conseilla Grümmel en s'interposant entre la porte et lui. La secte n'attend qu'un faux pas de votre part pour lâcher ses chiens.

— Je m'en fous, c'est de Gaëlle dont nous parlons ! Ils la tiennent et veulent s'en servir pour me faire chanter !

— Oui, mais il est inutile de précipiter votre mise à mort. Vous serez plus utile à votre fille en conservant votre poste. Et si on vous jette en prison, ce sera pire.

— Ils n'attendent que ça ! surenchérit Camille. Ne tombe pas dans ce piège.

*Ils...* songea Renan, dépité. *La liste est longue...*

Quant à la prison, il valait mieux l'éviter. À l'intérieur, ceux qu'il avait fait condamner se comptaient par dizaines et le comité d'accueil ne serait certainement pas à son goût.

— Je vous rappelle, reprit Grümmel, qu'il vous est interdit de mener une enquête de votre propre initiative, surtout dans le cadre d'une affaire vous concernant directement. En outre, comme tout est en lien avec les survivalistes et qu'ils vous surveillent de près, tout ce que vous ferez viendra alourdir le dossier des avocats de Blake et renforcera la motivation du CSM à vous dessaisir de l'affaire pour conflit d'intérêts. Il faut l'éviter à tout prix.

— Pour ce que ça changera... soupira Renan.

Il venait de se laisser tomber lourdement sur le coin du lit.

— Après vos dernières perquisitions, votre dossier est très solide. Vous allez obtenir la dissolution de la secte.

— Plus maintenant. La loi a été modifiée.

— Depuis quand ?

Le commissaire tombait des nues et Renan lui narra ce qu'il avait appris la veille en fin de soirée – sans faire référence à la lettre anonyme – et vérifié dans la matinée en téléphonant à l'Assemblée nationale.

— C'est consternant, se désola le policier. Alors, tout est perdu, c'est ça ?

À cet instant, Renan se demanda si la motivation de Grümmel à vouloir l'aider resterait intacte.

— Il doit bien y avoir une solution, se rebella Camille. Tu ne peux pas abandonner, pas maintenant.

Renan avait passé la nuit à y penser.

— Il reste une ultime solution, dit-il. Prouver que Blake a infiltré le gouvernement et l'Élysée et démonter le système de corruption qu'il a mis en place. Si Blake tombe, l'Église s'effondrera avec lui et dans sa chute, il emportera pas mal de politiciens véreux.

— Pour un juge tel que vous, une opération *mains propres* de cette ampleur, c'est le couronnement. Comment comptez-vous vous y prendre ?

— Franchement, Loys, je ne vois pas... je vais y réfléchir. Pour l'instant, ma priorité, c'est Gaëlle.

— Ça va de soi, pardonnez-moi... Vous permettez que je jette un œil dans l'appart ?

— Faites... Mais il n'y a rien, j'ai déjà regardé.

Méthodiquement, Loys Grümmel entreprit de passer le studio au peigne fin. Pendant ce temps, Renan et Camille entrebâillèrent la fenêtre et fumèrent une cigarette.

Un quart d'heure plus tard, il avait terminé.

— J'ai trouvé deux choses intéressantes, mais d'abord, une question. De quelles pièces d'identité votre fille dispose-t-elle ?

— Elle les a toutes, répondit Renan. Permis de conduire, carte d'identité et passeport.

— Aucune n'est ici. Chez vous ?

— Non.

— Maintenant, regardez ceci.

Sur un fragment de papier, Renan put lire : AF8316.

— C'est bien l'écriture de Gaëlle, dit-il. On dirait un numéro de vol.

À l'aide de son smartphone, le commissaire fit une rapide recherche.

— Voilà ! AF8316, c'est le vol Air France Lyon-Amsterdam. Départ tous les jours à midi.

— Amsterdam... que va-t-elle faire là-bas ?

— Ceci nous donnera peut-être un début de réponse.

Dans sa main, il tenait un emballage de crème solaire.

— Que fait-elle avec ça en Hollande et en plein hiver? s'exclama Renan.

— Il nous faut trouver la réponse à cette question aussi vite que possible. Croyez-en mon expérience.

— OK, allons chez moi.

Avant de quitter le studio, Loys Grümmel tendit un petit coffret chromé à Renan.

— De mon séjour en Afrique du Nord, je vous ai rapporté un cadeau… C'est un téléphone militaire. Avec lui, vous êtes sûr de pouvoir passer vos appels à l'abri des grandes oreilles de la DCRI.

— Mais…

— Ne vous en faites pas. Vous me le rendrez quand tout sera fini.

— Alors autant l'utiliser tout de suite. J'ai une idée.

En apparence, le portable était semblable à un modèle de la fin des années quatre-vingt-dix, rustique et lourd. Il retrouva le numéro de la commissaire sur son carnet noir et le composa. Elle décrocha à la troisième sonnerie.

— Gomez? Le Goff à l'appareil. Vous pouvez parler?

— Oui, allez-y.

— J'ai besoin de votre aide pour retrouver ma fille et je vous en supplie, ne me dites pas non. Les survivalistes sont parvenus à enrôler Gaëlle et à lui mettre dans le crâne que j'ai abusé d'elle pendant son enfance.

— Quelle bande de salopards! s'exclama la nouvelle commissaire de la crim' marseillaise. Mais il fallait s'y attendre, ces méthodes font partie du dispositif de la secte pour éliminer ses ennemis.

— La propagande noire, oui, on m'en avait parlé et j'en fais les frais…

— Je sais. Où est Gaëlle?

— Il est possible qu'elle suive la même filière que Blandine. Si c'est le cas, elle est en route pour les Antilles et va rejoindre le yacht de Blake.

Renan avait fait cette déduction grâce à la crème solaire dont il valait mieux se munir avant de partir en croisière.

— Parce que Blandine est là-bas ? s'étonna Miranda.

— C'est très probable. Pour le moment, le seul indice en notre possession nous amène à Amsterdam.

— Amsterdam ? *Mierda !* L'Église dispose là-bas de sa principale plaque tournante. Les fidèles arrivent dans le centre, y restent quelques jours le temps de régler les dernières formalités financières et repartent ensuite aux quatre coins du monde. Dès lors, nous perdons leur trace.

— Comment le savez-vous ?

Désobéissant aux ordres de Bertrand Maréchal, la commissaire avait fait une copie du dossier survivaliste et disposait ainsi de toutes les adresses des locaux de la secte en Europe et la vocation de chacun. Celui d'Amsterdam était localisé dans le quartier de Zuid et faisait l'objet d'une surveillance de la police néerlandaise. C'est ce qu'indiquait la fiche établie par la DCRI.

— Je vous expliquerai. Le temps de me faire porter pâle quelques jours et j'arrive. Je serai à Lyon demain matin.

# 41

*Les profanes voient les apparences, les connaisseurs voient les astuces.*

Jiang Zilong

*Amsterdam, mercredi 30 janvier*

Gaëlle était arrivée dans la capitale des Pays-Bas dimanche en début d'après-midi. Dans tout le nord de l'Europe, la neige s'accrochait et donnait un air de banquise au paysage.

À l'aéroport, une femme prénommée Marja l'attendait. C'était une grande blonde, avec de beaux yeux bleus et une bouche de cheval, qui parlait un anglais médiocre et conduisait par à-coups. Elle l'emmena dans une imposante maison en brique rouge située dans le quartier de Zuid.

Là, elle avait rencontré de nouveaux adeptes de l'Église, douze permanents et une trentaine de personnes venues pour suivre l'un des programmes de formation, du deuxième au quatrième niveau. Les responsables se montraient très compréhensifs, en dehors des séances de travail au cours desquelles l'exigence prenait le pas pour l'obliger à donner le meilleur d'elle-même. « Si tu veux atteindre les niveaux supérieurs et si tu veux mériter l'honneur qui t'est fait, tu dois progresser ! » Tout était fait dans le but de rassurer et d'apaiser les membres. Décodage biologique, yoga, enseignement collectif, cours de survie, méditation, introspection, le rythme était digne d'un sportif. Son alimentation aussi avait été modifiée. Repas équilibrés pris à heure fixe, très peu de protéines d'origine animale, jamais d'alcool. Et pour l'aider à s'habituer à ce *nouvel équilibre vital*, on lui donnait un médicament à base de plantes qui l'aidait à dormir, ainsi que des vitamines au petit déjeuner. Parmi les règles qu'elle devait s'obliger à respecter : interdiction de se masturber (elle n'en avait plus envie, le sexe lui faisait horreur !), de manger en cachette, de boire de l'alcool dans un bar, de lire la presse, de regarder la télévision ou de consulter Internet. Si elle voulait un livre, les milliers d'ouvrages de la bibliothèque étaient à sa disposition. On lui avait aussi déconseillé d'appeler ses proches ou des amis. Pas de risque de ce côté-là, elle avait jeté son portable avant de quitter la France. Bien sûr, elle pleurait de temps à autre mais elle se reprenait et tâchait d'oublier son père ; quand elle serait plus forte, elle reviendrait à Lyon et porterait plainte contre lui. Ce sale pervers ne s'en tirerait pas comme ça. Sylvain avait promis de l'aider et les avocats de l'Église étaient, paraît-il, féroces.

Côté chambre, rien à dire. Cinquième et dernier étage de la maison, petite mais confortable, avec une fenêtre donnant sur la cour et une salle de bains rien que pour elle.

En milieu d'après-midi, alors qu'elle se reposait, Geert, le responsable du centre, vint la voir pour lui annoncer la nouvelle tant attendue : elle s'envolerait pour les Antilles vendredi, *via* Londres et ensuite Antigua. Puis il lui remit un fax enthousiaste de Blandine et lui rappela qu'il lui restait à régler le prix du billet.

— Mille euros, dit-il. Et tu penseras à me remettre ton passeport, pour les formalités douanières.

Son français était bon mais le passage à la moulinette néerlandaise ne le rendait pas aisément compréhensible.

— Le virement de ma mère a dû arriver. Je ferai un retrait après ma séance de méditation.

Le message de Blandine la réconforta. Elle rédigea une courte réponse qui commençait par « J'arrive ! » et descendit au bureau de Geert demander qu'on l'envoie à son amie.

Vers dix-huit heures, elle quitta le centre pour rejoindre une artère commerciale. Elle aurait pu se croire dans une station de ski à la veille de Noël ; un froid vif, les lumières de la ville qui projetaient des taches orangées sur le manteau neigeux, des passants qui flânaient au lieu de se hâter, des visages joyeux, rougis par l'hiver polaire ou la bière. Mais loin de savourer l'instant et d'imaginer ses retrouvailles avec Blandine et les Caraïbes, Gaëlle s'enlisait dans l'angoisse. Le passé, récent cette fois, la rattrapait. Depuis son admission au sein de l'Église, elle traînait le poids d'un mensonge, celui de la fausse identité utilisée pour ne pas révéler sa filiation avec son horrible juge de père. À plusieurs reprises, elle avait voulu se confier à Sylvain, mais chaque fois, la peur que cet aveu soit synonyme de renvoi l'en avait dissuadée. Maintenant, elle n'était plus au pied du mur mais au bord du gouffre.

Tout en marchant dans une avenue que les équipes municipales venaient de sabler, elle eut la désagréable sensation d'être suivie et se retourna plusieurs fois. À un moment, elle crut même qu'un homme se baissait pour refaire son lacet lorsqu'elle avait fait volte-face. Qui cela pouvait-il être? Au centre, on l'avait prévenue, le quartier de Zuid n'était pas toujours bien fréquenté et les pickpockets couraient les rues. À moins qu'il ne s'agisse d'un membre de l'Église qui, de loin, veillait sur elle? Dans le doute, elle serra son sac à main et pressa le pas.

Enfin, dans le premier distributeur venu, elle inséra sa carte et demanda mille euros. Mais l'automate refusa.

*Zut!*

Elle avait oublié le plafonnement journalier des retraits et ne put retirer que la moitié de la somme. Pour le coup, elle revint au siège hollandais de l'Église avec une anxiété décuplée. Tremblante, elle chercha son responsable et le trouva dans son bureau, plongé dans la lecture d'une épaisse documentation.

— Geert...

C'est à peine s'il leva le nez pour voir qui s'adressait à lui.

— Oui, Gaëlle...

— Voilà cinq cents euros, dit-elle penaude en les déposant sur la table. C'est à cause de ma carte... je ne peux pas retirer davantage aujourd'hui...

— C'est fréquent, nous te faisons confiance. Tu y retourneras demain. Tu m'as apporté ton passeport?

— Heu… oui. Mais il y a un problème

— Il n'est plus valide ?

Elle ne pouvait plus reculer et, après être venue à bout de ses dernières réticences, avoua la terrible vérité.

— Si, mais… c'est à cause du nom… Je… je ne m'appelle pas Gaëlle Ducray mais Gaëlle Le Goff.

— Bonjour Gaëlle Le Goff, sois la bienvenue, dit simplement Geert avant de reprendre sa lecture.

Mais elle ne bougeait pas ; alors il rangea son dossier et considéra la demoiselle avec intérêt.

— Parce que tu crois que ça pose un problème ? demanda-t-il de sa voix qui transformait les *que* en *gue* et mettait des accents toniques aux mauvais endroits.

— Heu… Je l'ignore. C'est un mensonge et…

— Ton nom de famille et ton histoire appartiennent au passé. Et nous savons bien que le premier pas pour venir à nous est difficile à franchir. Beaucoup de gens font comme toi et choisissent de se présenter sous un pseudonyme. Ça n'a aucune importance. Ce qui compte, c'est toi et ce que tu veux devenir.

Gaëlle restait interdite ; une minute plus tôt, elle se voyait exclue de l'Église survivaliste, bannie, renvoyée chez les siens – *Pitié ! Pas ça !* Elle se rongeait les sangs depuis des semaines à cause de ce mensonge et voilà qu'en une phrase, on lui accordait l'absolution totale. C'était mieux qu'à confesse !

— Tu es rassurée ?

— Oh oui !

— Alors remets-moi ton passeport. Tu auras une nouvelle séance de décodage ce soir. Nous verrons si cette libération va améliorer tes résultats.

— Ils ne sont pas bons ? s'inquiéta-t-elle.

— Non. Très mauvais, même. En attendant, va aider Marja à la cuisine.

On aurait pu lui donner une tonne de pommes de terre à éplucher ou lui demander de ramasser la neige de la cour à la petite cuillère, elle s'en fichait. Elle était libre. Libre et heureuse.

# 42

*Les ruses et les machinations ténébreuses ont été imaginées par les hommes pour venir en aide à leur lâcheté.*

Euripide

*Paris, palais de l'Élysée*

Réuni dans le salon Pompadour autour d'Edmond de Raincourt, secrétaire général de l'Élysée, le premier cercle du président devait débattre de l'ampleur du prochain remaniement ministériel programmé en mars. En clair, qui sautait et qui entrait ?

Même s'il n'était pas un habitué de ce cénacle, l'avocat Louis Kostner en était devenu l'invité permanent, un privilège dont il n'entendait jouir qu'avec modération.

Car dans cette pièce, nul n'ignorait qu'il était l'artisan de la sortie de crise. Sans que personne sache comment, Kostner était parvenu à faire modifier la loi qui aurait pu entraîner la dissolution de l'Église survivaliste. Une telle issue avait été interdite par le président qui s'y était engagé auprès de son homologue américain. De même, l'avocat avait réussi à subtiliser le dossier PRP dans le cabinet du juge. De quelle manière ? Peu importait. Le résultat était là et ils pouvaient tous souffler.

Toujours très solennel, Edmond de Raincourt prit la parole.

— Le premier cas que nous devons examiner est celui d'Interman, dit-il. Nous sommes tous d'accord, je le crois, pour procéder à son remplacement et enterrer pour quelque temps le projet de suppression du juge d'instruction. Qui allons-nous mettre à sa place ?

— Il risque de ruer dans les brancards si nous ne lui offrons rien, prédit Francis Glénan, la plume du président.

— Il retrouvera son fauteuil de député et récupérera la présidence d'une commission ou d'une délégation, assura Raincourt. Et on l'élèvera au grade de commandeur de la Légion d'honneur. Alors, qui pour le remplacer?

Marc Mongin, conseiller spécial et intime du chef d'État, risqua un nom.

— Que pensez-vous de Jean-Pierre Albrard? J'ai testé l'idée auprès du président, il est d'accord, sauf si nous lui proposons mieux.

En bon stratège et sur recommandation de Louis Kostner, le conseiller avait fait circuler son nom depuis quelques jours afin de prendre la température.

— Encore faudrait-il qu'Albrard accepte! dit Raincourt.

— Il en rêve jour et nuit, assura Mongin.

— Bien. Nous retenons son nom s'il n'y a pas d'autre suggestion. Il convient maintenant de nous intéresser au ministre du Budget. Il ne vous a pas échappé que…

Ce choix faisait les affaires de Louis Kostner qui, le week-end précédent, avait discuté du *casting* gouvernemental avec le président au pavillon de la Lanterne, à Versailles. Certes, Albrard était l'ennemi des sectes mais une fois nommé ministre de la Justice, sa marge de nuisance se réduirait comme peau de chagrin; le président s'opposerait à tout durcissement de la loi et en tant que garde des Sceaux, il se devrait d'agir de façon équitable envers l'ensemble des mouvements religieux et spirituels. Au moindre écart, les lobbies pro-sectes et les ardents défenseurs de la liberté de culte ne manqueraient pas de lui voler dans les plumes, quitte à multiplier les recours judiciaires.

Dans la poche de sa veste, son portable vibra trois fois, annonçant un SMS. Expéditeur : Ernst Blake.

*Je viendrai avec Tim Cross à Paris fin février. Prépare tout!*

La réunion touchait à sa fin. Les hommes du président s'étaient levés et Marc Mongin prit Kostner à part.

— J'ai parlé avec Paoli à l'issue du Conseil des ministres. Le Goff n'est pas encore à terre. Nous devons rester méfiants. Mais il y a plus grave. La DCRI est persuadée que le juge dispose d'un informateur très bien placé et Maréchal ne parvient pas à l'identifier.

Kostner était parvenu à la même conclusion. Il s'était mis en chasse afin de débusquer le complice du juge et pour la première fois depuis le début de son enquête, il avait trouvé un indice valable. Mais il lui faudrait déployer de gros moyens pour recouper les informations et, ensuite, frapper à coup sûr et éliminer la taupe.

— Je vais voir ce que je peux faire, proposa-t-il. Si de votre côté vous apprenez quoi que ce soit qui puisse nous éclairer, appelez-moi dans l'heure.

— Bien sûr. Merci, Louis.

Le conseiller monta au premier étage rejoindre le président et Kostner quitta l'Élysée ; il dînait dans un salon privé du Fouquet's avec un vieil ami, ancien ponte de la DGSE dont la paranoïa égalait la brillance intellectuelle. Si quelqu'un pouvait l'aider dans sa traque, c'était bien lui.

# 43

*Retourner en arrière est une aventure aussi périlleuse que de s'élancer vers l'avenir.*

Roger Fournier

*Amsterdam, jeudi 31 janvier*

— Elle est là, vous êtes sûr ?

Renan s'impatientait ferme. Trois heures qu'il planquait avec les deux commissaires.

— Certain, assura Loys Grümmel. Nous n'avons pas bougé.

— Vous pensez qu'elle va sortir ?

Le principal centre hollandais de la secte avait des allures de forteresse en brique. Y pénétrer par la force pour enlever Gaëlle posait de sérieuses difficultés techniques, sauf à disposer d'un commando bien entraîné, ce qui n'était pas le cas.

— Pas absolument, répondit Miranda Gomez, mais lorsque je l'ai vue retirer de l'argent au distributeur, elle n'était pas contente. Si elle n'a pas le compte, elle sera tentée de revenir aujourd'hui.

Craignant qu'il ne soit trop tard, les deux policiers avaient pris le même vol que Gaëlle à quelques jours d'intervalle et étaient arrivés le mercredi en milieu d'après-midi. Après avoir loué une berline qu'ils stationnèrent à bonne distance de la maison, assez loin pour ne pas être vus, ils commencèrent à observer les lieux à tour de rôle avec des jumelles, ou en effectuant de courtes balades dans les environs. Mais ils avaient dû batailler ferme pour dissuader Renan de les accompagner. « Laissez-nous faire les repérages. Vous nous rejoindrez dès que nous aurons la confirmation de la présence de votre fille. Et n'oubliez pas que

vous êtes sous surveillance. Si nos autorités respectives apprennent que vous êtes ici, il y a un risque que l'information parvienne aux oreilles des hommes de Blake et, dans ce cas, ils évacueront Gaëlle sans que nous puissions rien entreprendre. »
Ce dernier argument avait fini de convaincre Renan. Dans le même temps, la banque lui avait confirmé que tous les comptes de Gaëlle avaient été soldés ; il ne restait que mille deux cents euros sur le principal.

À dix-huit heures, comme la veille, Gaëlle sortit par la porte principale et prit la direction des artères commerçantes ; Renan voulut descendre de la BMW.

— Ne bougez pas ! ordonna Grümmel. Regardez son ange gardien...

Effectivement, un jeune homme aux allures de junkie, affublé d'un jogging violet et d'un blouson à capuche, emboîta le pas à Gaëlle.

— Les adeptes qui sortent sont tous surveillés, expliqua le commissaire. À l'extérieur de la maison, il y a un petit groupe de veilleurs qui les prend en filature. Hier soir, j'ai bien failli me faire repérer.

— Dans ce cas, s'ils nous voient embarquer Gaëlle, ils vont donner l'alerte !

Aucun risque que la secte porte plainte, mais elle pouvait compliquer leur fuite ou tenter de récupérer Gaëlle par tous les moyens. À l'étranger, leurs qualités de policier et de magistrat ne leur seraient d'aucun secours.

— Ne vous inquiétez pas, nous avons eu le temps de mettre au point un plan.

La BMW quitta son stationnement, prit un peu d'avance par rapport à Gaëlle avant de s'arrêter à un feu. Miranda descendit de la voiture et prit position dans une impasse faiblement éclairée. Elle vit la fille du juge passer à quelques mètres d'elle et, lorsque son ange gardien fut à sa hauteur, elle l'interpella.

— Hep ! T'as du feu ? dit-elle en anglais.

Miranda était mignonne et le jeune homme ne se méfia pas d'une touriste. Il s'approcha, cherchant un briquet dans son blouson, et reçut d'abord un violent coup de genou entre les jambes, un autre au visage et un dernier dans le ventre. Il était sonné pour un bon moment. Elle le tira au fond de l'impasse, lui fit les poches pour simuler une agression pour vol, n'oublia pas de récupérer le portable – les données d'une carte SIM intéressent toujours les policiers – et fila. La voiture l'attendait devant la ruelle.

À nouveau, ils dépassèrent leur objectif mais cette fois, c'est Grümmel qui descendit et, lorsque Gaëlle fut près de lui, il se retourna et lui barra le passage.

— Bonjour, Gaëlle. Il faut que nous parlions, montez, s'il vous plaît.

Elle le reconnut mais il put lire la stupéfaction sur son visage ; à l'évidence, elle ne s'attendait pas à le rencontrer à Amsterdam et ne savait comment réagir. Profitant de son trouble, le commissaire la força à monter à l'arrière et la berline démarra. À ce moment, elle réalisa que son père était au volant et se mit à hurler de colère. Mais Miranda avait déjà planté une seringue dans le haut de son bras et lui injectait un puissant sédatif. Quand elle se réveillerait, ils seraient en France.

Neuf heures de route les attendaient.

Renan venait de kidnapper sa propre fille. Comment avait-il pu en arriver là ? Et surtout, pourquoi avait-il à ce point sous-estimé cet adversaire que rien n'arrêtait ? Sa carrière de juge était derrière lui et sa réputation salie à jamais ; sa fille le haïssait et sa meilleure amie était entre les mains de Blake.

Deux affaires exceptionnelles qui se soldaient par deux échecs retentissants, sans oublier un scandale et un renforcement du pouvoir politique sur le judiciaire. Quel fiasco !

Renan préféra ne pas y penser et se concentra sur la conduite.

Ils roulèrent toute la nuit, faisant de courtes haltes dès que la fatigue se faisait sentir. Quand Gaëlle se réveilla enfin, Miranda tenta de lui expliquer le complot ourdi contre le juge Le Goff et la manipulation dont elle avait elle-même été victime. Mais la jeune femme ne voulut rien entendre, invectiva à nouveau son père, traita les deux commissaires de « maniaques » puis se mura dans le silence.

L'ambiance était pesante.

La fin du voyage se déroula sans problème, pour l'essentiel en silence, et ils garèrent la voiture quai de Bondy un peu avant six heures du matin. Ils décidèrent de faire le point dans la journée et les deux commissaires prirent congé. Grümmel avait offert son hospitalité à sa jeune collègue – de sept ans sa cadette – qui n'avait pas refusée.

Épuisée, Gaëlle n'opposa pas de résistance, elle accepta de monter dans l'appartement de celui qu'elle ne nommait plus et pour une fois, emprunta l'ascenseur, seule. Mais lorsqu'elle vit sa mère, elle parut retrouver des forces.

— Toi, je te pardonnerai peut-être un jour, mais lui ! dit-elle en pointant son index vers son père, je ne veux plus jamais le voir, tu m'entends ? JAMAIS !

Renan n'insista pas ; il prit une douche, se changea et vida les lieux. Il rejoignit Camille qui l'attendait chez elle, rue Voltaire. Il aurait voulu dormir mais elle s'enroula autour de lui…

Des poches sous les yeux, le teint livide, il n'arriva à son cabinet qu'à dix heures trente et se précipita sur la machine à café.

— Il faut vous attendre à la visite du procureur. Il est au courant pour votre escapade et il est furieux.

À peine Agathe avait-elle prononcé ces mots que Raoul Berthoux franchissait le seuil du cabinet. Il se planta devant le bureau de Renan et lâcha un « Vous voulez bien nous laisser ! » à l'attention de la greffière qui ressemblait davantage à un « Foutez-moi le camp ! » Elle referma la porte mais entendit les premiers éclats de voix.

— Cette fois, vous avez dépassé toutes les bornes, Le Goff, et je ne vais pas me contenter du CSM ! Dès aujourd'hui, je vais saisir le garde des Sceaux et réclamer une mesure de suspension immédiate !

Renan resta assis dans son fauteuil, glacial, sortit une enveloppe kraft d'un tiroir et posa une simple question.

— Pour quel motif, je vous prie ?

Intrigué par l'attitude du juge, le procureur baissa d'un ton.

— Ils ne manquent pas, croyez-moi ! Abandon de poste, usurpation de titre, abus de pouvoir, corruption de fonctionnaires dans l'exercice de leur fonction, vol de documents classifiés.

— Allez-y ! proposa Renan sur le ton de la provocation.

— Je ne vais pas me gêner. Avez-vous quelque chose à ajouter ?

— Écoutez, Berthoux, que vous mangiez dans la main des politiques, ça vous regarde, mais que vous vous mêliez de ma vie privée et que vous l'utilisiez pour me nuire, je ne l'accepterai pas et ne vous laisserai pas faire.

— Quel toupet ! C'est une menace ?

— Non, un simple avertissement sans frais. À vous de choisir.

Ce disant, il poussa l'enveloppe devant lui.

Le procureur hésita d'abord à la prendre, puis il l'ouvrit et blêmit en découvrant les photos qui le montraient dans les bras d'Oriana Siméoni.

— Œil pour œil, dent pour dent, dit Renan froidement. Vous pouvez les garder, j'en ai d'autres...

Renan avait été bien avisé de conserver cet atout maître dans sa manche.

Berthoux ne répondit rien. Plein de haine envers ce juge qu'il espérait broyer un jour, il sortit du cabinet en claquant la porte.

## 44

*Quand la famille se défait, la maison tombe en ruine.*

Antonio de Oliveira Salazar

Il était dix-sept heures, Gaëlle venait de s'endormir assommée par le manque de sommeil et sa mère pensait qu'elle ne prenait aucun risque en descendant faire quelques emplettes rapides à l'épicerie du quartier.

Toute la matinée, Isabelle avait tenté de ramener sa fille à la raison, en vain. Elle se repentait d'avoir calomnié Renan ces dernières années. Elle n'en pensait pas le quart mais n'avait pas digéré leur séparation ni supporté la fascination – involontaire – qu'il exerçait sur Gaëlle. Maintenant, sa fille lui faisait payer les excès de sa jalousie et de ses dérives verbales. Les mots avaient un sens, ou plutôt un prix.

Le déjeuner n'avait rien arrangé. Isabelle l'avait pourtant emmenée dans l'un de ses restaurants favoris, la brasserie Georges. Hélas, la conversation tournait court à chaque fois qu'Isabelle essayait de lui faire comprendre que Renan n'avait jamais abusé d'elle. Le recours à un psy paraissait de plus en plus incontournable. L'après-midi, elles s'étaient contentées de quelques parties de backgammon, jouées sans plaisir.

Elle revint dans l'appartement du quai de Bondy aux environs de dix-sept heures trente, les bras encombrés de paquets et d'un gros bouquet de lis blancs, les fleurs préférées de sa fille.

— Gaëlle, j'ai une surprise pour toi.

Mais Gaëlle ne répondit pas.

— Où es-tu ma chérie ?

Isabelle posa les courses dans la cuisine et fit le tour de l'appartement. Personne. Sa fille n'était plus là, son sac à main, son portable et sa doudoune non plus. Et aucun petit mot du genre « Je suis sortie acheter des cigarettes… »

Elle avait pris la poudre d'escampette !

Prise de panique, Isabelle se précipita rue de la Loge, courant à perdre haleine sur les pavés du vieux Lyon. Mais là, aucune trace de Gaëlle et le courrier coincé sous la porte indiquait qu'elle n'y était pas passée après avoir fui le quai de Bondy.

Dans sa poitrine, son cœur cognait si fort qu'elle crut qu'il allait exploser.

Renan déboula dans le quart d'heure qui suivit son appel, au bord de l'hystérie, et la traita d'incapable et de « bonne à rien » avant de se calmer. Il était idiot de perdre du temps en vaines querelles. Ils se lancèrent à sa recherche et commencèrent par l'université ; hélas, le vendredi en début de soirée, ils n'y croisèrent plus grand monde. Renan rappela Camille, elle pouvait les aider. Il espérait cependant que la confrontation entre Isabelle et elle ne soit pas trop électrique. Il tomba sur sa messagerie à la cinquième sonnerie. Dommage.

Ils enchaînèrent en visitant plusieurs cafés du centre-ville dans lesquels Gaëlle traînait parfois avec ses copains. Par chance, ils croisèrent Éric qui se méfia d'abord du père de sa « meilleure amie » puis finit par avouer qu'il s'inquiétait de ne pas l'avoir vue depuis une semaine et Renan dut se retenir pour ne pas le gifler.

« Allons chez les survivalistes ! » proposa-t-il.

Ils remontèrent dans la Saab qu'un policier avait verbalisée pour stationnement gênant. Pied au plancher, Renan grilla trois feux, sept lignes blanches, emprunta deux files de bus et stoppa brutalement devant l'entrée de la secte. La devanture n'était pas éclairée. Il descendit de voiture et s'approcha du porche. Un panonceau indiquait qu'exceptionnellement, l'Église serait fermée jusqu'au lundi. Mauvais signe.

Sans réfléchir, ils filèrent au vrai domicile de Sylvain Rivière mais, là encore, ils firent chou blanc et il put vérifier, à travers les fenêtres du rez-de-chaussée que la maison était déserte.

Et Camille qui ne répondait toujours pas.

« On va chez elle ! »

Elle lui avait déjà confié un double des clés.

Rue Voltaire, il trouva un mot laissé à son attention sur la petite table laquée du coin salon. En deux lignes, elle lui expliquait qu'une « urgence familiale » l'avait obligée à partir en hâte. Elle reviendrait demain et terminait le billet par « je t'aime ». Isabelle, qui l'avait lu dans son dos, haussa les épaules.

« C'est pas le moment ! » prévint Renan, prêt à en découdre.

Il composa une nouvelle fois son numéro et fut surpris d'entendre dans l'appartement la mélodie du téléphone de Camille. Il chercha l'origine du son et découvrit son portable dans la chambre. Elle l'avait oublié.

*Pas étonnant qu'elle ne décroche pas...*

— On fait quoi maintenant ? demanda Isabelle qui avait profité de la visite pour faire connaissance avec le domicile de celle qui défrayait la chronique aux côtés de son mari, enfin, ex-mari.

Renan regarda sa vieille Omega qui indiquait vingt heures cinquante-cinq.

— On s'assied et on pleure ! railla-t-il.

La disparition simultanée des deux jeunes femmes ne manquait pas de le perturber. Camille jouait-elle un double jeu ? Travaillait-elle pour la secte ? Il se refusa à partager cette éventualité avec Isabelle mais la coïncidence était vraiment troublante.

Vers vingt et une heures trente, ils rentrèrent quai de Bondy et Loys Grümmel les rejoignit avec Miranda Gomez qui avait décidé de passer le week-end à Lyon. Renan soupçonna que la motivation de l'Espagnole n'était pas sans lien avec le charme de Loys qui figurait sur la liste des commissaires toujours célibataires à quarante ans.

Faute de les avoir contactés plus tôt, il s'excusa auprès d'eux, expliquant qu'il avait dû parer au plus pressé pour gérer cette « foutue crise » et assumer les obligations de sa charge ; il était toujours en poste et les procédures prenaient du retard, au grand dam du parquet et des avocats qui le harcelaient. Il leur offrit un verre et résuma la situation.

— Je ne vois qu'une hypothèse, avança alors Miranda Gomez, et elle ne va pas vous plaire. Gaëlle est toujours sous influence, la secte va donc tout faire pour l'emmener loin d'ici et conserver son emprise.

— Mais dans quel but? bondit Isabelle.

Gênée d'avoir à tout déballer, la commissaire hésitait à répondre.

— Allez-y, dit Renan. Nous avons déjà réglé nos comptes...

— Bon, dit-elle en s'adressant à Isabelle. La secte veut la peau de votre ex-mari. En premier lieu, votre fille constitue un moyen de pression contre lui car il craindra toujours que l'on s'en prenne à elle, sachant qu'en parallèle, il risque un dépôt de plainte pour viol ou attouchement sur mineure. De quoi briser ce qui reste de sa carrière et l'envoyer quelque temps en détention dans l'attente d'un procès à l'issue incertaine. La suite n'est pas plus réjouissante, vous voulez vraiment que je poursuive?

Renan acquiesça silencieusement.

— OK... Deuxième point. Si la secte apporte la preuve que Gaëlle a rejoint ses rangs et qu'elle l'assume publiquement, le juge Le Goff sera contraint de se dessaisir du dossier survivaliste – le suicide de Francis Véry –, en raison du conflit d'intérêts évident qui naîtrait de cette situation et surtout après la requête en suspicion légitime déposée cette semaine par les avocats de Blake. Il serait alors aisé de démontrer que cette enquête ne constitue qu'une vindicte personnelle sur fond de drame familial. Dès lors, il y a fort à parier que le prochain juge d'instruction s'empressera de clore l'affaire par crainte de subir le même sort.

Miranda voyait bien qu'Isabelle prenait ce grand déballage de plein fouet. Elle s'interrompit et c'est Loys Grümmel qui prit la relève.

— En revanche, si Gaëlle échappe au contrôle de la secte, je dis bien si, et accepte de témoigner contre elle et de révéler ses méthodes mafieuses et son système d'endoctrinement, elle portera un coup sévère aux survivalistes et l'offensive judiciaire du juge Le Goff sera légitimée. Et, même s'il est dessaisi de l'affaire en raison de l'évidence du conflit d'intérêts, il passera pour un héros.

Isabelle était anéantie. Elle avait toujours su que les convictions de son mari et son jusqu'au-boutisme lui joueraient des tours ; elle n'avait cependant jamais imaginé qu'il entraînerait sa famille dans ses croisades. Elle sentit une rage terrible monter en elle, comme un fleuve qui déborde de son lit ; elle fixa son ex d'un regard farouche et d'une voix nette lui dit :

— Ces gens sont peut-être des monstres mais je vais te dire une bonne chose, Renan Le Goff, si nous parvenons à retrouver Gaëlle et à la raisonner, et je vais m'y employer de toutes mes forces, je ne te laisserai pas l'utiliser contre eux ! Tu nous as fait assez de mal !

Elle se leva, ramassa son sac à main et partit sans même saluer les policiers.

La porte claqua comme un coup de fouet et à cet instant précis, dans la tête du juge, il se livra un combat terrifiant entre le désespoir et la colère, et la folie qui avait poussé Francis Véry au suicide apparut à Renan dans toute son horreur.

## 45

*Il n'est de vertu que pauvreté ne gâte.*

Nicolas de Chamfort

*Villeurbanne, samedi 2 février*

Manuel Braga inspecta les alentours du pavillon gris que rien ne distinguait des autres, surtout à la nuit tombée. La neige persistante avait avalé les rares singularités de l'endroit. Il était le dernier de l'équipe de la DCRI à rester affecté à la surveillance du juge et de ses proches. L'affaire touchait à sa fin, c'était logique mais il le déplorait car depuis hier, une personne était sortie de son radar. Camille. Il avait un doute la concernant. Certes, il ne s'était pas trompé en imaginant que cette allumeuse au passé raëlien taperait dans l'œil du juge mais quelque chose ne tournait pas rond et il ne parvenait pas en déceler la cause.

Le clocher d'une église sonna huit coups. Les environs de cette banlieue lyonnaise étaient tranquilles. Comme presque partout en France, rivés devant leur écran plat, les gens avalaient la bouillie des nouvelles alarmantes – le froid, le prix du gaz, le chômage… – que leur servaient les marchands de peur.

Il poussa le portillon du jardinet et se coula le long d'un mur. Par la fenêtre, il vit Sylvain Rivière qui faisait la leçon à Gaëlle. La fille du juge avait fugué de sa propre initiative et s'était directement rendue au domicile d'Anbu Rawalpani, l'un des responsables lyonnais de la secte qui n'était pas encore fiché par la DCRI. Dans le salon, assise à côté de l'Indien, il y avait Marie-Rose, l'une des maîtresses du gourou local et aussi sa meilleure rabatteuse.

À pas feutrés, il contourna la maison, entra par la porte du garage et, sans qu'il ait besoin de lumière, remonta le couloir et gagna la cuisine. De là, il entendit la fin de la sérénade.

« Tu me déçois, Gaëlle ! J'ai pris beaucoup de risques pour toi et le Maître me l'a reproché ! »

« Je suis désolée... je ne voulais pas te décevoir... j'avais peur... », répétait-elle en alternant les excuses et les justifications.

« Que tu sois la fille d'un juge, passe encore, ton histoire personnelle ne nous intéresse pas, mais je ne comprendrai jamais que tu aies négligé de me le dire ! »

« Je ferai tout ce que tu veux pour racheter ma faute ! »

« Nous verrons ça plus tard ! Va te coucher ! »

Accompagnée de Marie-Rose, Gaëlle se rendit dans l'une des chambres, à l'arrière du pavillon.

*Quel pro !* estima Braga, admiratif.

Demain, il savait que Rivière lui ferait écrire une lettre par laquelle elle renierait son père et l'accuserait de viol. Là encore, le Portugais n'avait pas envisagé la réussite de ce scénario. S'il paraissait évident que Blandine Lenoir tomberait sans difficulté dans le filet survivaliste, la probabilité que Gaëlle se lance à sa recherche et se laisse retourner en moins de trois semaines lui paraissait réduite. Force était de constater que les méthodes de manipulations mentales et de lavage de cerveau de la secte rivalisaient sans peine avec celles des religieux fanatiques et des services secrets, CIA, FSB et Mossad en tête.

Il entendit des pas venir dans sa direction et, d'instinct, mit la main sur la crosse de son Beretta. Rivière poussa la porte qui était entrebâillée, alluma la lumière et se figea en découvrant Braga.

— Que fais-tu ici ?

— C'est jour de paye, tu l'as oublié ?

— Déjà ? s'étonna Rivière en refermant derrière lui.

Le Portugais n'aimait pas ces gens-là, mais ils le rémunéraient bien, infiniment plus que Bertrand Maréchal dont les malheureux subsides prélevés sur les fonds spéciaux ne faisaient qu'améliorer sa maigre retraite de sergent-chef. Alors il jouait sur plusieurs tableaux, comme un mercenaire, vendant ses services et ses renseignements au plus offrant. Bien sûr, il valait mieux pour lui que le divisionnaire, son ancien colonel, ne l'apprenne pas mais au moindre doute, il le tuerait. C'est un avocat parisien qui l'avait engagé trois ans plus tôt, par l'intermédiaire d'une relation, un ancien officier de la DGSE que Braga avait rencontré en Afrique lors de la campagne du Tchad. Encore deux ans à ce rythme et les survivalistes lui permettraient de réaliser le rêve de toute une vie, retourner au pays et acheter une maison en Algarve; il ferait venir ses cousins et coulerait une retraite heureuse.

— Nous sommes le deux! Vous faites quoi de la fille?

— Elle dégage, et le plus vite sera le mieux. Où est Camille?

— Envolée.

— Ça, c'est ennuyeux.

— Je ne peux pas être partout! Mais ne t'inquiète pas, elle va refaire surface.

Rivière n'insista pas; Braga était le genre d'individu incontrôlable qu'il ne fallait pas attaquer de front. Il sortit de la cuisine quelques minutes et revint avec une enveloppe qu'il remit à l'informateur privilégié de l'Église survivaliste.

Braga ne vérifia pas; le compte y était, il n'en doutait pas une seule seconde. Cinq mille euros pour lui et encore cinq mille pour arroser *le réseau portugais*; ses indics, des *petits*, infiltrés au cœur du pouvoir lyonnais et dont personne ne se méfiait.

Il s'en alla comme il était venu, sans un bruit, et rentra à Lyon pour surveiller le quai de Bondy. Là, il fut rejoint par Joachim, l'un des comparses qu'il rémunérait sur sa cassette et qu'il avait chargé de certaines filatures :

« Je sais d'où revient la petite Camille. Et je sais qui elle est allée voir! »

# 46

*Car jamais un acte n'est décisif par lui-même ; ce qui compte, c'est la connaissance de cet acte, et ses conséquences.*

Stefan Zweig

Renan n'avait plus confiance. Aussi, lorsqu'il avait vu le numéro de Camille s'afficher, comprenant qu'elle était de retour et avait récupéré son portable, il ne décrocha pas. Ni au premier appel un peu avant dix-sept heures, ni aux suivants.

Il s'était fait baiser en beauté.

Au fond de lui, une voix lui suggérait de voir Camille et de l'interroger ; elle pouvait l'aider à localiser Gaëlle, par sa connaissance des milieux universitaires et aussi parce qu'il n'excluait plus qu'elle travaille pour la secte. Mais il connaissait trop bien cette petite musique de la tentation. Cette fois, il résisterait au chant des sirènes.

— J'ai relevé ton courrier, lui dit Isabelle. Tu pourrais aérer, ça empeste !

Bien décidés à unir leurs efforts sans se déchirer, ils avaient passé la journée à arpenter les lieux fréquentés par Gaëlle et à discuter avec ses amis. À chaque rencontre, la flamme de l'espoir se ravivait mais elle s'éteignait aussi vite. Dans le même temps et avec beaucoup de précautions pour ne pas se faire repérer par leurs collègues, Loys et Miranda faisaient la tournée des popotes, à savoir interroger leurs indics et trouver une piste permettant de remonter jusqu'à Rivière ou l'un des cadres de la secte, sans trop d'espoir toutefois.

Un peu avant l'heure du dîner, Renan et Isabelle étaient rentrés quai de Bondy, tristes et déçus. Incapable de tenir en place, elle était retournée au studio de la rue de la Loge et en revenait bredouille. Renan avait déjà bu deux whiskies et ne comptait plus les cigarettes.

Machinalement, il parcourut le paquet de missives et de pub sans intérêt déposé par son ex sur un coin du bar.

*Merde!*

La quatrième lettre anonyme s'y trouvait. Quand était-elle arrivée? Hier? Ce matin? Fébrile, il l'ouvrit et lut une courte énigme dactylographiée dont il comprit immédiatement le sens :

*La vérité émerge toujours du marigot.*

Marigot étant le chef-lieu de Saint-Martin, si un événement d'importance s'était produit là-bas, les gendarmes devaient en être informés. Il s'apprêtait à appeler le capitaine Victorin lorsque le carillon de la porte retentit; les deux commissaires venaient au rapport, pensa-t-il en ouvrant. Mais Grümmel était seul, la mine sombre.

— Renan, dit-il à voix basse afin qu'Isabelle n'entende rien, je suis désolé mais il faut que vous veniez avec moi.

— Que se passe-t-il?

— Je préférerais que nous en parlions en bas.

Prétextant un problème avec la Saab qu'il avait mal garée et le besoin d'acheter des cigarettes, Renan s'éclipsa. Une voiture de police les attendait, gyrophare en action. Renan comprit que Loys était en service et crut qu'on venait l'arrêter; il fut tenté de fuir. Hors de question de dormir en prison ce soir.

Devant son attitude soudain hostile, Loys réalisa sa maladresse.

— Vous avez cru que...? Oh pardon! Il ne s'agit pas de vous... mais ça concerne l'une de vos enquêtes.

En moins de dix minutes, ils traversèrent Lyon pour rejoindre l'Institut médico-légal, avenue Rockefeller, mais Loys eut le temps de lui dire que ses informateurs étaient restés muets : « C'est étonnant, dès qu'on parle de la secte, ils ont tous peur. »

Là, comme dans toutes les morgues, une lumière crue tombait du plafond et on présenta le corps de Karim au magistrat et au commissaire. Le Marocain avait été libéré deux jours avant, suite à l'arbitrage de la chambre de l'instruction et alors que Renan se trouvait en Hollande. Aux yeux de la profession, ce désaveu rare et cinglant démontrait que le juge Le Goff perdait pied et qu'il agissait de façon inconséquente. Rien de très important en définitive en comparaison avec la mort qui venait de faucher ce jeune homme.

— J'ai été prévenu en fin d'après-midi, expliqua Grümmel.

— C'est trop bête ! fulmina Renan. De quoi est-il décédé ?

— Overdose. On l'a trouvé ce matin dans la chambre d'un hôtel minable de Vaulx-en-Velin. La mort est survenue aux environs de quatre heures du matin.

— Est-il possible qu'on l'ait suicidé ?

Dans cette affaire, plus rien ne le surprendrait.

— Les auditions des clients de l'hôtel, du gérant, et les premières constatations n'ont rien donné qui permette de conclure en ce sens ; le légiste confirme une absorption massive d'ecstasy et d'alcool. Aucune trace de coups ni de violence. Il faut attendre le résultat des investigations de la police scientifique. Mais pour être franc avec vous, je gage qu'il n'y aura pas grand-chose d'exploitable... De toutes les façons, je n'ai pas été chargé de l'enquête mais mon collègue Molle qui connaît nos liens a pensé utile de m'informer.

— Vous le remercierez. On peut jeter un œil à ses effets personnels ?

— Pas de problème.

Dans le bureau du légiste dont les murs étaient chargés de posters érotiques, un policier zélé leur apporta une boîte en carton qui contenait les derniers biens terrestres de Karim, pour ainsi dire, rien. Un document d'identité provisoire, sa levée d'écrou, une trentaine d'euros, un projet de lettre destiné à un parent, une carte de téléphone, un peigne et deux photos en noir et blanc imprimées sur du papier ordinaire et qui avaient été trouvées pliées en quatre dans son pantalon. Renan s'y attarda et montra le premier tirage à Grümmel.

— Ce bateau, dit-il pour l'avoir vu et revu sur Internet, c'est l'*Ark*, le yacht de Blake qui sillonne les Caraïbes. Karim était à bord avant d'être arrêté à Saint-Martin.

— Comment le savez-vous ? s'étonna le commissaire.

— Je vous expliquerai tout à l'heure.

Le second cliché montrait le chef de l'État au cours d'une réception officielle à l'Élysée avec l'acteur américain Tim Cross, l'ambassadeur des survivalistes. En arrière-plan, la tête d'un homme avait été entourée d'un trait de crayon.

— De qui peut-il s'agir ?

— Je l'ignore mais on va vite le découvrir, assura Grümmel.

Renan fut persuadé que cet homme était lié à la secte et donc à Blake. Un instant, il fut tenté de foncer au palais de justice pour délivrer un mandat d'arrêt contre cet inconnu dont l'identité serait bientôt révélée. Pourtant discipliné par des années de magistrature qui avaient fait de lui un juge et non un justicier, il respirait le parfum de la vengeance et imaginait déjà ce salopard déféré dans son cabinet par les gendarmes, menottes aux poignets.

S'il figurait parmi les familiers du président de la République, Renan venait peut-être de découvrir l'identité de Monsieur X, le survivaliste infiltré au cœur du pouvoir. Une information capitale, qui passionnerait certainement Don Alessandro et Jean-Pierre Albrard, mais impossible à prouver car le seul témoin capable de faire le lien entre la secte et cet homme était dans un frigo, à quelques mètres de là.

Et dire qu'il l'avait eu sous la main pendant cinq jours. Si le mot frustration avait eu un superlatif, il aurait parfaitement convenu à l'état d'esprit de Renan. En sortant de l'IML, il téléphona à Berthoux qui dînait chez des amis pour le « féliciter » et lui demander de « transmettre ses compliments aux membres de la chambre de l'instruction » d'un ton mordant. « En voilà un que vous aurez tous sur la conscience ! » Le procureur réagit très mal mais Renan n'écouta pas ses récriminations et raccrocha, hanté par un vilain présage.

Hélas, son intuition l'avait rarement trompé, elle lui soufflait que la mort venait de s'inviter dans cette affaire et qu'elle entendait y jouer un rôle de premier plan.

L'estomac noué, il appela la gendarmerie de Saint-Martin. Le capitaine Victorin effectuait « une patrouille sur les plages » – *Ben voyons !* – et le standardiste refusa de répondre aux questions de Renan ; il se contenta de prendre un message.

# 47

*Les hommes faibles sont les chiens des hommes fermes.*

Denis Diderot

*Lyon, lundi 4 février*

L'embarquement du premier vol pour Londres venait de commencer. Sylvain se tenait près de Gaëlle, plus nerveux qu'à l'accoutumée. La veille, pour se faire pardonner, elle avait accepté de faire l'amour avec lui et avec Marie-Rose dont il avait exigé la présence. C'était sa première expérience de triolisme et le souvenir de ce qu'ils l'avaient forcée à accomplir lui faisait monter le rouge aux joues. Elle avait aussi rédigé cette lettre par laquelle elle reniait sa famille et même tourné une courte vidéo qui racontait son histoire de petite fille abusée par un père pédophile.

Ce matin, elle était soulagée et impatiente de quitter Lyon. Cette fois, il n'y aurait plus de retour en arrière, et elle ne respirerait vraiment qu'en arrivant dans les Antilles.

On venait d'appeler les rangs du fond de l'Airbus. Leur tour viendrait ensuite. Gaëlle observait la file des passagers qui avançaient lentement et regrettait que Sylvain ne lui ait pas donné la permission d'aller acheter des chewing-gums qui l'empêchaient d'avoir les oreilles bouchées au décollage.

Enfin, dans les haut-parleurs, elle entendit « ... passagers des rangs dix-huit à trente-deux... »

*Ouf!*

C'est au moment où Sylvain tendait leurs cartes d'embarquement à l'hôtesse que trois personnes se présentèrent à leur hauteur, ce commissaire qu'elle détestait, Loys Grümmel, et deux policiers en tenue. Gaëlle, très pâle, dont les yeux eurent une soudaine lueur de révolte, s'agrippa au bras de Sylvain. Non ! Pourquoi le passé ne voulait-il pas la lâcher ?

Le commissaire s'empara des cartes et les poussa un peu à l'écart du groupe des passagers, vers le fond de la salle d'embarquement. Elle regarda Sylvain, persuadée qu'il allait les tirer de ce mauvais pas, mais son visage s'était figé comme une pierre. Se défilait-il ?

— Que faites-vous là ? explosa Gaëlle, prête au combat.

Personne ne l'empêcherait de vivre sa vie.

— J'ai un message pour vous.

— S'il vient de mon père, vous pouvez vous le…

— Blandine est morte, annonça Grümmel sans attendre que Gaëlle devienne vulgaire.

— Vous mentez !

— Hélas, non.

— Bien sûr que si ! Je suis en contact avec Blandine tous les jours !

— Écoutez-moi, Gaëlle, et ne perdons pas de temps, vous avez un avion à prendre et nous ne ferons rien pour vous en empêcher. Blandine est morte depuis au moins deux semaines. Des pêcheurs ont retrouvé son corps entre Saint-Martin et Saint-Barth.

Les gendarmes de Marigot avaient été prévenus de la découverte le jeudi précédent.

— Ce n'est pas possible ! Ce n'est pas elle !

— Vous avez le droit de ne pas me croire, mais ceci vous fera peut-être changer d'avis.

Il lui tendait un document sur lequel Rivière aperçut le cachet de la gendarmerie.

— N'y touche pas ! prévint-il.

Trop tard, elle venait de le prendre et le parcourut. C'était sordide, un rapport de médecin qui procédait aux premières constatations d'usage sur le corps d'une « jeune fille de race blanche » dont le corps avait dû « séjourner environ dix jours dans l'océan ». « Une vingtaine d'années... cheveux châtains... les ongles rongés... Le visage est méconnaissable, sans doute mangé par des poissons... Sur le haut du bras gauche, un petit tatouage en forme d'étoile de mer... »

Elle interrompit sa lecture et poussa un cri.

— NON !!!

Il y a deux ans un soir de fête, elles s'étaient fait tatouer le même motif, au même endroit ; la promesse d'une amitié pour la vie. En pleurs, Gaëlle se laissa tomber à genoux, les épaules secouées de spasmes nerveux.

— Ils te manipulent ! affirma Rivière en se penchant vers elle. Ce document est un faux ! C'est tout ce que ton père a trouvé pour t'interdire de vivre ta vie. Viens ! On s'en va.

— Je peux vous montrer les photos, dit rapidement Grümmel qui sortit d'une pochette plusieurs clichés macabres.

Gaëlle préféra détourner les yeux pour ne pas vomir.

— Deux semaines... mais alors tous ces fax de Blandine..., balbutia-t-elle avec peine en se remémorant les explications de Miranda Gomez au retour d'Amsterdam et celles de sa mère. Mon Dieu, ce que j'ai pu être bête...

Elle regardait Sylvain, partagée entre l'incrédulité et la souffrance.

— Vous devez vous décider, dit Grümmel pour enfoncer le clou. L'avion va décoller. Vos parents sont là.

Elle tourna la tête vers la droite et les vit anxieux qui attendaient près d'un autre comptoir d'embarquement fermé.

— Viens avec moi ! répéta Rivière, dans l'incapacité de s'expliquer.

Gaëlle se redressa avec l'aide du commissaire et dévisagea, comme un serpent sur le point de frapper, celui qui l'avait un temps ensorcelée.

— Jamais !

Puis, la tête basse, parcourue d'une violente émotion, elle marcha vers sa mère, honteuse vis-à-vis de son père qu'elle voyait s'écarter.

Renan se doutait qu'il valait mieux retarder la séquence du *grand pardon*, ce n'était ni l'endroit ni le moment, d'autant qu'à cet instant, il avait mieux à faire. Il fonça vers Rivière, poings fermés et l'attrapa par le col de sa veste. Malgré sa vigilance, Grümmel n'eut pas le temps de s'interposer.

— Salaud ! Aujourd'hui, je ne peux rien contre toi, mais je t'aurai !

— La jalousie vous égare ! Allez au diable, monsieur le juge !

Rivière se dégagea d'un mouvement brusque, lui fit un doigt d'honneur, retira aussi sec sa carte d'embarquement des mains de Grümmel et leur tourna le dos.

Renan s'était pourtant démené pour être en mesure de procéder à son interpellation ce matin mais Berthoux s'était montré intraitable. À ce stade, un simple tatouage et des ongles rongés ne permettaient pas de démontrer de façon irréfutable que le corps repêché soit celui de Blandine Lenoir. Il fallait attendre que l'identité judiciaire procède à différents examens et aux analyses ADN. Par ailleurs, rien ne prouvait que la secte soit responsable ou concernée par ce décès dont la cause n'était pas encore déterminée ; la présence de l'*Ark* dans cette partie du monde était un argument irrecevable. Le rapport du légiste serait transmis dans la journée ; s'il n'y avait pas d'eau dans les poumons de Blandine, l'hypothèse de la noyade accidentelle serait écartée et, dans ce cas, d'autres pistes pourraient être explorées, parmi lesquelles l'homicide.

Pour Renan, le jeu de Berthoux était clair : il allait tenter par tous les moyens d'empêcher l'ouverture d'une seconde enquête sur les survivalistes. Ce serait d'autant plus facile que les Antilles n'étaient pas dans sa juridiction et que le procureur de Basse-Terre en Guadeloupe, dont Saint-Martin dépendait, ne se fatiguerait pas à bousculer les gendarmes de Marigot pour élucider une affaire aux contours mal définis impliquant, peut-être, une organisation très puissante dont le luxueux paquebot mouillait ponctuellement au large de la partie hollandaise de Saint-Martin.

C'était consternant, et à ce stade, il ne disposait d'aucun élément pour établir un lien probant entre Karim, Blandine, Gaëlle et la secte. Le procureur et les survivalistes gagnaient la partie.

# 48

*L'homme le plus sage n'est jamais suffisamment prévenu contre sa propre vanité.*

Georges Dor

*Paris, mardi 5 février*

Un quatrième verre de tequila dans une main et un gros Cohiba dans l'autre, Don Alessandro jubilait. Au terme d'une enquête patiente et coûteuse, il était parvenu à identifier l'homme que les survivalistes avaient infiltré au sein du tribunal de grande instance de Lyon. C'est cet agent qui avait subtilisé le dossier du PRP dans le bureau du juge Le Goff. Il était prêt à en mettre sa main au feu. Pourquoi n'avait-il pas aussi emporté celui de la secte? Tout simplement pour ne pas orienter les soupçons sachant que la loi était sur le point d'être modifiée à l'Assemblée nationale. Un échange de bons procédés. Blake sauvait le PRP d'un procès retentissant en lui restituant le dossier qui menaçait ses leaders et, en parallèle, le gouvernement mettait l'Église survivaliste à l'abri du risque de dissolution. Et dans le même temps, tous deux déclaraient l'union sacrée contre un homme, le juge Le Goff. Au passage, Blake se débarrassait de ses adjoints français, Beltram et Rivière, qui avaient commis trop de bévues pour mériter encore sa confiance.

Là encore, le Mexicain était satisfait du stratagème mis au point : il avait fonctionné au-delà de toutes ses espérances. Et ce n'était pas fini! Certes, le juge s'en trouvait quelque peu bousculé dans sa vie et sa carrière, un euphémisme. Mais l'avoir livré en pâture à la DCRI le stimulait – un homme blessé est plus dangereux encore pour ses adversaires – et l'obligeait à se dépasser pour faire triompher sa cause; car c'était un justicier obtus et gauchisant toujours en bataille contre la société capitaliste. Le *candidat au martyr* idéal. Et si la machine politico-judiciaire le broyait, Don Alessandro s'arrangerait pour transformer cette déchéance totale en arme contre son ennemi grâce à l'appareil médiatique. Tout était prévu. À la suite de quoi, il y aurait un nouveau magistrat pour prendre le relais. Il y en a toujours un.

Il vida son verre et se resservit. Le dernier, se promit-il.

Légèrement grisé, ce qui lui arrivait rarement, il pensa au drôle de parcours qui était le sien. Descendant des plus illustres chamans mayas – il se présentait comme tel –, historien à la renommée mondiale, grand spécialiste des civilisations précolombiennes, conseiller culturel à l'ambassade du Mexique à Paris et farouche adversaire de l'ombre de toutes les sectes qui revendiquaient l'héritage maya ou exploitaient ses trésors de spiritualité à des fins mercantiles. C'est pourquoi le FBI l'avait repéré, et au vu de ses qualités hors normes, proposé son recrutement. Le mariage de la carpe et du lapin, diraient les observateurs non avisés. Dans les faits, un concubinage de raison. D'un côté la police fédérale, *via* diverses fondations qu'elle contrôlait, finançait ses travaux avec une générosité incomparable et l'aidait à développer sa notoriété. De l'autre, Don Alessandro, qui aimait les intrigues et les tragédies grecques, était l'expert attitré du FBI en matière de sectes apocalyptiques, et son informateur privilégié pour l'Europe.

Véritable *deus ex machina*, il se croyait supérieur et était persuadé de tirer toutes les ficelles de ce dossier. Il avait demandé l'intervention du FBI pour neutraliser le site Web qui diffusait la vidéo du juge Le Goff et de Camille; une création de la DCRI.

De par sa position et ses titres, Don Alessandro accédait à de nombreux cercles de pouvoir. En France, par exemple, il conseillait la MILS, discutait avec la DCRI ou la DGSE et croisait régulièrement les parlementaires et les ministres. Il lui arrivait également de s'investir dans certaines affaires, en particulier lorsqu'il s'agissait des survivalistes. Il avait un vieux compte à régler avec Ernst Blake, cet usurpateur, et s'était promis de lui faire mordre la poussière, avec l'aide du FBI qui suivait le gourou de très près. L'*Ark* était en permanence surveillé par un satellite et une équipe de dix personnes qui, d'île en île, se tenait à l'affût des moindres nouvelles en provenance du paquebot. C'est ainsi que l'arrestation de Karim avait été détectée et le rapprochement effectué entre la jeune femme noyée et Blandine.

Sur son ordinateur, Don Alessandro tapa le texte – une ligne et un nom – de la cinquième lettre anonyme puis l'imprima. Ensuite, avec des gants, il plia la feuille blanche et la glissa dans une première enveloppe qu'il ferma et plaça dans une seconde. Le tuyau qu'il transmettait au juge lui était parvenu en fin de matinée et, pour l'instant, il se refusait à le communiquer à sa hiérarchie. Il voulait laisser à Le Goff le temps d'agir et de démonter seul le réseau d'espionnage survivaliste à Lyon. Car il se méfiait des dirigeants du FBI qui, dans son dos et sous couvert de tractations secrètes ou d'échange d'informations, pouvaient choisir d'alerter les services secrets français. Ce ne serait pas la première fois qu'une enquête de terrain capoterait au nom de la raison d'État.

Il quitta son bureau, plutôt sa caverne d'Ali Baba nichée sous les combles de l'ambassade du Mexique, rue de Longchamp. Il n'y avait qu'une seule clé, la sienne. Habituellement, la personne qui se chargeait d'acheminer ses missives jusqu'à Lyon l'attendait au Trocadéro. Mais ce soir, il se chargerait lui-même du rôle de coursier car hier, le juge Le Goff l'avait appelé. Un échange bref et pourtant capital. « Je dois vous voir de toute urgence. J'ai un nom à mettre sur Monsieur X. » Autant dire que le professeur brûlait de l'entendre. Cette révélation, si elle était exacte, couronnerait son plan et, en récompense, le FBI accepterait de financer ce nouveau musée qu'il consacrerait au calendrier maya, près d'Uxmal dans le Yucatán. Comme quoi, il n'avait rien à regretter de ce qu'il avait fait subir au Breton, le résultat était à la hauteur de ses espérances. Et tant pis pour les dommages collatéraux, songea-t-il, en référence à l'expression favorite des Américains pour désigner leurs bavures militaires.

De bonne humeur, il passa par le secrétariat de l'ambassade récupérer son billet de train et refusa le taxi que l'assistante se proposait d'appeler. À cette heure de pointe, mieux valait utiliser les transports en commun ; pour aller à la gare, il n'y avait qu'un changement, expliqua-t-il.

Sans se presser, le TGV partait dans quarante minutes, il descendit la rue de Longchamp jusqu'à la station de métro Iéna et patienta sur le quai au milieu de la foule, occupé à lire des mails sur son smartphone.

# 49

*Démons. Anges ayant mal tourné.*
*Mais très beaux.*

Alessandro Baricco

Après s'être attaché à semer les séides de Maréchal qui le suivaient peut-être, Renan s'apprêtait à accueillir Don Alessandro à sa descente du train. La neige avait enfin fondu, remplacée par un crachin glacé. Mais le TGV en provenance de Paris se vida et aucun universitaire mexicain n'en sortit.

— Il ne viendra pas, affirma une voix qu'il connaissait bien.

Stupéfait, il se retourna et découvrit Camille en proie à une vive agitation. Elle avait attendu qu'ils soient les derniers sur le quai pour s'approcher.

— Il est mort... ajouta-t-elle.

— Tu connais Don Alessandro ? Et d'abord, comment sais-tu qu'il est mort ?

*Ça, c'est le bouquet !* pensa-t-il. *Je suis vraiment le cocu dans cette affaire !*

— Dans le métro, à Paris... On l'a poussé sous une rame...

— Comment peux-tu être sûre qu'il ne s'agit pas d'un accident ?

— On vient de tenter de me tuer aussi !

— Toi ? Que s'est-il passé ?

Renan était déboussolé par ce nouveau rebondissement, incapable de relier les événements et les personnages les uns aux autres. Il réalisa alors que Camille était habillée comme quelqu'un qui serait parti de son domicile en courant. Un jean, un pull à même la peau, des ballerines, pas de sac, donc pas de portable et pas d'argent.

— J'étais à la maison... On a sonné, j'ai ouvert et un homme s'est jeté sur moi ! Par chance, je voulais me faire un thé, j'avais la bouilloire à la main et je l'ai aspergé avant qu'il ne m'étrangle. Je me suis brûlée, regarde...

Ses mains étaient rouges, surtout la gauche, le haut du pouce était à vif ; il remarqua également une trace sur son cou probablement laissée par le début de strangulation.

— Il faut soigner ça, dit-il, et aussi montrer ton cou à un toubib. Tu pourrais reconnaître ton agresseur ?

Partagé entre plusieurs sentiments contradictoires, il ne parvenait pas à se décider entre la prendre dans ses bras, la gifler, la fuir comme la peste ou bien percer son secret, à supposer qu'elle lui dise un jour la vérité.

— Non, il portait une cagoule et des gants. C'était un type pas très grand, trapu et vraiment très fort. Il avait des mains énormes. Maintenant, il doit avoir des brûlures sur le visage. Je ne l'ai pas raté !

— Tant mieux. Je vais prévenir Grümmel, on va peut-être le retrouver par les urgences des hôpitaux, dit-il sans trop y croire. Maintenant, parle ! Quel est le rapport entre Don Alessandro et toi et comment savais-tu que nous avions rendez-vous ce soir ?

Réflexion faite, il comptait bien la *débriefer*.

— C'est une longue histoire... je te raconterai, mais pas ici... j'ai peur... et j'ai froid aussi...

Dans la seconde qui suivit, elle fondit en larmes. Attendri, il enleva sa parka, la posa sur les épaules de Camille et... la prit dans ses bras.

*C'est plus fort que moi...* songea-t-il fataliste.

Dix minutes plus tard, le temps de récupérer la Saab au parking, ils roulaient en direction des vignobles du Beaujolais. La veille, Don Alessandro lui avait demandé de réserver ce qu'il y avait de mieux et de plus discret dans la région : « Ne lésinez pas, vous serez mon invité ! » Il ne rentrerait pas chez lui ce soir mais cela ne posait aucun problème vis-à-vis de Gaëlle car Isabelle avait pris deux semaines de congé, s'était installée chez lui avec sa fille et s'en occupait comme une louve. Encore sous le choc de l'agression, Camille se blottit contre lui et ne dit pas un mot. Renan respecta son silence et ne passa qu'un appel à Grümmel pour lui transmettre le signalement du tueur.

Ils arrivèrent au château de Bagnols vers vingt-deux heures. Renan annula la deuxième chambre, garda la suite du Mexicain qui portait un drôle de nom – Gaspard Dugué – et commanda un dîner et une bouteille de puligny-montrachet. Au vu de la note monstrueuse qui s'annonçait, ça ne changeait plus rien... Il fit aussi venir un médecin pour examiner Camille et soigner sa brûlure qui se révéla sans gravité.

Il était minuit, l'heure des explications sonnait et si Renan avait déjà imaginé différents scénarios, il ne s'attendait pas au dixième de ce que Camille-la-perfide allait lui servir.

Elle était bien partie aux États-Unis à l'âge de dix-huit ans avec un garçon d'origine allemande dont elle était follement amoureuse. Mais elle l'avait tué en situation de légitime défense quelques mois plus tard lorsqu'il voulut la livrer à ses amis, une bande de « drogués pervers bourrés de viagra » et contaminés par le sida qui traitaient Rocco Siffredi de « nain poussif » et refusaient l'usage du préservatif ! Or, le FBI surveillait cette branche déjantée du mouvement raëlien. Elle fut arrêtée, mise au secret et interrogée pendant des semaines jusqu'au jour où un nouvel agent était venu lui proposer un marché. L'impunité et la liberté. En contrepartie, elle rentrerait en France, poursuivrait ses études, mènerait une vie normale mais acceptait par avance de participer à des missions ponctuelles, comme transmettre un message, surveiller une *cible* ou avoir un œil sur une activité sensible. Rien de tel pour pénétrer une entreprise ou un ministère que des gens ordinaires. Selon les explications de Camille, il s'agissait d'une pratique d'espionnage assez courante avec les étrangers qui commettaient un crime sans véritable préjudice pour les États-Unis ou ses concitoyens. Ainsi, plutôt que de confier à la justice et par la suite à l'administration pénitentiaire des coupables qui coûteraient cher à la communauté, le FBI les recrutait, les formait et les renvoyait chez eux. Avec le dossier que la police fédérale détenait sur chacun d'eux, mieux valait coopérer, sinon, il fallait vivre avec la hantise de voir débarquer Interpol. Dès lors, le FBI disposait d'un solide réseau d'informateurs et de taupes à l'étranger. En revanche, Camille ignorait si le FBI travaillait avec la CIA. Renan connaissait l'imagination fertile des services de renseignement américains et bien qu'il n'en ait jamais entendu parler, ce programme ne lui parut pas invraisemblable.

Elle marqua une pause dans son récit, se servit un peu de vin – déjà la deuxième bouteille – et lui révéla que tout avait commencé avec le suicide de Francis Véry. Elle s'interrompit aussitôt et lui prit la main ; il y avait dans son expression la trace d'une douleur indicible.

— Ça me brise le cœur de te faire du mal mais je n'ai pas le choix, il faut que tu me pardonnes pour tout ce que j'ai fait et que tu m'accordes ta confiance une dernière fois. Je t'aime vraiment et ça, c'est la vérité.

Pouvait-il la croire ? La bouche sèche, il fut incapable de répondre et elle déroula la suite de son histoire, la leur en fait.

En quelques phrases, elle lui raconta de quelle façon Don Alessandro avait eu l'idée de la jeter dans ses bras.

— Parce que le professeur fait partie du FBI ? réagit d'abord Renan, abasourdi.

— Oui, depuis longtemps semble-t-il, mais je ne sais presque rien de lui, sauf ce que l'on trouve sur Internet. Il m'a contactée en décembre et m'a demandé de t'inviter en tant que présidente du BDE à plancher devant les élèves de la fac. Selon lui, ton penchant bien connu pour les jeunes femmes faciliterait mon travail.

L'invitation ayant été lancée mi-décembre, c'est-à-dire bien avant qu'il y ait une « affaire Véry », le Mexicain était persuadé qu'il ne se méfierait pas de Camille. Ce faisant, il espérait placer une *mouche* dans son entourage direct, surveiller ses moindres faits et gestes et distribuer les lettres anonymes au bon moment. Il en était l'auteur mais ne lui avait jamais révélé la manière dont il obtenait ses renseignements.

— Il ne craignait pas que mes adversaires exploitent ton passé raëlien contre moi ? s'étonna Renan.

— Non, ça faisait même partie de son plan. Il se doutait que la bombe exploserait à un moment ou à un autre, mais il était persuadé que ça te stimulerait. Et si personne ne l'avait découvert, il comptait bien garder l'information pour te faire chanter ou t'écarter du jeu si tu devenais trop encombrant.

— Et tu as accepté de jouer ce rôle de... de... ?

Il était incapable de prononcer le mot.

— De pute, oui, dit Camille pour lui faciliter les choses. Comme mon implication allait bien au-delà des conventions, les hommes du FBI m'ont promis qu'à l'issue de cette affaire, je n'entendrais plus jamais parler d'eux. Tout ça n'est pas très joli, je le sais, mais je traîne mon crime comme un fardeau, il fallait que je purge le passé pour avoir droit à une deuxième chance. Mais rien ne s'est déroulé comme prévu car je suis tombée amoureuse de toi. Tu es le premier qui...

Elle omit cependant de lui avouer qu'elle devait recevoir cent mille euros pour *ses bons et loyaux services*, dont la moitié était déjà versée sur un compte à Jersey.

Mais Renan ne l'écoutait plus. Il était édifié ! Il n'avait été qu'un jouet dans une succession de mains, les dernières étant celles qu'il soupçonnait le moins. *À qui le tour ?* se demandait-il en songeant à la fameuse métaphore des poupées russes.

À cet instant, Camille fut persuadée qu'elle le perdrait à jamais sauf si...

Elle se leva et, lentement, laissa glisser le peignoir de ses épaules. Ce corps était si parfait. Elle s'approcha de lui et s'agenouilla. Il ne la repoussa pas. Il aurait pourtant dû. Mais il n'en avait plus la force, ni même l'envie. Puisqu'il coulait, autant jouir de ce qui lui restait.

Il se réveilla avec la gueule de bois. Une double ! Trop de vin et trop de révélations dans la même soirée. Il n'avait aucun souvenir de s'être couché. Le parfum de Camille flottait encore dans l'air. Il étendit son bras mais il n'y avait que des draps froissés.

Dommage… Il ouvrit les yeux, contempla un instant le plafond et les murs décorés d'un trompe-l'œil dans les tons Renaissance. C'était vraiment magnifique, tout comme les deux colonnes corinthiennes au pied du lit. Puis il regarda sa vieille Omega – neuf heures quarante !!! – et bondit. Au mieux, il serait de retour à son cabinet à onze heures. Son retard devenait problématique et même s'il ne prenait plus aucun dossier, le nombre d'affaires qu'il devait encore traiter tout en se préparant à passer la main suffirait à occuper un juge expérimenté douze heures par jour.

Mais d'abord, il chercha Camille. Son appel resta sans réponse.

Était-elle dans le salon en train de prendre le petit déjeuner ? Non. Dans la baignoire qui pouvait faire office de piscine ? Non plus. S'était-elle tirée en embarquant son portefeuille, les clés de la Saab et son portable militaire ? Pas davantage.

Il craignit que le tueur ne les ait suivis jusqu'ici et eut peur, pour elle, et pour lui aussi. Il n'imaginait pas ne plus la revoir. Le cœur battant, il enfila un pantalon, une chemise, un chandail et mit ses chaussures sans les chaussettes, pressé de foncer à la réception.

« Mademoiselle est partie se promener dans le parc », lui répondit le concierge. Dehors, le ciel était bleu. Enfin. Il fit quelques pas en direction des vignes. En voyant Camille revenir de sa balade, insouciante en apparence, un perce-neige dans les cheveux, il aurait pu lui accorder le bon Dieu sans confession. Sauf que…

— C'est très beau, ici ! dit-elle. On reviendra, j'espère !

*Je ferai un casse avant…* pensa-t-il en se demandant si Camille croyait ce qu'elle disait.

Ils marchèrent côte à côte et Renan, qui n'avait plus envie de partir, profita des jardins du château et du panorama à perte de vue sur le vignoble du Beaujolais.

— Je ne suis pas sûr d'avoir tout compris, lâcha-t-il, rompant le silence, et j'ai encore quelques questions. Pourquoi t'es-tu absentée vendredi ?

— J'ai demandé à voir Don Alessandro en urgence, pour tout arrêter. Je n'en pouvais plus.

— Et au même moment, Gaëlle disparaît. Bizarre, non?

— Je pensais au contraire qu'il s'agissait du meilleur moment pour m'éclipser. Après Amsterdam, la situation était sous contrôle. Comment pouvais-je imaginer qu'elle allait fuguer?

— Tu aurais pu m'appeler avant de partir.

— Je n'ai pas eu le temps, il fallait que j'attrape le train de dix-huit heures et dans la précipitation, j'ai oublié mon téléphone.

— Pas le temps, dis-tu... Mais tu m'as laissé un mot.

— Oui, tu m'avais prévenue que tu dormirais chez moi. Après, tu ne répondais plus au téléphone. J'ai compris que tu ne voulais plus me voir. Je me suis résignée...

— Un peu vite, non?

— Que voulais-tu que je fasse d'autre, tu avais ta femme, ta fille, les circonstances étaient contre moi...

Disait-elle la vérité? Avec cette fille, tout était possible. Elle profita de cet instant de doute pour glisser la main dans la sienne; il la serra fort et comprit qu'il lui serait difficile de vivre sans elle.

— À propos, dit-elle, Don Alessandro devait apporter une nouvelle lettre.

— Il t'avait informée de son contenu?

— Non, mais il venait de faire une découverte très importante.

— Il aura emporté son secret avec lui, soupira Renan, à moins qu'il ne l'ait partagé avec le FBI. As-tu une idée de la façon dont on vous a repérés?

— On m'a peut-être suivie quand je suis allée le voir vendredi. Ou bien, c'est Don Alessandro qui était surveillé. Une chose est sûre, on a tenté de nous tuer au même moment.

— Qui, selon toi?

— La secte!

Ils remontèrent dans la suite et Renan prévint sa greffière qu'il ne serait là qu'à quatorze heures trente. Elle rouspéta, disant qu'elle était débordée sans lui, que le téléphone n'arrêtait pas de sonner et, surtout, qu'il allait rater le délibéré de la chambre de l'instruction qui devait statuer sur le maintien en détention de Richard Dorville, le chef d'entreprise impliqué dans le financement illégal du PRP. « Ils veulent le relâcher? Qu'ils le fassent sans moi! De toute façon, ils ne me suivront pas. » Mais cette perspective le navrait. Il était difficile d'assister, impuissant, au détricotage de son combat contre la corruption, l'œuvre de sa vie!

Pour le détendre, Camille lui offrit un long massage, puis ils firent l'amour, commandèrent un gargantuesque petit déjeuner, et glissèrent encore sous les draps.

Vers midi et demi, il régla la note qui portait bien son nom de douloureuse et quitta à regret ce lieu enchanteur pour replonger aussi sec dans son cauchemar quotidien.

Dans la voiture, il téléphona à Grümmel. Hélas, aucun homme brûlé au visage n'avait été signalé aux urgences depuis hier soir. En revanche, le rapport du légiste concernant Blandine avait été transmis mais le commissaire avait dû batailler pour le récupérer. Les gendarmes de Saint-Martin avaient reçu des consignes pour ne rien précipiter.

— On a trouvé de l'eau dans ses poumons, annonça-t-il. C'est une noyade.

— Accidentelle?

— Difficile à dire. Il y a un hématome à la base du cou qui a provoqué une fracture des cervicales. Selon le médecin, elle serait restée paralysée.

— Comment expliquez-vous la noyade, alors?

— Elle a pu tomber du bateau et dans sa chute, la tête a heurté un bastingage. Ou le contraire, elle a fait une mauvaise chute sur un pont et son corps a basculé dans l'eau.

Renan entrevoyait une autre hypothèse.

— On l'a balancée à la mer alors qu'elle était inconsciente!

— C'est moche. Qu'est-ce qui vous fait dire ça?

Il avait examiné le problème sous toutes ses coutures et parvenait toujours à la même conclusion.

— Je suis persuadé que Karim connaissait Blandine. Pour une raison inconnue, ils ont dû vouloir se sauver ensemble et ça a mal tourné. Une bagarre ou un accident, je l'ignore, mais Blandine est restée sur le carreau et l'équipage s'est débarrassé du corps.

— Vous pensez que le capitaine n'a pas voulu la soigner ?

— Au vu de son état, il aurait dû la faire hospitaliser dans les Antilles, aucun paquebot, même l'*Ark*, n'étant équipé pour traiter ce genre de traumatisme. Mais c'était prendre le risque que sa présence ne soit signalée aux autorités et par là même à sa famille. Ils ont donc fait croire que tout allait bien, le temps d'attirer Gaëlle, car c'était leur objectif, ne l'oubliez pas. Mais le corps a été retrouvé par des pêcheurs. Pas de chance… Enfin, façon de parler.

Les mains crispées sur le volant, Renan imaginait en accéléré les derniers instants de la vie de Blandine Lenoir. *Elle se réveille sous l'eau, tente de comprendre ce qui lui arrive… son cou lui fait mal, elle ne peut pas bouger, elle s'enfonce, panique, suffoque, son cerveau brûle, tout devient noir… le feu dévore ses poumons, elle respire une dernière fois… son corps est secoué de spasmes violents… elle se convulse, se tend, se relâche… et meurt. Atroce.*

— Comptez-vous prévenir ses parents ? demanda Grümmel.

À ce stade, l'identité de la *victime* n'était pas confirmée.

— Oui. Il est inutile d'attendre les analyses ADN. Nous savons que c'est elle. J'irai les voir ce soir.

Une visite dont il se serait bien passé. Comment réagirait madame Lenoir qui se trouvait déjà aux portes de la folie ?

Avant de raccrocher, Renan lui signala que l'un de ses informateurs, diplomate mexicain, avait été écrasé par un métro la veille au soir et le pria de contacter ses collègues parisiens afin de connaître les circonstances du drame et d'obtenir la liste des objets retrouvés sur le corps de Don Alessandro. La cinquième lettre anonyme devait y figurer.

*À moins que…*

Rue Voltaire, un policier avait été dépêché pour surveiller le studio. Renan et Camille eurent un choc en y pénétrant. Le tueur n'avait rien dérobé mais tout saccagé, avec une rare sauvagerie. Le matelas et le canapé étaient éventrés, les murs percés de coups de couteau, les moquettes arrachées, la cuisine défoncée et le contenu du frigo déversé à même le sol. Même les vêtements de Camille étaient en lambeaux et ses petites culottes aspergées de ketchup.

*C'est un malade!* estima Renan, inquiet, *qui risque de recommencer à tout moment.* Camille était en danger.

Bouleversée, elle récupérait quelques souvenirs encore intacts, une photo de ses parents et une bague avec une minuscule émeraude.

Loys Grümmel les rejoignit sur place, procéda aux constats d'usage, puis ils se rendirent au commissariat. Là, il reçut la plainte de Camille, détacha un policier de son équipe qu'il affecta à sa protection. Il y avait eu assez de morts.

Enfin, Renan accompagna Camille quai de Bondy et fut soulagé de savoir que les trois femmes ne quitteraient pas l'appartement.

Ensuite, il gagna le palais de justice en longeant le quai de Saône, soucieux. Même si la police les protégeait, la sécurité de Camille et de Gaëlle le préoccupait. Il ne se pardonnerait pas que la secte puisse une nouvelle fois mettre en péril la vie ou aliène la liberté de ceux qu'il chérissait. Dans un autre registre, sa relation avec Camille le tracassait. Avaient-ils un avenir ensemble? Il voulait croire en sa sincérité, mais il lui faudrait mettre Camille à l'épreuve pour chasser le doute qui revenait à chaque fois qu'il s'éloignait d'elle. Soudain, une pensée diabolique traversa son esprit. Et si Camille était de mèche avec le tueur et que le saccage du studio n'avait été qu'une mise en scène? Il rappela Grümmel et exigea qu'il renforce encore la surveillance.

Au cabinet, c'était la panique et Agathe lui donna le sentiment de colmater les brèches du *Titanic* avec du sparadrap. Femme courageuse qui refusait de quitter le navire en perdition et son malheureux capitaine. Naturellement, Richard Dorville avait été remis en liberté et dans les prochaines heures, le PRP clamerait haut et fort que le juge Le Goff subissait un nouveau désaveu cinglant. Mais la vraie mauvaise nouvelle du jour était ailleurs : il venait de recevoir sa convocation devant le Conseil supérieur de la magistrature pour « manquements graves et caractérisés à l'honneur ».

Il ne fallait pas s'en étonner car il s'agissait d'un problème de comportement et les faits étaient établis, il n'y avait donc aucune raison de retarder l'échéance d'autant que le CSM se disait préoccupé par la gestion désordonnée du cabinet de Renan et craignait que les justiciables dont il avait la charge ne pâtissent de la situation. Une fois n'était pas coutume, le Conseil avait été vite en besogne. Dans tous les cas, le calendrier jouait en faveur des survivalistes car l'inévitable condamnation de Renan se traduirait par une peine qui varierait entre le blâme, la mutation d'office, la suspension provisoire et la révocation pure et simple. Dans les trois dernières hypothèses, la conséquence immédiate serait le retrait de l'ensemble de ses dossiers. À n'en pas douter, c'est l'intrigante Martina Vilenovski qui le remplacerait, elle était déjà à la manœuvre pour récupérer le pôle financier. L'occasion était trop belle. Il imaginait avec consternation la Polonaise négociant avec le procureur le sort qu'il conviendrait de réserver à plusieurs affaires sensibles et notamment au suicide de Francis Véry pour lequel elle pouvait faire traîner la procédure indéfiniment, la vider de l'essentiel de sa substance, voire rendre un non-lieu.

Pendant une trentaine de minutes, Renan se mura dans le silence. Puis il prit la seule décision qui s'imposait.

# 50

*Réputation, réputation, réputation !*
*Oh, j'ai perdu ma réputation ! J'ai perdu la partie immortelle de moi-même, et ce qui reste est bestial.*

William Shakespeare

*Paris, jeudi 7 février*

Dans la grande salle de réception de l'ambassade du Mexique, la communauté mexicaine de Paris et les officiels français rendaient un dernier hommage à Don Alessandro avant que sa dépouille ne soit rapatriée au Mexique, dans sa province du Chiapas, au cœur de la cité de Palenque. Là-bas, sa tribu se chargerait de l'engager sur un nouveau cycle de vie selon un ancien rite funéraire maya qui, paraît-il, prévoyait l'incinération du corps et la momification de la tête.

À l'issue des discours, l'ambassadeur offrit un verre aux invités. Tequila ou champagne. Parmi la centaine de personnes qui restait, Renan reconnut le ministre de la Recherche, un diplomate et deux historiens qui passaient souvent à la télévision, et des parlementaires, au premier rang desquels Jean-Pierre Albrard. Lisa Brioni était là aussi, très chic dans son tailleur noir, mais elle préféra se tenir à distance. En public, c'était compréhensible. Elle n'était d'ailleurs pas la seule ; les gens se détournaient sur son passage et il eut même l'impression que sa présence en incommodait quelques-uns. Ce qui ne fut pas le cas du fondateur de la MILS.

— On m'a informé que vous aviez pris un peu de recul, lui dit Albrard qui vint le saluer après avoir serré les mains indispensables, selon le respect des usages protocolaires.

*Qu'en termes choisis ces choses-là sont dites...*

— Les nouvelles vont vite, surtout les mauvaises...

Depuis la veille, Renan s'était mis en congé pour une durée indéterminée. Objectif de ce break : préparer sa défense et protéger les siens. Pendant cette période, Agathe avait pour mission d'assurer la permanence du cabinet. Quant aux dossiers en cours, il avait décidé de n'en lâcher aucun. Tant pis, les justiciables patienteraient un peu plus longtemps. De toutes les façons, à court terme, un changement de juge d'instruction n'aurait pas permis d'accélérer les procédures. Au contraire.

— Vous l'avez un peu cherché, non ?

— On m'a surtout beaucoup manipulé ! se récria-t-il.

— Certes, mais vous n'avez pas été très prudent.

— Je n'avais pas envisagé un tel déchaînement de violence ni que ma fille serait entraînée dans cet enfer. Mais la messe est dite et dans ma situation, mieux vaut se concentrer sur l'essentiel. Et puis... les leçons portent leurs fruits. On appelle ça l'expérience.

— Ce qui ne vous tue pas, vous renforce.

Mais la citation de Nietzsche n'était pas très appropriée : il y avait déjà trois morts et une tentative de meurtre. Renan préféra ne pas répondre.

— Ce cher Don Alessandro nous manquera... poursuivit le député, pour faire oublier sa bourde. C'est si soudain.

— Et surtout, très inquiétant !

Rondement bâclée, l'enquête de police concluait à un « accident consécutif à une bagarre entre deux jeunes issus des banlieues ». C'est ce que démontraient les enregistrements des caméras de surveillance. Hélas, les responsables de cet « homicide involontaire » avaient pris la fuite et la cinquième lettre anonyme ne se trouvait pas dans les effets personnels du défunt; Loys Grümmel avait réussi à obtenir une copie de la liste. On l'avait donc dérobée, ce qui confirmait que la secte n'avait rien laissé au hasard et disposait de complicités à tous les niveaux de l'État, de la police et de la justice. Le Goff en tenait pour preuve l'interprétation légale donnée aux morts violentes survenues dans cette affaire : la noyade de Blandine, l'overdose de

Karim, l'accident de Don Alessandro. Sans oublier la défenestration de Francis Véry. Il ne manquait plus que la pendaison du juge…

— Parce que vous croyez qu'il a été poussé à dessein ?

— C'est l'évidence même. Il faut que nous en discutions, mais pas ici.

— Ma voiture est dehors, allons-y. Lisa nous rejoindra.

Albrard l'emmena boire un américano au bar du Meurice et amorça la conversation en admettant que la thèse de Renan soit plausible. Ce n'était pas un accident et la secte avait certainement commandité l'assassinat du Mexicain afin d'éliminer un danger. Mais lequel ?

— Don Alessandro se rendait à Lyon pour vous rencontrer, je suppose.

Renan fit *oui* de la tête avant de prendre la parole.

— Il avait fait une découverte, moi aussi. Hélas, il est mort avec son secret ; en revanche, je suis toujours vivant et en mesure de partager le mien avec vous.

*Mais dépêchons-nous…* songea-t-il.

— Pourquoi ne pas m'avoir averti en même temps que le professeur ? lui reprocha le député.

— Je souhaitais valider l'idée avec lui, mentit Renan avant d'en venir au fait. Connaissez-vous Louis Kostner ?

— De nom. C'est un avocat d'affaires international que l'on dit proche du président.

— C'est tout ? insista-t-il.

Il fallait qu'Albrard lui dise la vérité et abatte son jeu. Sinon, Renan resterait sur la défensive, par crainte d'une duplicité du parlementaire. Depuis le début de cette affaire, ils lui mentaient tous, ou presque. Pourquoi pas lui ? D'autant qu'il ignorait la façon dont Don Alessandro et Camille avaient été identifiés par la secte. Toutefois, Renan n'oubliait pas que la veille, Albrard avait fait une déclaration à la radio en sa faveur, pour « dénoncer les manigances d'une main invisible qui tentait de stopper les investigations d'un juge réputé pour son esprit d'indépendance ».

— Non, non. Son cabinet fait partie de ceux qui travaillent avec le gouvernement et l'Assemblée nationale, notamment lorsqu'il faut auditer les futures lois et s'assurer de leur constitutionnalité.

— Si c'est le cas, Kostner maîtrise le circuit effectué par un texte avant le vote parlementaire.

Un parcours complexe fait de multiples allers-retours entre les deux assemblées et les ministères concernés au cours duquel chaque virgule, chaque mot et chaque phrase sont pesés et repesés.

— Oui, et alors?

— Eh bien il a pu s'arranger pour intercepter le texte du nouveau code pénal, juste avant le vote, et supprimer l'article qui, en cas de condamnation de la secte par un tribunal correctionnel pour escroquerie en bande organisée, aurait pu entraîner sa dissolution en France. Dans un document de sept cents pages, qui pouvait s'en rendre compte ?

— C'est très grave!

— Je ne vous le fais pas dire.

— Mais pourquoi Louis Kostner aurait-il pris un tel risque?

— Parce que Monsieur X et lui ne font qu'un!

Cette fois, le député ne dit plus rien. Comme un boxeur après un uppercut, il reprenait son souffle.

— Vous... vous êtes certain de votre accusation? demanda-t-il après avoir bu une grande gorgée d'américano.

— Il me manque une preuve, mais la réponse est oui, affirma Renan.

La seule personne qui aurait pu l'aider à confondre l'avocat, c'était Miranda Gomez; hélas, elle n'avait plus accès aux fichiers de la DCRI. En outre, il n'était pas certain que les services de renseignement disposent d'une note établissant un lien entre Kostner et la secte.

— Comment avez-vous découvert tout ça?

— Je ne peux pas vous le révéler, désolé. Je me dois de protéger mes informateurs.

De la même façon, il se refusait à révéler que Don Alessandro faisait partie du FBI. Et puis, il ne voulait pas exposer Camille.

— Bien, dit Albrard. Quoi qu'il en soit, j'en ai suffisamment appris. Laissez-moi agir et faites-moi confiance.

— Depuis le début de cette affaire, à chaque fois que j'ai fait confiance, je me suis fait avoir! Alors ne comptez pas sur moi pour rester inerte.

— Comprenez-moi bien, monsieur le juge. Ce qui se joue désormais dépasse de loin le cadre de votre enquête. Et si vous me permettez un bon conseil, mieux vaut garder le silence le plus absolu sur cette information qui relève du secret d'État.

Renan se le tint pour dit, mais garda en mémoire une information, plutôt une rumeur qui circulait depuis quelques jours : Albrard faisait figure de favori pour remplacer Interman au ministère de la Justice.

Lisa Brioni les rejoignit à ce moment. Elle commanda un cocktail de fruits, s'intéressa d'abord avec une bienveillance non feinte à la santé et au moral de Renan, partagea avec eux sa conviction quant à la responsabilité des survivalistes dans la mort du Mexicain puis leur révéla que la MILS avait appris qu'ils organisaient une tournée européenne pour Ernst Blake vers la fin du mois de février; il serait rejoint par l'acteur Tim Cross qui participerait à plusieurs grands prêches du gourou.

— Si vous voulez le coincer, dit Lisa, vous disposerez d'une fenêtre de tir d'une semaine. C'est le temps qu'il séjournera en France.

Ils virent Renan hausser les sourcils, dubitatif.

— Dans ce cas, il faudrait au moins savoir où il va résider, expliqua-t-il sans conviction. Mais c'est une arme à un coup. Si ma perquisition ne donne rien, je me ferai étriller en cascade. Par ailleurs, il est à craindre que je n'aie jamais l'occasion d'interroger ce *bon monsieur* Blake. Je suis convoqué devant le conseil disciplinaire du CSM le 19 février et je gage qu'il rendra très rapidement un verdict qui ne me sera pas favorable et m'empêchera d'intervenir dans l'enquête.

— Vu comme ça... dit le député manifestement contrarié.

Mais Lisa semblait moins inquiète.

— J'ai là une liste de noms qui devrait vous intéresser, annonça-t-elle en sortant un document de son sac à main. Ce sont les membres qui siégeront au conseil disciplinaire. À votre place, je me pencherais sur celui de Marie-Laure de Saintonge qui vient d'être désignée comme rapporteur par François Dejoubert, le président du CSM.

— Qui est-ce ? demanda Albrard.

— Une sociologue. Mais surtout, elle est la maîtresse de Clothaire d'Arsens.

— Vous voulez parler de l'essayiste, le grand défenseur des sectes ? s'exclama Renan.

— Oui. Leur relation dure depuis cinq ans.

— Et vous avez des preuves de ce que vous avancez ?

— Depuis peu, oui ; nous avons bien travaillé.

En réalité, ce n'était pas grâce à la MILS. Lisa ignorait l'origine de cette révélation : elle avait reçu une lettre anonyme, mais elle se garda de le leur avouer.

C'est elle qui raccompagna Renan gare de Lyon ; il prendrait le TGV de dix-huit heures et dînerait avec *sa tribu*. Lui qui appréciait son mode de vie de célibataire, il était servi : il y avait trois femmes dans son appartement !

Sans pour autant affirmer qu'il avait retrouvé un moral d'acier, il se sentait revigoré par le contenu de sa sacoche et ces documents qui pourraient bel et bien changer la donne.

Mais son euphorie relative fut de courte durée. De retour à Lyon, il découvrit dans son courrier la seconde convocation devant le CSM, avec une audience prévue en mars prochain. Là encore, les hauts magistrats du quai Branly avaient mis les bouchées doubles pour se saisir de la requête en suspicion légitime déposée par les avocats de Blake et la course contre la montre repartait de plus belle.

*Quand on a touché le fond, on croit que c'est fini. Eh bien non, on peut toujours creuser…*

# 51

*La vie n'est qu'un piège où l'on finit toujours par tomber.*

Minou Petrowski

*Lyon, vendredi 8 février*

En vieux barbouze, Bertrand Maréchal se faisait rarement surprendre. Mais ce coup-là, il ne l'avait pas vu venir. Sur son bureau, deux documents étaient posés côte à côte : la plainte déposée par Camille Doppel, avec la description de son agresseur, et le duplicata d'un billet d'avion, un aller simple Lyon-Lisbonne, délivré au nom de Manuel Braga.

Hier, il s'était étonné du silence du Portugais. Dans ce genre de mission, le reporting n'est pas quotidien, mais cela faisait trois jours que Braga ne répondait pas à ses appels. Aussi était-il allé chercher les renseignements à la source et avait-il découvert le pot aux roses. Le Portugais avait eu un accident au visage et même s'il ne s'était pas produit en service, il aurait dû le signaler. Tout comme il avait le devoir de le prévenir de son absence au cours d'une mission. Dès lors, une évidence s'imposait : son homme de main avait voulu éliminer la petite amie du juge.

Il restait avec deux questions embarrassantes sur les bras.

Pourquoi exécuter un contrat que la DCRI n'avait jamais commandité ? Et pourquoi, son coup raté, avait-il pris la fuite ?

Il n'eut aucune difficulté à y répondre et en éprouva de la rage. Braga était un agent double et travaillait pour les survivalistes ! La brûlure au visage dénonçait son forfait. Et s'il tuait pour le compte d'un deuxième employeur, il devait aussi le renseigner sur les projets et les agissements de la DCRI. La trahison de son plus fidèle sous-officier l'ulcérait. Quoi qu'on fasse, les bas instincts d'un individu prenaient toujours le dessus et ça le dégoûtait.

D'autres que lui auraient pensé : « Il est rentré au pays, bon débarras ! » Mais c'était mal connaître Manuel Braga. Il allait revenir. Des hommes comme lui finissent toujours le travail, c'est une question d'honneur, et Camille Doppel restait dans sa ligne de mire. Elle, et peut-être quelques autres. Même barricadés et protégés par la police, Le Goff et les siens n'étaient pas en sécurité car rien n'arrêterait le Portugais. Mais le pire était ailleurs : si le ministre de l'Intérieur découvrait qu'un des mercenaires de Maréchal supprimait dans son dos les protagonistes d'une affaire d'État, il était cuit. Ce qui, dans son cas, pouvait prendre de multiples formes, retraite anticipée – au mieux –, radiation pour faute – probable –, procès pour haute trahison – possible –, élimination pure et simple – à ne pas exclure ; il ne serait pas le premier haut fonctionnaire de police à *avoir un suicide* comme d'autres ont un accident de voiture.

Certes, il détenait des dossiers et pouvait se défendre. Mais il était bien placé pour savoir qu'un homme seul perd toujours face à la toute-puissance de l'État. En outre, sa marge de manœuvre s'était quelque peu réduite à cause de l'incontrôlable Le Goff dont les agissements exaspéraient plusieurs ministères et l'Élysée. De fait, on n'accédait plus à toutes ses exigences ; un constat amer vérifié avec les deux commissaires dont il n'avait pu obtenir la peau. Ses interlocuteurs lui répondaient que Grümmel était protégé par le futur garde des Sceaux ; personne ne voulait se mouiller. Et on estimait que Gomez avait été suffisamment sanctionnée ; après tout, les très bons éléments n'étaient pas si nombreux au sein de la police nationale et le charismatique patron de la crim' marseillaise, l'indéboulonnable Angeloni, l'avait prise sous son aile.

À neuf heures, de fort méchante humeur, Bertrand Maréchal reçut dans son bureau les policiers qui lui étaient rattachés, fit le point avec eux sur la grande priorité du moment – la lutte contre Al-Qaida – et leur communiqua ses instructions pour le week-end avant de les congédier sans ménagement. Puis il informa son assistante de son absence. Pendant quelques jours, il serait joignable mais ne passerait plus au bureau. Avant qu'il ne parte, elle lui annonça que l'ADN prélevé sur le corps de la jeune fille repêché à Saint-Martin était bien celui de Blandine Lenoir. Le rapatriement de la dépouille aurait lieu lundi. Mais c'est à peine s'il l'écouta.

À dix heures, il avait disparu, fondu dans la ville, noyé dans la masse des invisibles, en marche pour ce qui devait être la dernière chasse à l'homme de sa longue carrière. Car Braga était SON problème. Hors de question d'utiliser les moyens et les équipes de la DCRI pour le régler. D'abord parce que le recours à des hommes tels que lui était trop éloigné du cadre légal. Et ensuite parce que certaines trahisons ne peuvent se régler que face à face.

# 52

*La mouche qui veut échapper au piège ne peut être plus en sûreté que sur le piège même.*

Georg Christoph Lichtenberg

*Lyon, jeudi 14 février*

Célébrée en l'église Saint-Bruno-les-Chartreux à quatorze heures trente, la cérémonie avait été d'une intensité poignante. Au premier rang, le père de Blandine raidissait son corps fatigué et madame Lenoir, dont les tremblements étaient accrus par l'usage du Valium, se cramponnait au bras de son mari. Elle n'avait toujours pas retrouvé l'usage de la parole et n'était sortie de la clinique que le temps des funérailles, son médecin ayant fini par la faire interner.

Les obsèques se poursuivirent au cimetière de la Croix-Rousse qu'un vent sibérien traversait. Les bourrasques chargées de givre courbaient les silhouettes noires des mortels en deuil et leur donnaient des allures conspiratrices.

Renan, Camille et Isabelle encadraient une Gaëlle au visage sombre et taciturne. Loys Grümmel et Miranda Gomez étaient là également, ainsi que les nombreux amis de Blandine et de ses parents, un représentant de la mairie et un administrateur de l'université, plusieurs leaders des associations anti-sectes et un seul journaliste – un chroniqueur de quartier – car aucun média n'avait voulu prendre le risque de pointer du doigt les responsables de sa mort ; la probabilité d'un procès en diffamation était trop grande. Renan avait même appris que l'avocat de Blake, Henri de Fontbrun, avait appelé plusieurs patrons de presse pour les mettre en garde et leur donner une idée de ce qu'il leur réclamerait à la barre du tribunal. À l'église, il avait aperçu Bertrand Maréchal. Cette affaire ne le concernant pas, le procureur Berthoux ne s'était pas déplacé ; son collègue de Basse-Terre avait classé le dossier Blandine Lenoir et Renan ruminait sa rancœur. L'enquête ne mettait en lumière qu'un seul élément tangible : l'incompétence crasse du capitaine Victorin ; ou sa malhonnêteté. La vérité était sans doute entre les deux.

Plusieurs témoins s'étaient *spontanément* présentés et selon des « déclarations concordantes », Blandine aurait éprouvé le besoin de « voyager pour échapper à un destin tout tracé » et après un bref séjour dans le sud de l'Espagne, elle aurait rejoint les Antilles. Des « amis » l'y attendaient. Elle aurait été aperçue une dernière fois à Saint-Martin aux environs du 15 janvier avant de partir en croisière « avec des Sud-Américains ». Les témoins évoquaient « un yacht d'une trentaine de mètres battant pavillon vénézuélien ». Que s'était-il passé ensuite ? Les enquêteurs évoquaient une noyade accidentelle que les occupants du « luxueux navire » avaient préféré passer sous silence pour « éviter des tracasseries administratives ».

Afin de convaincre Gaëlle de la duperie des survivalistes, Renan s'était procuré une copie complète du rapport de gendarmerie et sa fille avait été atterrée par tous ces faux témoignages.

Le justicier qu'il était aurait aimé que sa fille veuille en découdre avec Sylvain Rivière et porte plainte. Sa déposition contre lui associée à l'enquête sur le suicide de Véry aurait permis d'obtenir une lourde condamnation et, en parallèle, contribué à le réhabiliter aux yeux de la chancellerie. Mais elle s'y refusait, la simple évocation des survivalistes suffisait à l'effrayer. Il n'insistait pas.

Cette sinistre sortie était la première qu'ils effectuaient ensemble depuis une semaine et Renan se tenait particulièrement sur ses gardes, craignant que l'agresseur de Camille ne frappe à nouveau. Par sécurité, Loys Grümmel avait également placé des hommes à lui dans le cimetière.

Manuel Braga, méconnaissable dans sa tenue d'antenniste et dissimulé sous une couverture de camouflage, s'était posté en sniper à neuf heures du matin sur le toit d'un immeuble. De là, parfaitement invisible, il disposait d'un point d'observation idéal sur le cimetière, son entrée et la concession des Lenoir qui se trouvait à l'opposé de son nid d'aigle.

Sa brûlure lui tiraillait la peau. À Lisbonne, un vieux médecin de la Légion l'avait bien soigné mais il conserverait une vilaine cicatrice sur la joue. Seule consolation, la punition toute proche de son auteur.

Il était revenu du Portugal dimanche dernier, avec le contrat de sa vie : éliminer Camille Doppel. En récompense, il toucherait cent cinquante mille euros s'il réussissait avant le 14 février. Ensuite, Sylvain Rivière appliquerait une pénalité de dix mille euros par jour de retard. Il n'était donc pas question de reculer. Mais sa cible était très difficile à atteindre, le domicile du juge faisant l'objet d'une surveillance renforcée. Seule solution : profiter de l'enterrement si elle y assistait et mettre en pratique le plan qu'il avait concocté.

Pedro, son complice, était un garçon qui jouait avec adresse le simple d'esprit. Son béret vissé sur le crâne, un strabisme prononcé et la bouche entrouverte qui laissait échapper un filet de bave, il faisait peine à voir. Personne ne se méfiait de lui, Braga avait pu s'en assurer à de multiples reprises.

Sa mission était simple. Lorsque le juge et ses proches se dirigeraient vers la sortie du cimetière, il remonterait l'allée en sens inverse, son bouquet de roses à la main, et lorsqu'il serait à une quinzaine de mètres d'eux, il jetterait une grenade défensive au milieu du groupe. Ainsi, il éliminerait Camille Doppel, le juge et sa fille. Et dans la panique générale, il aurait le temps de prendre la fuite. Au besoin, Braga éliminerait les éventuels poursuivants. Près de lui, le Remington équipé d'un silencieux qu'il utilisait depuis vingt ans et avec lequel il ne manquait jamais son coup.

Les yeux rivés aux jumelles, il suivait les derniers instants de l'inhumation. Le groupe se dispersait.

D'un SMS, il donna le top départ à Pedro.

Maréchal était épuisé. Ces conneries n'étaient plus de son âge. Mais il touchait au but. Après six jours de vaines et frustrantes recherches, il avait eu un flash au moment où il vit Camille assister à la messe. *Jolie cible...* Comment avait-il pu se montrer si négligent ? Il devait vieillir et c'était mauvais signe. Il aurait le temps d'y penser, quand tout serait fini, et d'en tirer les leçons. Car dans moins de dix secondes, Manuel Braga serait hors d'état de nuire. Mort ou vif, tout dépendrait de l'effet de surprise. Surtout, il allait empêcher ce scélérat de finir son travail.

Tapi depuis midi au huitième et dernier étage de l'immeuble le plus haut du quartier, un homme observait le cimetière et ses abords. À l'armée, il avait été tireur d'élite. Dans son viseur, rien n'échappait jamais à l'acuité de son regard. On le surnommait Syky qui était l'acronyme de See You Kill You, *il te voit, il te tue !*

Le juge et sa famille marchaient vers la sortie, tandis qu'un visiteur avec un bouquet de roses venait dans leur direction. Il lui fit l'effet d'un benêt un peu perdu.

Soudain, son attention fut attirée par un mouvement suspect sur le toit d'une résidence située à cent cinquante mètres du sien, sur la gauche.

Une bagarre venait d'éclater.

Aussitôt, il avertit son commanditaire et remplit son contrat.

# 53

*La grande erreur de la justice, c'est de s'imaginer que les accusés agissent toujours logiquement.*

Jules Renard

*Paris, mardi 19 février*

L'instant était solennel. Devant Renan dont le cœur battait une mesure irrégulière, le conseil disciplinaire du CSM, la fine fleur de la justice française ou plutôt, un buisson de ronces paré des atours de la vertu. Cinq hauts magistrats avec à leur tête François Dejoubert, le président, drapé dans sa robe rouge chamarrée d'hermine et constellée d'une panoplie de décorations. Derrière le pupitre gauche, Marc Levert représentant le ministre de la Justice et, à droite, Marie-Laure de Saintonge qui avait été désignée comme rapporteur.

Renan scruta un à un ceux qui allaient décider de son sort ; les regards étaient fuyants et les visages aussi dénués d'expression qu'une page blanche.

De cette audience et du délibéré qui suivrait dépendaient l'avenir professionnel et l'honneur du juge Renan Le Goff. Il était assisté par maître Knock-Foster, la bâtonnière de Paris, une femme respectée pour son humanisme et douée d'un grand talent oratoire.

Sur un ton monocorde, le président Dejoubert donna lecture de l'acte d'accusation qui faisait état de « manquements graves et caractérisés à l'honneur » et d'« atteinte à la dignité de la fonction de magistrat ». Puis il céda la parole à Marc Levert qui, tel Robespierre, se leva pour prendre les réquisitions au nom du ministre de la Justice.

Le représentant de Philippe Interman se livra à une charge sévère à l'encontre de Renan, devant ses pairs, et les mots d'indignité, de déshonneur, de honte ou encore de libertinage dégradant furent prononcés. Il fut traité de « déviant sexuel » et Camille de « call-girl ». Son réquisitoire dura quinze minutes au cours desquelles il subit cette infamie comme s'il s'était agi d'une flagellation en place publique. Levert réclama un an de suspension avec privation totale de traitement, la sanction la plus élevée avant la révocation, mais précisa qu'il ne serait pas choqué si le Conseil décidait d'aller au-delà, encourageant ainsi la *peine capitale* mais se gardant de la réclamer. Le pouvoir politique pourrait se prévaloir d'avoir respecté l'indépendance des magistrats s'ils crucifiaient l'accusé.

Renan aurait aimé rosser ce lâche. Mieux, le couvrir de confiture et le livrer aux fourmis africaines. Ce fut ensuite le tour de la défense; maître Knock-Foster quitta sa chaise et choisit de se placer au centre de la salle avant de commencer sa plaidoirie.

— Je suis affectée, dit-elle de son timbre vibrant, pour l'éminent magistrat qui se présente devant vous aujourd'hui sans raison et je puis vous le certifier, monsieur Levert regrettera bientôt ses paroles; il s'en repentira même!

La cour fut surprise par la violence verbale de l'avocate et d'aucuns se raclèrent la gorge.

Elle poursuivit sur le même ton en clamant l'innocence de son client, mais habitué à décrypter les attitudes des magistrats, Renan voyait que les arguments développés par son avocate ne portaient pas; on se bornait à l'écouter. Elle insista pendant quelques minutes, martelant les mêmes idées afin de bien préparer les esprits. Puis elle revint à sa table et récupéra dans son dossier une lettre qu'elle présenta à l'assemblée.

— Je porte à votre connaissance cette attestation sur l'honneur et prie votre tribunal d'accepter de la verser aux débats.

Le président acquiesça.

— Merci. Permettez-moi d'en lire les meilleurs passages : « Le juge Le Goff a été la victime d'une manipulation ourdie par une puissance extérieure à la France et dont le but était et reste de le discréditer afin de l'écarter de ses fonctions et de certains dossiers sensibles. »

Elle marqua une courte pause afin que la cour assimile cette première citation et enchaîna.

— Et encore : « La vidéo à l'origine de cette cabale et qui a été mise en ligne quelques heures entre le 24 et le 25 janvier par un site Web hébergé en Russie a été examinée par mes services. Nous ne pouvons exclure qu'il ne s'agisse pas d'un montage ou d'une mise en scène ayant eu recours à des figurants. Enfin, quant à la personne de Camille Doppel, à la DCRI, son dossier est vide. »

Un malaise parcourut l'assistance et, fait rare, le président interrompit la plaidoirie pour interroger Hélène Knock-Foster.

— Peut-on connaître le signataire de cette attestation, maître ?

— Naturellement ! Cette lettre datée d'hier est signée par le commissaire divisionnaire Bertrand Maréchal, chef de la DCRI pour la région Rhône-Alpes.

Stupéfait, le président se pencha vers son voisin de droite et lui dit quelques mots à l'oreille. Renan imagina sans peine ce qu'il murmurait : « Ça sort d'où un truc pareil ? De qui se moque-t-on à l'Intérieur ? » L'autre fit une grimace, consterné. De son côté, Marc Levert paraissait se tasser dans son fauteuil.

Elle distribua une copie du document à tous les membres du conseil disciplinaire, à l'exception de Marie-Laure de Saintonge qui paraissait décontenancée.

— J'attire votre attention sur la dernière phrase, dit-elle enfin : « Le juge Renan Le Goff est un magistrat au-dessus de tout soupçon, un grand professionnel très attaché à son indépendance, et la DCRI que je représente n'a qu'à se louer de notre collaboration. »

Dans une vie, certaines paroles ont la saveur du miel, et Renan, qui pourtant les connaissait par cœur, frémit à cette lecture. Quel coup de théâtre !

Il observa les traits gris décomposés de Marc Levert qui lui rappelèrent ceux de Bertrand Maréchal hier matin. Et, tandis que maître Knock-Foster laissait quelques instants aux membres du conseil disciplinaire pour lire l'attestation et s'assurer de son authenticité, il se remémora les circonstances qui avaient amené ce dénouement.

Persuadé que l'agresseur de Camille récidiverait, Renan et les siens étaient restés enfermés quai de Bondy, avec une protection policière que Grümmel avait renforcée. Là, ils étaient intouchables; il mettait donc la pression sur le tueur en l'obligeant à prendre des risques à la première occasion venue. Les funérailles de Blandine la lui fournissaient : le cimetière, un lieu vaste et ouvert, difficile à sécuriser et avec des points de passages obligés, constituait l'endroit idéal pour une embuscade. Dès lors, Renan conçut son plan, avec deux idées en tête : assurer une sécurité maximale aux siens, découvrir l'identité de celui qui les menaçait et le neutraliser; car d'expérience, les protagonistes d'une affaire criminelle apparaissaient presque toujours à l'enterrement de la victime.

En premier lieu, il demanda à Loys de faire surveiller la zone par ses hommes. Mais le commissaire ne partageait pas les craintes excessives de Renan et limita à cinq policiers les moyens consacrés à cette opération. Il accepta cependant d'équiper Gaëlle et Camille de gilets pare-balles. Ensuite, sans prévenir Grümmel, il avait contacté un vieux copain, champion de tir aux JO de Sydney et reconverti dans la *photo de précision*, autrement dit un paparazzi, activité nettement plus lucrative que prof de sport ou vigile.

Installé sur un toit et équipé d'un puissant téléobjectif, il avait pour mission de surveiller l'endroit et de photographier chaque visiteur, chaque passant, chaque détail insolite. Tout au long de l'inhumation, Renan avait été en contact avec lui grâce à une oreillette branchée sur un talkie-walkie haute fréquence. C'est ce dispositif qui lui permit de prévenir Grümmel et d'envoyer les policiers vers l'immeuble d'où le tireur venait d'abattre le type au bouquet de roses. Aucune détonation n'ayant été entendue, personne n'avait réagi en voyant le débile réaliser une pitrerie et s'effondrer. La balle qui l'avait stoppé net avait été tirée par une arme à silencieux.

Le soir même, son copain lui avait apporté dix clichés noir et blanc et cette fois, Renan fut certain que les rênes changeaient de main.

*L'arroseur arrosé!* avait-il pensé en regardant ce travail de grande qualité.

1. Pistolet en main, Maréchal avance sur le toit d'un immeuble et approche de l'angle côté cimetière.
2. Un homme en jaillit, brandissant une arme de poing.
3. Maréchal tire. On voit le flash de la détonation sur le cliché.
4. L'homme, que l'on distingue nettement et qui a une cicatrice étendue au visage, s'écroule.
5. Maréchal s'assure de sa mort.
6. Il s'empare du fusil à lunette.
7. À genou, il scrute le cimetière, tentant de comprendre le drame qui se joue sous ses yeux. C'est un pro, son œil est habitué à détecter le moindre détail singulier.
8. Il tire.
9. Dans le cimetière, le type avec les roses gît à même le sol.
10. Sur le toit de l'immeuble, Maréchal a disparu et des flammes embrasent le corps de sa première victime.

— L'homme au bouquet s'appelle Pedro Ramirez et était armé, avait expliqué Renan à Maréchal qui regardait la neuvième photo, livide. Vous l'avez abattu, de même que son complice dont l'identification est toujours en cours.

La rencontre avait eu lieu à huit heures dans un coin du café de la Cathédrale, le bar *sixties* que Renan fréquentait le matin.

— Je vous ai tous sauvé la vie! s'insurgea le divisionnaire pour légitimer ses actes.

Avec le modèle de grenade que Pedro se préparait à utiliser, il aurait fait un carnage. La police l'avait confirmé à Renan.

— Je n'en disconviens pas, mais devant un tribunal, ça ne suffira pas à obtenir la clémence des jurés. Vous en prendrez pour vingt ans. Vous en ferez douze, si par chance on ne vous fait pas la peau en taule.

— Que voulez-vous ?

— Votre aide pour obtenir mon retour en grâce.

Pragmatique, Maréchal n'eut d'autre choix que de capituler. Renan se douta que l'attestation du divisionnaire, rédigée sous sa dictée, lui vaudrait quelques ennuis avec sa hiérarchie, mais dans l'univers glauque du renseignement, les salopards de son espèce s'en sortaient toujours. Au pire, il partirait en retraite un peu plus tôt que prévu, avec une décoration de plus au revers de son veston.

Cette manche à haut risque lui avait permis de gagner sur deux tableaux : Maréchal le réhabilitait et il s'était assuré de la sincérité de Camille. Car il n'avait pu se résoudre à l'utiliser comme appât sans l'en informer, quitte à se voir opposer un refus. Elle avait accepté avec une spontanéité déconcertante, presque naïve, admettant qu'elle le lui devait bien.

— En avez-vous terminé, maître ? demanda François Dejoubert alors que l'avocate tardait à reprendre.

Elle était revenue près de sa table et avait dissimulé quelque chose dans la manche de sa robe noire.

— Non, monsieur le président ! affirma-t-elle en s'approchant de Marie-Laure de Saintonge. Madame, après que mon client et moi-même nous nous serons retirés, vous donnerez lecture de votre rapport que – personne n'oserait en douter – vous avez rédigé en totale impartialité. Alors permettez, madame, que j'éclaire la cour sur un point.

Puis, s'adressant à François Dejoubert :

— Monsieur le président, puis-je poser deux questions à madame le rapporteur ?

C'était inhabituel mais au vu du premier round de la plaidoirie, il pouvait difficilement refuser. Les membres du Conseil remarquèrent que Marie-Laure de Saintonge manifestait des signes de nervosité.

— Faites, mais n'abusez pas de la patience de cette cour.

— Merci, monsieur le président. Madame, savez-vous qui est Clothaire d'Arsens ?

La question parut la déconcerter.

— Heu... Oui... C'est un essayiste français assez connu du grand public.

— Et qui est également réputé pour ses prises de position souvent outrancières en faveur des sectes, sous couvert de la liberté de religion. D'ailleurs, n'a-t-il pas préfacé le dernier ouvrage du célèbre prédicateur américain Vince Owens et qui est intitulé *Menaces sur les nouveaux mouvements religieux*?

Sans attendre la réponse et à l'appui de son affirmation, elle brandit le livre qu'elle retira de sa manche; puis elle fixa Marie-Laure de Saintonge dans les yeux et porta l'estocade finale.

— Pouvez-vous nous assurer que vous n'avez aucun lien intime avec Clothaire d'Arsens?

À ce moment, Renan ouvrit le dossier qui était devant lui, à la façon d'un avocat assistant qui s'apprêterait à communiquer de nouvelles pièces à conviction à son patron. Coup de bluff ou prélude au grand déballage? Marie-Laure de Saintonge l'ignorerait à jamais.

— La cour attend votre réponse, madame! exigea le président.

— Heu... La question n'a rien à voir avec la mission dont j'ai été chargée.

Cette réplique équivalait à un aveu. Furieux d'avoir été berné de la sorte, le président éleva la voix. Si la nouvelle s'ébruitait, le retour de bâton ne se ferait pas attendre et le scandale de cette infiltration sectaire au cœur du CSM l'obligerait à démissionner.

— En l'occurrence, je ne partage pas cet avis! Répondez!

Mais elle préféra s'abstenir et son silence ne fit que renforcer la conviction de la cour.

— L'audience est suspendue! ordonna le président.

Il était quatorze heures trente-cinq.

Vingt minutes plus tard, lorsque Renan et son avocate furent réintroduits dans la salle d'audience, Marie-Laure de Saintonge ne s'y trouvait plus et Marc Levert était crayeux.

Le président fit signe à Renan de rester debout.

— Monsieur le juge, le conseil disciplinaire réuni ce jour dispose de tous les éléments nécessaires pour statuer. Souhaitez-vous ajouter quelque chose pour votre défense?

— Oui, monsieur le président, dit Renan de sa voix la plus assurée. Quel que soit le verdict que rendra votre cour, ses membres éminents doivent savoir que mon unique préoccupation a toujours été de servir la justice avec un constant souci de fidélité à nos obligations et à notre serment. Je tiens également à dire que je ne souhaite à personne, même à Marc Levert, d'être la victime d'une machination de cette ampleur. Cette *propagande noire* qui a été lancée contre moi a brisé plusieurs vies et si votre tribunal m'en donne la chance, je ferai en sorte que ces crimes commis au nom de la plus vile cupidité ne restent pas impunis. Je vous remercie.

Ce fut tout et il s'autorisa à s'asseoir.

— Merci, monsieur le juge. Nous prenons acte de votre déclaration. Le jugement est mis en délibéré et notre décision sera rendue demain. La séance est levée !

# 54

*Dans la pensée d'un mathématicien, le plus précieux est ce moment solitaire de la première intuition.*

Guillermo Martinez

*Lyon, mercredi 20 février*

La nouvelle tomba à midi. Renan était blanchi et dans ses attendus, le CSM se félicitait d'avoir fait diligence pour « laver l'honneur d'un magistrat injustement mis en cause » et qui était victime d'une « cabale infondée et infamante liée aux nouvelles technologies ». Bien sûr, aucune référence à l'attestation de Bertrand Maréchal ni à l'évidente collusion entre Marie-Laure de Saintonge et les milieux sectaires. Mais qui irait s'en plaindre ? Certainement pas Renan dont l'honneur était sauf et qui, par avance, savait que la requête en suspicion légitime déposée par les avocats de Blake serait rejetée. Il pouvait reprendre l'ensemble de ses dossiers et même si les survivalistes étaient protégés de la dissolution et le PRP à l'abri depuis le vol des documents, il se battrait pied à pied pour que justice soit rendue. Il avait enfin les coudées franches.

Sa fille et son ex-femme sautèrent de joie et Camille, qui du même coup se voyait lavée de toute accusation, en fut tellement soulagée qu'elle ne put se retenir de pleurer. Pour elle, cet épilogue mettait un point final à un cauchemar de plusieurs années. Ils déjeunèrent tous ensemble chez Orsi, avec Agathe. Demain, il lui offrirait un cadeau pour la remercier de ses *plus que bons* services et de sa loyauté indéfectible au plus fort de l'adversité. Heureusement pour les greffiers, leur quotidien était moins agité.

Cet après-midi-là, on se bouscula dans son cabinet, pour le congratuler et oser lui témoigner amitié et fidélité. « Mieux que le bal des faux-culs, la valse des tartufes ! » dit-il à sa greffière. Au palais de justice, elle était bien la seule à se réjouir vraiment de cet heureux épilogue. Même Martina Vilenovski eut le front de venir le courtiser : « Je n'avais aucun doute, tu es le meilleur ! » Avec un tel aplomb, il prédit à la Polonaise un bel avenir politique.

Seuls le procureur et le président du tribunal évitèrent son étage. C'était couru d'avance. Mais l'occasion de leur mettre le nez dans la m... se présenterait bientôt, d'une façon ou d'une autre, et ils le savaient tous.

Il était dix-huit heures quinze lorsque Gilbert Siméoni poussa la porte de son cabinet et, après quelques mots aimables et sincères, l'invita à boire un verre. Voilà qui était doublement stupéfiant : ce grippe-sou hors catégorie ne sortait de son bureau que pour rentrer chez lui. Renan accepta car il se doutait que cette proposition cachait autre chose. Ils allèrent au Look Bar et n'eurent ainsi que la rue du Palais-de-justice à traverser. Au moins, songea Renan un brin caustique, Siméoni économiserait les semelles de ses chaussures.

Assis sur une banquette au velours élimé de ce bar kitch et prisé des noctambules lyonnais amateurs de Gainsbourg et de pop music, ils commandèrent un verre de vin blanc pour Renan et une eau minérale pour Siméoni – quelle orgie ! – puis, sans transition aucune ni quelque émotion, le substitut lui annonça qu'il serait prochainement nommé procureur à Aix-en-Provence, l'un des postes très convoités de la magistrature, qui permettait d'accéder à la hors-hiérarchie, avec en prime le soleil. Bien qu'étonné par cette soudaine promotion, Renan était heureux pour son ami et comprenait mieux qu'il veuille l'arroser.

— C'est grâce à toi et je tenais à t'en remercier, dit Siméoni sur le même ton impavide.

— Grâce à moi ? s'exclama Renan.

— Indirectement, oui. Et pour ne rien te cacher, je n'ai pas donné le choix à Berthoux. Enfin, si... C'était Aix, Nice ou Strasbourg.

— Tu es en train de me dire que Berthoux s'est battu pour que tu obtiennes ce poste ?

— Oui, et le plus drôle, c'est qu'il l'a fait spontanément alors qu'il y a quelques semaines, on me donnait partant pour Hazebrouck...

— Je ne comprends plus rien à ton histoire. Et d'abord, en quoi y suis-je mêlé ?

C'était pourtant simple et Siméoni s'en expliqua. Il y a deux semaines, le procureur était venu lui avouer sa relation adultère avec Oriana et, après s'être platement excusé, il aurait proposé à Siméoni un marché. Berthoux lui obtenait une promotion et en retour, Siméoni récupérait les photos. Car si elles tombaient entre de mauvaises mains, c'est ce « cher Raoul » qui se retrouverait devant le CSM qui, à n'en pas douter, prendrait assez mal qu'un procureur saute l'épouse d'un subordonné et n'hésiterait pas à le poursuivre pour harcèlement sexuel avec circonstance aggravante d'abus d'autorité.

Soudain, Renan se souvint d'un ragot colporté par Agathe. Le week-end dernier, une de ses collègues aurait aperçu la belle Oriana Siméoni dans une pharmacie, des lunettes noires sur les yeux pour masquer un énorme coquard.

*Quelle ordure ! Il a foutu une raclée à sa femme !*

Du coup, il lui parut nettement moins sympathique.

— Pourquoi viens-tu me raconter tout ça ?

— C'est simple, je veux que tu détruises les photos.

— Et si je refuse ?

— Tant pis. Le chantage n'est pas mon fort.

*Tiens donc !*

— Tu me rassures.

— Mais tu dois comprendre que leur diffusion risque de me créer du tort, expliqua Siméoni.

Renan vida son verre. Il ne pouvait pas oublier le service rendu par Siméoni avec le réquisitoire supplétif antidaté.

— OK, dit-il. Je vais les détruire. Tu as ma parole.

Restait à espérer que la DCRI ne les utiliserait pas un jour. Il eut alors une conviction : Maréchal ne refuserait pas de les mettre dans son célèbre broyeur...

— Merci. C'est chic de ta part. Que comptes-tu faire maintenant que tu es blanchi ?

— Ce ne sont pas les affaires qui manquent...

— Et pour les survivalistes ? Ton dossier est sur le point d'être bouclé, m'a-t-on dit.

— Je vais renvoyer pas mal de monde en correctionnelle, mais ça n'empêchera pas ces types de continuer. Si je voulais vraiment mettre un coup de frein à leur développement, il faudrait que je parvienne à coincer leur chef. Le plus frustrant, c'est qu'il sera en France à partir de la semaine prochaine.

— Drôle d'univers que celui de la foi... philosopha Siméoni. Le mois dernier, j'ai lu un article sur le sujet dans une revue spécialisée. Tout ce joli monde se livre une concurrence féroce. Les religions entre elles et aussi les religions vis-à-vis des sectes qui sont considérées comme une véritable menace. Espionnage, intelligence économique... Tous les moyens sont bons pour connaître les positions des adversaires et leurs stratégies. C'est incroyable ! Bref, chacun en sait un paquet sur l'autre, mais c'est toujours la même chose, dès que tu n'es pas du sérail, si tu poses une question, les portes se ferment. C'est comme chez nous, en interne, tout se sait ou presque, mais si tu n'es pas de la maison, c'est plié, on est presque aussi étanche qu'une banque suisse.

Son verre vide en main – il faisait tourner le pied sur la table d'une façon mécanique –, le regard ailleurs, Renan ne fit aucun commentaire. Dans sa tête, il se répétait les phrases du futur procureur d'Aix-en-Provence.

— Gilbert, tu es génial ! s'enflamma-t-il soudain. La prochaine est pour moi ! Et cette fois, je t'interdis de boire de l'eau !

# 55

*Les princes ont un pouvoir infini sur ceux qui les approchent; et ceux qui les approchent ont une faiblesse infinie en les approchant.*

François Fénelon

*Paris, dimanche 24 février*

Au Plaza Athénée, la suite d'Ernst Blake jouxtait celle de Tim Cross. L'acteur était arrivé de son côté la veille et le gourou le matin même avec son jet. Les deux hommes eurent un entretien vers midi puis déjeunèrent au Relais Plaza à l'extérieur duquel une horde du TFC – Tim Fan Club – s'était agglutinée. Ensuite, Blake disparut. Car ce séjour d'une semaine dans un palace parisien n'était qu'une couverture; il n'y ferait que de brèves apparitions et n'y dormirait que deux fois. N'accordant sa confiance qu'à un cercle très restreint, il ne pouvait accepter de piloter son empire depuis un hôtel qui pouvait être truffé de micros et de caméras et dont les couloirs grouillaient de personnel appointé au noir par les services de renseignement.

La Mercedes noire contourna l'Étoile, s'engagea avenue Foch, descendit la contre-allée sur quelques centaines de mètres et pénétra dans le parking privé de la luxueuse résidence. Neuf étages plus haut, Blake franchissait le seuil d'un des nombreux appartements que la secte possédait sur les cinq continents *via* des sociétés écrans. Jérôme Beltram, patron de l'organisation en France, avait fait le nécessaire et dans sa chambre, de jeunes adeptes très motivées patientaient, excitées à l'idée de rencontrer leur idole. La brune n'était pas à son goût, il la congédia sur-le-champ, se fit tailler une pipe par les deux autres et passa au salon après avoir enfilé un kimono blanc. Trois hommes l'attendaient, debout. Louis Kostner, Jérôme Beltram et Sylvain Rivière. Sans un mot, il se mit à tourner autour, comme le ferait un requin avant d'attaquer sa première victime.

Dans sa tête, Blake récapitulait tous les éléments de ce qu'il appelait « la crise lyonnaise », la plus sérieuse épreuve que la secte ait eu à subir depuis le passage à l'an 2000.

Le *petit juge* était toujours en selle, la procédure devant le CSM se soldait par un fiasco et les responsables français de la secte n'échapperaient plus à un procès consécutif au suicide de Francis Véry. À son grand regret, il ne pouvait pas virer Beltram et Rivière en pleine tourmente; ce serait reconnaître leur faute et envoyer un mauvais signal aux autres dirigeants de l'Église dans le monde. Il devait se montrer solidaire et s'occuperait d'eux plus tard.

En revanche, parmi les éléments de satisfaction, la loi pénale française avait été modifiée et en cas de condamnation des cadres locaux, SON Église serait épargnée et c'était le plus important.

Autre élément positif : l'organisation avait réussi à identifier et éliminer l'un de ses plus redoutables adversaires et Blake avait été stupéfait d'apprendre qu'il s'agissait du professeur Don Alessandro. En voilà bien un dont il ne se méfiait pas. Hélas, sa complice vivait toujours, mais après la réhabilitation du *petit juge*, il n'apparaissait plus opportun de la supprimer. Le Goff était déjà assez populaire, inutile d'en faire un martyr. Elle disposait donc d'un sursis, d'autant qu'elle n'était qu'une exécutante sans contact avec les survivalistes. Un jour prochain, s'il ordonnait sa mise à mort, ce serait par vengeance, dans l'unique but d'esquinter le juge.

À Lyon, le bilan était contrasté et l'élimination de Braga portait un coup dur au dispositif d'espionnage et de frappe mis en place. Selon Kostner qui s'en était ouvert à Blake, le Portugais avait été démasqué et liquidé par la DCRI. Par chance, son réseau n'était pas entièrement décimé et Rivière gardait dans sa main le meilleur atout de la secte. Il faudrait toutefois se résoudre à s'en passer, car à n'en pas douter, la DCRI infiltrerait ce réseau et le retournerait contre la secte.

Par ailleurs, le cas de la fille Lenoir était réglé, non sans mal, et l'enquête liée à sa « noyade accidentelle » classée sans suite. Mais Blake ne comprendrait jamais que son corps n'ait pas été lesté avant d'être balancé à la mer. Depuis, cet idiot de Sventörn avait été puni et commandait un vieux cargo avec un équipage de cinq marins portoricains qui acheminait l'aide alimentaire offerte par les survivalistes américains à leurs frères africains. Un capitaine ne panique jamais.

Il avait eu raison de se méfier du plan mis au point par Rivière avec cette oie blanche. Astucieux mais faillible. Car la conversion totale d'un adepte était d'abord un travail de patience.

Tout était rentré dans l'ordre, mais à quel prix! Le vent du boulet n'était jamais passé aussi près. Un seul point noir subsistait, et de taille : Gaëlle Le Goff. Elle en savait trop et son témoignage pouvait coûter très cher à l'Église. Toutefois, l'ex-femme du juge avait été sévèrement mise en garde par un proche de Rivière qui l'avait rencontrée lorsqu'elle était sortie faire des courses, juste avant la nouvelle fugue de Gaëlle. « Si ta fille témoigne contre nous, vous y passerez tous et tu seras la dernière! » lui avait-il promis.

Enfin, Blake cessa sa ronde et se planta devant l'avocat qui se raidit.

— Comment se fait-il que nous ne sachions toujours pas quand Tim sera reçu à l'Élysée?

— Pour une raison simple, il n'y aura pas d'audience.

Blake parut manquer d'air devant l'aplomb de Kostner.

— Pas d'audience? C'est une plaisanterie! Pour quelle raison?

— Le président refuse.

— Pour qui se prend-il ce petit président? hurla le gourou. A-t-il déjà oublié que sans nous, son parti n'aurait pas échappé à la justice des hommes?

— Le président te demande de le comprendre. La période est mal choisie, toute cette affaire autour de Le Goff a fait beaucoup de bruit.

— Et puis quoi ? C'est ce *petit juge* qui décide de l'agenda du président, de celui de Tim et du mien ?

— Bien sûr que non, tempéra Kostner. Il faut donner du temps au temps… D'ailleurs, je t'avais conseillé de différer ton voyage de quelques mois.

Blake s'était emparé d'un sabre de samouraï dont il était un grand collectionneur et arpentait à nouveau l'immense salon.

— J'avais annoncé que je viendrais ! Et ce n'est pas ce juge minable qui se mettra en travers de mon chemin !

La lame fendit l'air d'un mouvement sec qui aurait coupé en deux un magistrat obstiné.

— Nous sommes tous d'accord, mais il faut faire attention. Pour lui, ta présence en France est une provocation, un chiffon rouge qui lui donne envie de foncer dans le tas et je sais de source sûre qu'il t'a identifié et mijote un coup d'éclat.

— Il veut faire quoi ? M'arrêter ? tonna-t-il.

Un nouveau sifflement inquiétant ponctua sa réplique. La lame venait de balafrer un rideau. La colère de Blake montait à toute vitesse et mieux valait trouver un moyen de l'apaiser, lui et son sabre.

— Personne ne le laissera faire. J'ai un plan.

— Explique-toi !

— Puisqu'il veut s'en prendre au président de l'Église, laissons-le avancer et tendons-lui un piège pour l'humilier. Après ce camouflet, il nous laissera tranquille. Si le ridicule ne tue plus, il nous débarrassera de ce tocard et dissuadera les autres de nous emmerder.

Blake écouta et approuva. C'était simple et efficace. Il aimait. Il convenait maintenant de répartir les rôles.

— Toi, le gourou d'opérette ! Tu vas surveiller ce petit juge et s'il vient à Paris, ne le lâche pas d'une semelle ! ordonna-t-il. Et ne t'avise plus jamais de me décevoir ! Tu entends ?

— Oui, Maître ! répondit Sylvain Rivière en baissant les yeux.

Quant à Beltram, il devait en priorité assurer la logistique de la semaine pour Tim Cross et Ernst Blake : plusieurs grands meetings à Paris et dans trois grandes villes de province ainsi qu'une kyrielle d'interviews. Sans oublier l'organisation des parties de cul.

Puis, au terme d'une courte réflexion, il annonça que des « ondes négatives » s'étaient installées dans le salon et qu'ils en étaient tous les trois porteurs. Il les fit se déchausser, enlever leur veste et asseoir en tailleur, écarter les bras et ouvrir les mains en signe d'offrande puis, du plat de son sabre, il les frappa plusieurs fois à la base du cou sur les deux trapèzes, chacun à tour de rôle et ainsi de suite jusqu'à l'atteinte du *niveau de détente absolue*. Ensuite, il leur ordonna de s'allonger et de se livrer au channeling, sorte de méditation médiumnique censée relier chaque pratiquant avec une entité supérieure.

Excité par cette séance de flagellation dégradante qui lui permettait d'asseoir son autorité, cet obsédé qui côtoyait la démence les laissa ainsi avec ordre de ne pas bouger. Il retourna dans la chambre s'occuper des jeunes adeptes qu'il ne ménagea pas. Lorsque enfin il fut rassasié et elles épuisées – pour ne pas dire dégoûtées du sexe –, il s'installa dans son bureau, une vaste pièce dont les hautes fenêtres et le balcon donnaient sur l'avenue Foch.

Faute de réelle mémoire, un handicap ignoré de tous, il transcrivait le compte rendu de chacune de ses réunions dans des carnets noirs qui le suivaient partout. Il y portait également tous les renseignements importants relatifs à l'organisation de l'Église. Comme il se méfiait de l'informatique, cette servitude l'arrangeait. Toutefois, il avait conscience qu'elle constituait une vulnérabilité : si la justice ou l'un de ses ennemis s'emparait des précieuses notes, il allait au-devant de graves ennuis. Voilà pourquoi il ne travaillait jamais à l'hôtel, disposait de ce réseau secret d'appartements et ne se déplaçait qu'en jet. Mais ce n'était pas suffisant. Par sécurité, il confiait la garde des carnets à des membres de sa famille qui voyageaient toujours séparément.

En fin de journée, il libéra ses *trois invités* qu'il estima « suffisamment purifiés » et leur enjoignit de se montrer à la hauteur du défi qui les attendait : faire tomber le *petit juge* de sa tour d'ivoire. Sans quoi, il n'y aurait plus de pardon pour eux.

# 56

*L'histoire d'une vie, quelle qu'elle soit, est l'histoire d'un échec.*

Jean-Paul Sartre

*Paris, mardi 26 février – le matin*

En commençant son travail très tôt ce matin-là, Agathe pressentait déjà que la mort frapperait. L'inquiétude chevillée au corps, elle était montée avec *son juge* dans le TVG de huit heures pour Paris, persuadée que *son juge* avait tort de s'obstiner et qu'à la fin, c'est bien le pot de fer qui briserait le pot de terre. L'histoire avait démontré qu'en France comme en Italie, les magistrats gênants n'étaient pas à l'abri de la poudre ni du plomb. Le juge François Renaud, le « shérif » lyonnais abattu montée de l'Observance, avait connu la même fin violente que le juge italien anti-mafia Giovanni Falcone[1].

De son côté, Renan était de fort bonne humeur, il l'emmena à la voiture-bar prendre un petit déjeuner. Le moment lui paraissant bien choisi, elle lui révéla qu'elle s'était inscrite au concours interne d'entrée dans la magistrature. En vérité, Agathe redoutait sa réaction ; comme tous les juges, il craindrait que sa greffière ne soit moins disponible. Au contraire, il la félicita et lui promit de l'aider à préparer les examens. « Vous ferez une excellente juge et je vous promets de venir à votre prestation de serment. »

1. En France, deux juges ont été assassinés depuis la Libération : François Renaud en 1975 et Pierre Michel en 1981. En Italie, ce sont les juges Giovanni Falcone et Paolo Borsellino qui ont payé le prix fort pour leur combat contre la mafia en 1992. Au cours de la même période, les États-Unis déplorent la mort de trois juges en exercice : John H. Wood Jr. (1979), Richard J. Daronco (1988) et Robert S. Vance (1989).

*Dieu vous entende...* songea-t-elle en Lui adressant une prière pour Renan.

Contrairement à la règle, le juge Le Goff n'avait informé personne de son déplacement. Si le procureur Berthoux l'avait su, il aurait pu tenter de l'en empêcher car le dossier survivaliste restait toujours aussi brûlant. En outre, la présence en France du gourou avait accru les tensions, de part et d'autre. Agathe le constatait chaque jour au tribunal et entendait les rumeurs. Nombreux étaient ceux qui, agacés par les velléités de Renan Le Goff, espéraient qu'il commette bientôt la bévue de trop. Comme au cirque, les spectateurs espèrent que les fauves vont dévorer le dompteur.

La veille, le site Internet des survivalistes avait indiqué qu'Ernst Blake réunirait dans son hôtel parisien les principaux dirigeants de la secte en Europe et que, le soir même, il accorderait une interview exceptionnelle au JT de la première chaîne.

Autant dire que la nouvelle faisait le buzz. De là à penser que de nombreux documents très intéressants pour la justice se trouvaient dans la suite de Blake, il n'y avait qu'un pas à franchir pour un juge aussi déterminé que lui. La tentation était trop forte et ce mardi 26 février lui offrait une opportunité unique car les jours suivants, la présence du gourou était annoncée aux quatre coins de la France. Ensuite, il se rendrait en Belgique, en Espagne et en Allemagne pour inaugurer de nouvelles églises flambant neuves, avant d'entamer une tournée dans les pays scandinaves qui étaient réputés pour leur tolérance à l'égard des sectes.

Le taxi les déposa devant le Plaza Athénée à onze heures. Deux hommes et deux femmes en civil avec leur brassard *police* au bras gauche les y attendaient. En arrivant à la gare, le juge avait téléphoné au SRPJ de Paris pour réclamer son assistance.

Agathe lui fit remarquer qu'une équipe de journalistes radio se tenait dans un coin du hall du palace. « Il fallait s'y attendre », se contenta-t-il de répondre.

Il montra sa plaque au concierge et demanda le numéro de chambre d'Ernst Blake. Mais avant même qu'il lui réponde, le directeur de l'hôtel surgit, le visage congestionné par l'irritation. Il voulut l'entraîner à l'écart, n'y parvint pas et dut se résoudre à exprimer ses plus vives protestations à voix basse, évoquant pêle-mêle un scandale, le droit au calme pour ses éminents clients, la réputation de l'établissement... Le juge le remit à sa place et lui demanda de l'accompagner dans l'instant jusqu'au lieu de réunion du gourou. « Et si un membre de votre personnel prévient Blake, je vous colle un délit d'entrave à la justice sur le dos ! »

Deux minutes plus tard, le juge Le Goff et sa délégation pénétraient dans l'une des plus prestigieuses suites du palace, l'Eiffel Terrace.

Autour de Blake qui parlait debout, il y avait une dizaine de personnes parmi lesquelles Jérôme Beltram, Henri de Fontbrun et surtout, Tim Cross. Les autres étaient inconnus d'Agathe et de *son juge*. Des cafés étaient servis et çà et là, à disposition des participants, des coupelles de fruits découpés ou des mini-viennoiseries. Fidèle à son image, le gourou était entièrement vêtu de blanc, costume Mao et mocassins assortis. L'acteur, quant à lui, portait un simple pantalon de coton et un polo bleu ciel.

Scandalisé par cette outrecuidance, Blake interrompit son exposé et dévisagea les intrus avec mépris avant de fixer celui qui se tenait à leur tête.

— Qui êtes-vous ? protesta-t-il sur un ton de défi, presque grandiloquent.

— Juge Renan Le Goff. Je viens pour...

— Où est votre mandat ?

— Je n'en ai pas besoin, je me mandate tout seul !

Le gourou se tourna alors vers l'avocat.

— C'est exact, Ernst, dit Henri de Fontbrun sans bouger de sa place. Nous devons le laisser faire, la procédure n'est pas la même qu'aux États-Unis.

— Personne n'est autorisé à quitter cette pièce, annonça le juge. Allez, on fouille tout !

À ce moment, Tim Cross se leva et alla vers Renan. Agathe aurait bien aimé lui demander un autographe pour ses enfants et nota qu'il était plus petit qu'à l'écran.

— Monsieur, dit-il dans un français correct, vos petites histoires ne me concernent en rien, vous voudrez bien m'excuser, mais je suis attendu ailleurs par les producteurs de mon prochain film…

Mais il se fit rembarrer.

— Il n'en est pas question ! Ma greffière va relever votre identité et vos coordonnées au même titre que tous ceux qui sont ici. Veuillez lui présenter votre passeport.

Agathe remplit sa mission, dès lors certaine que cet affront ne resterait pas impuni. Un acteur tel que Tim Cross n'attendrait pas longtemps pour se répandre dans les médias et dénoncer le traitement arbitraire dont il avait été l'objet. *Son juge* en faisait trop, il avait tort. Tout ça ne pouvait que mal finir. Tandis que Renan ne ménageait pas ses efforts, elle surveillait l'avocat du coin de l'œil et l'arrogance paisible qu'il affichait ne lui plaisait pas.

La perquisition dura une heure et aucun endroit de la vaste suite ne fut épargné. Hélas, le constat était amer. À l'exception de documents sans intérêt, ils n'avaient rien trouvé, aucun carnet, pas d'ordinateur et le coffre-fort ne contenait qu'un passeport américain au nom de Blake, quelques bijoux, une montre et un peu de cash, trois mille euros et cinq mille dollars ; rien d'illégal. Blake n'avait même pas de portable sur lui.

La morgue du triomphe se lisait sur le visage bronzé du gourou. Il vint dans leur direction et Agathe, qui ne s'était jamais débarrassée de ses superstitions, crut que le diable venait chercher *son juge*. Effrayée, elle eut un mouvement de recul.

— Êtes-vous satisfait de votre visite ? railla-t-il.

— Je vous le ferai savoir ! répliqua le juge sans rien laisser paraître de sa déception.

— Alors, sortez !

Dans l'ascenseur, le capitaine du SRPJ se permit de déplorer cette perte de temps et tout ce ramdam pour rien.

À peine furent-ils parvenus à l'extérieur de l'hôtel qu'une équipe de France Info apostropha le magistrat pour connaître les raisons et le résultat de « ce transport parisien » qui ressemblait fort à une « déclaration de guerre contre les survivalistes ». Agathe préféra s'éloigner; dans le fond de sa poche, elle se saisit du petit chapelet de perles qui ne la quittait jamais et récita une prière.

L'interview fut brève et le juge lyonnais resta évasif pour ne pas perdre la face dès cet instant. Ensuite, ils montèrent dans un taxi et filèrent gare de Lyon.

Le premier coup de fil incendiaire fut passé à douze heures vingt-cinq par le procureur Berthoux, ivre de rage de ne pas avoir été prévenu et consterné par le « résultat calamiteux de ce cambriolage judiciaire ». Il criait si fort qu'Agathe entendit tout. Cette fois, il allait demander ET obtenir son dessaisissement!

# 57

*Ce qui perd toujours le vainqueur, c'est de croire en sa supériorité alors qu'il ne devait considérer que la faiblesse de son adversaire.*

Pierre Juillet

*L'après-midi*

— Où est-il ? demanda Blake.

Il portait un caftan blanc rehaussé de fines broderies dorées et sortait de sa chambre. Il n'en avait pas terminé avec le nouveau trio de filles sélectionné par Beltram mais le besoin de se tenir informé était plus fort.

— Dans le TGV pour Lyon, répondit Sylvain Rivière. Il a déjeuné au buffet de la gare avec sa négresse avant de partir. Ils avaient l'air abattu.

— Que dit la radio ?

— C'est excellent pour nous ! annonça Henri de Fontbrun qui venait d'écouter le flash de quinze heures. Le lynchage médiatique a commencé et il va se poursuivre toute la journée. À dix-huit heures, Tim fera sa déclaration devant la presse pour dénoncer des pratiques d'un autre temps et regretter qu'un grand pays démocratique comme la France subisse la tyrannie d'une justice égarée quelque part entre l'Inquisition et la Seconde Guerre mondiale. Et ce soir, sur TF1, tu te présenteras comme la victime d'un juge laïcard et fossilisé dans la rancune avant d'annoncer au monde que ton Église vient d'accueillir son dix millionième membre.

L'avocat lui remit une feuille sur laquelle toutes les réponses de son interview étaient préparées ; Louis Kostner avait tout négocié avec la chaîne. Blake devait les apprendre par cœur.

— Et sur Internet ? s'inquiéta le gourou.

— Ça tourne à fond ! rapporta Jérôme Beltram. Les visites sur le site de l'Église sont dix fois plus nombreuses que d'habitude et ton communiqué de protestation est systématiquement lu et très souvent partagé sur les réseaux sociaux.

— Parfait. Alors, réjouissons-nous !

Exceptionnellement, il leur offrit un verre de jus de fruits et des cigares. Mais au fond de lui, Blake était mécontent. Il avait fallu qu'il se déplace en personne pour régler le problème. *Ce sont tous des incompétents...* pensait-il.

Il était quinze heures vingt quand on sonna.

— Va ouvrir ! ordonna-t-il à Rivière.

Le personnel affecté à l'entretien de l'appartement de l'avenue Foch n'était jamais présent lorsque Blake s'y trouvait et ignorait même le nom du propriétaire. Une mesure de précaution supplémentaire. À Paris, comme ailleurs, le gourou se faisait servir par sa garde rapprochée. Les deux seuls endroits où il se sentait en sécurité étaient l'*Ark* et sa villa de Beverly Hills.

Obéissant, le responsable lyonnais se rendit dans le hall d'entrée et regarda par le judas. C'était la concierge, il ouvrit sans se méfier, mais dans la seconde qui suivit, il découvrit la silhouette du juge Le Goff et frémit. Il serra la poignée avec tant de force que la peau de ses doigts en devenait bleue. Après un coup pareil, Blake le tuerait.

— Monsieur Rivière ! Quelle coïncidence ! persifla Renan.

Il voulut refermer mais n'en eut pas le temps, l'équipe de la PJ – la même – poussait la porte et envahissait l'appartement.

Agathe suivait *son juge*, prête à établir le procès-verbal de saisie. Le plan qu'il avait échafaudé fonctionnait à la perfection et elle admirait cet homme qui ne renonçait jamais et servait coûte que coûte cet idéal de justice. Cependant, le mauvais pressentiment qui la hantait depuis ce matin ne la quittait pas. Après toutes ces années à travailler aux côtés d'un juge, elle avait côtoyé le malheur de près mais elle ne l'avait jamais vu sur le point de frapper des proches. Elle pensa à Gaëlle et à Camille.

Tout avait commencé à treize heures trente. Après un triste déjeuner à la brasserie de la gare, ils étaient montés dans le

TGV pour Lyon quelques minutes avant le départ et s'étaient aussitôt présentés au contrôleur. Son juge s'animait de plus en plus, ce qui ne manquait pas de la dérouter. Renan, carte professionnelle en main, avait sommé le cheminot de lui ouvrir la porte côté voie, ce qui leur permit de descendre du train au nez et à la barbe de ceux qui les filaient. Mais il doutait qu'on les surveillât encore après la comédie du matin.

En sortant de la gare, il avait appelé le capitaine de la PJ pour solliciter à nouveau son aide. Le policier se fit tirer l'oreille mais le juge lui expliqua que le palace n'était qu'une couverture destinée à protéger le vrai repaire du gourou. En accord avec le capitaine, ils fixèrent le début des opérations à quinze heures quinze.

Comment s'était-il procuré l'adresse de l'avenue Foch? Agathe n'aurait jamais dû le savoir mais elle posa la question et *son juge*, sans doute grisé par l'approche de la victoire, le lui avoua. À la fin de la semaine précédente, il avait rencontré le père Chevrier dans le plus grand secret. C'était très risqué pour lui car un juge ne doit jamais entrer en contact avec un justiciable en dehors du cadre de l'instruction. Les règles sont très strictes et tout manquement, s'il est établi, entraîne la nullité de la procédure et des sanctions sévères pour le magistrat fautif. Bref, il ne lui avait pas tout raconté dans les détails, mais il avait exigé du prêtre une adresse en échange d'un non-lieu dans son affaire de prostitution avec une mineure. Car il était coupable et Le Goff lui avait promis un procès exemplaire si le religieux ne coopérait pas. Comme elle ne comprenait pas qu'un curé puisse obtenir une information aussi bien gardée, il lui expliqua que l'Église catholique disposait d'un service de renseignement très efficace et que le Vatican surveillait de près ses concurrents et les grandes sectes comme celle de Blake. Ce devait être vrai car le père Chevrier l'avait rappelé dimanche en fin de journée avec l'info. Lundi, Agathe avait rédigé l'ordonnance de non-lieu que *son juge* avait signé et transmis au procureur. Marché conclu et payé.

De la voix, Renan encouragea l'équipe de la PJ. L'appartement faisait plus de quatre cents mètres carrés et le fouiller de fond en comble ne serait pas une mince affaire.

— Allez-y ! Et cette fois, je vous promets que nous ne repartirons pas les mains vides !

Le voyant surgir dans le salon, Blake bondit de son fauteuil et hurla comme un damné ; sans l'intervention de son avocat, il aurait boxé à mort ce *bloody bastard*! Une chance que le sabre de samouraï fût rangé dans la vitrine de présentation. L'air très ennuyé – *Quel contraste avec ce matin!* pensa Agathe –, Henri de Fontbrun lui conseilla de se calmer, de s'asseoir et de ne plus bouger ni de dire quoi que ce soit qui pourrait se retourner contre lui jusqu'au départ du juge.

« Dommage qu'on n'en soit pas venu aux mains », glissa le juge à Agathe. Un bon motif pour embastiller le gourou.

Livide, Sylvain Rivière fut conduit de force dans la pièce mais son sort était déjà scellé ; Agathe vit que son regard fuyait celui de Blake comme s'il s'agissait du bourreau. Un policier y ramena Jérôme Beltram sans ménagement ; il avait été surpris dans la cuisine en train de s'échapper par l'escalier de secours.

La présence d'un avocat n'étant pas obligatoire dans le cadre d'une perquisition, Fontbrun voulut s'éclipser mais le magistrat lui refusa cette faveur et interdit les appels téléphoniques tout le temps que dureraient ses investigations. Il leur intima de ne pas quitter le salon et de déposer leurs portables bien en vue. Agathe conservait celui du juge dans une poche de son tailleur pour qu'il ne soit pas harcelé entre la chancellerie, le procureur, les journalistes et bien d'autres. Et de fait, il ne cessait de vibrer.

Quelques minutes plus tard, le capitaine demanda au juge de le suivre, un sourire canaille aux lèvres. Dans une grande chambre aménagée comme la tente d'un riche sultan, il avait surpris trois filles apeurées entièrement nues et blotties l'une contre l'autre sur un lit aux dimensions jusque-là inconnues, au moins quatre mètres par trois.

— La plus jeune est majeure depuis deux jours, dit-il. La blonde...

— Dommage... déplora Renan qui n'aurait pas hésité à retenir à l'encontre de Blake le chef d'accusation de relation sexuelle avec une mineure.

— Si l'une d'entre vous veut porter plainte pour viol, dit-il, je suis à sa disposition. Et soyez assurées que nous vous protégerons toutes les trois.

Mais aucune ne broncha et le travail se poursuivit minutieusement, pièce après pièce. Des murs furent sondés, des lattes de plancher soulevées, des plinthes décollées et des équipements de cuisine démontés.

« Il y a certainement un coffre, avait affirmé le juge avant d'entrer dans l'immeuble, trouvez-le ! » Vers dix-sept heures, l'énervement des enquêteurs était palpable. Jusqu'à présent, rien n'avait été découvert, aucun document, aucun ordinateur. À peine quelques milliers d'euros dans un tiroir du bureau et des montres de marque. C'était très frustrant et Agathe se faisait de plus en plus de souci pour son patron. Un deuxième échec le condamnerait au retrait de l'affaire.

De leur côté, Blake et Fontbrun ne tenaient plus en place. À plusieurs reprises, l'avocat et son client s'étaient livrés à de brefs apartés. Finalement, Henri de Fontbrun vint s'entretenir avec le magistrat, nettement moins à son aise que lors de ses retentissantes plaidoiries.

— Monsieur le juge, il serait de l'intérêt des deux parties que vous me laissiez téléphoner.

— Hors de question !

— Permettez-moi d'insister. L'un de nos partenaires est sur le point de faire une importante déclaration à la presse, il me semble opportun de la différer. Par ailleurs, je crois judicieux de proposer à TF1 de reporter l'interview d'Ernst Blake de quelques jours.

— Qui est ce *partenaire ?* demanda Renan.

— Il s'agit de Tim Cross. Il a mal réagi à votre visite de ce matin et je crains qu'il ne se montre quelque peu vindicatif devant les journalistes.

Agathe vit qu'il hésitait. Elle réfléchissait en même temps que lui, pesant le pour et le contre. D'un côté, si la perquisition de cet après-midi était couronnée de succès, l'acteur serait ridiculisé, surtout s'il s'était montré agressif envers la justice française et son représentant breton. De l'autre, on prêterait moins d'attention au démenti judiciaire qu'à la charge de Tim Cross. *Calomniez, calomniez, il en reste toujours quelque chose*... lui disait souvent *son juge* en citant Beaumarchais. Elle en conclut que l'affolement du gourou et de son conseil confortait la stratégie du magistrat : cet appartement devait contenir de quoi faire trembler la secte et motiver son chef à faire profil bas.

— Très bien, deux coups de fil, pas un de plus, décida-t-il. Je serai à vos côtés et vous mettrez le haut-parleur! Si vous commettez la moindre erreur, je vous fais coffrer!

Ce fut bref. À Tim Cross, l'avocat dit : « On annule la conférence de presse. Ordre de Blake. Je vous rappelle plus tard. » Et auprès de TF1, il justifia le désistement de son client par un « léger malaise lié au décalage horaire ».

Dès qu'il eut raccroché, le juge lui ordonna de se rasseoir et ajouta : « Je ne veux plus entendre vos conciliabules ! »

Tandis que Renan et Agathe fouillaient la bibliothèque de l'entrée sans perdre de vue les occupants du salon, le capitaine vint les chercher et les emmena dans le bureau. Bingo! Le juge félicita la jeune lieutenant responsable de la découverte.

On fit venir le gourou et Renan lui désigna d'un doigt le coffre-fort, un modèle récent, plutôt sophistiqué. La PJ l'avait enfin découvert. Il était remarquablement dissimulé derrière un aquarium mural qui s'enfonçait dans le sol lorsqu'on activait une commande nichée dans la moulure d'une boiserie.

— La clé et le code, s'il vous plaît!

— Je les ai perdus, dit Blake, les yeux brillants de colère et les traits du visage durcis par la violence de ses sentiments.

S'il l'avait pu, il aurait étranglé le juge de ses mains. Mais il n'avait d'autre choix que de contenir la rage forcenée qui l'envahissait.

— Comme vous voulez. Si vous ne les retrouvez pas, je fais venir un serrurier et nous y passerons la nuit s'il le faut. Mais auparavant, je vais ordonner que l'on vous fouille des pieds à la tête.

Le face-à-face silencieux entre le juge et le gourou se prolongea plus d'une minute. Puis Blake enleva la chaîne en or qu'il portait autour du cou et en détacha la clé. Il la jeta par terre et donna le code, « 12212012 ». Agathe la ramassa et dans sa tête, traduisit aussitôt : il s'agissait de la date de l'apocalypse selon les Mayas, le 21 décembre 2012, au format américain, c'est-à-dire avec le mois précédant le jour.

Cette fois, la pêche fut excellente. Pas volumineuse, toutefois : l'ensemble de la saisie tenait dans un carton sur lequel les scellés à la cire furent apposés par Agathe : une dizaine de carnets remplis de notes manuscrites, deux livres de comptes et une pile de relevés bancaires, un épais dossier contenant la correspondance de Blake avec de nombreuses personnalités de premier plan, quatre répertoires, un agenda. Pas d'argent, pas de bijoux, pas d'arme, pas de drogue.

Pour la forme – il devait justifier ses honoraires ! –, Henri de Fontbrun protesta vivement et Renan lui conseilla de la boucler, lui rappelant qu'il n'hésiterait pas à l'inculper d'outrage à magistrat au moindre dérapage.

Le tout fut placé dans une valise à roulettes.

Sur avis de son avocat, le gourou refusa de signer le procès-verbal et le dernier regard qu'il échangea avec Renan Le Goff et qui n'échappa à personne en disait long sur ses intentions. Blake était un guerrier et un guerrier ne s'avoue jamais vaincu.

Ils quittèrent les lieux à dix-huit heures vingt-cinq, épuisés, éprouvés même par la tension insupportable qui avait régné, mais ils partageaient le même sentiment, celui du devoir accompli et cette fois, le capitaine félicita Renan : « Si tous les magistrats travaillaient comme vous, la France n'en serait pas là ! » Il ne pouvait pas lui faire de plus beau compliment. Par mesure de sécurité, il proposa au juge et à sa greffière de les faire escorter par deux membres de son équipe jusqu'à Lyon. Il suffirait à Renan de réquisitionner un compartiment dans le TGV.

Cette saisie était une grande victoire, songeait Agathe dans la voiture de police qui les raccompagnait à la gare. Désormais, *son juge* tenait le manche de la cognée. Il avait bien fait de persister et ce soir, la joie qui illuminait son visage faisait plaisir à voir. Pour autant, sa propre angoisse n'avait pas disparu. Elle savait bien qu'à trop s'approcher du feu, on se brûlait toujours et ce Blake, c'était le diable en personne !

# 58

*Et dans les factions, comme dans les combats,*
*du triomphe à la chute, il n'est souvent qu'un pas.*

Voltaire

*Le soir*

Alors que de gros nuages sombres avaient menacé Paris toute la journée, la capitale des Gaules n'en finissait pas de recevoir les assauts du ciel. Il pleuvait sans discontinuer depuis le matin. Renan avait obtenu de Loys Grümmel que la police les réceptionne à la gare de Lyon-Part-Dieu et assure leur transfert jusqu'au palais de justice. Le butin qu'ils ramenaient ne serait en sécurité qu'au coffre du cabinet.

Agathe et *son juge* furent déposés devant l'entrée latérale du tribunal à vingt et une heures vingt-cinq et ils gagnèrent le quatrième étage au plus vite. Sans que Renan le lui demande, elle avait accepté de travailler tard ce soir. Elle voulait prendre le temps de répertorier chaque document saisi et en assurer une première copie, par sécurité. Au fond d'elle, elle brûlait de conjurer ce mauvais œil qu'elle voyait tourner autour de *son juge*. Demain serait un jour meilleur, elle en était persuadée, encore fallait-il y parvenir. Elle avait donc décidé de veiller sur lui et ne serait rassurée qu'après l'avoir vu entrer dans son appartement du quai de Bondy.

Mais pour l'instant, Renan avait un pensum qui retarderait un tant soit peu la passionnante lecture des carnets de Blake, de sa correspondance et de ses relevés de banque. Le procureur avait exigé de le voir quelle que soit l'heure de son arrivée. Le président du tribunal et Berthoux l'attendaient pour qu'il rende compte de « ses investigations incontrôlées » et qu'ils appellent ensemble le ministre de la Justice. À Paris, la perquisition de l'avenue Foch avait semé la zizanie et beaucoup de gens paniquaient. Pour preuve, les innombrables appels reçus par *son juge* entre Paris et Lyon.

— J'en ai pour quinze minutes, pas davantage.

— Soyez prudent, lui enjoignit-elle.

— Que voulez-vous qu'il m'arrive ? Ici, on ne risque plus rien.

Après le vol du dossier saisi au siège du PRP et l'enquête diligentée par Berthoux qui avait conclu à une « infiltration ponctuelle sans complicité extérieure », les mesures de sécurité avaient été renforcées.

Avant de sortir, il la félicita et son « Merci pour tout, Agathe, vous avez été formidable ! » sonna comme un adieu. Il ferma la porte, la laissant en proie à un malaise grandissant qui lui serrait la gorge. Elle ne pouvait s'empêcher d'imaginer un homme embusqué au coin d'un couloir avec un grand couteau ou encore prêt à pousser *son juge* dans la cage du grand escalier. Pourtant, les récentes mesures de sécurité prises par Jean-Marie Borga auraient dû la rassurer. Un tribunal comme celui-ci était un lieu sûr. Elle le savait.

Quelques minutes plus tard, elle entendit que l'on actionnait la poignée de la porte.

*Déjà ?*

Il était fort possible que ce *dégonflé* de Berthoux n'ait pas voulu patienter.

*Celui-là, on peut toujours compter sur lui si on n'a besoin de rien...*

Mais alors qu'elle pensait voir le visage de *son juge*, c'est celui de José, le factotum du tribunal, qui apparut. C'était le genre toujours prêt à rendre service. À Noël, l'ensemble du personnel faisait une collecte et lui, au lieu de profiter de l'argent, il envoyait toute la somme à sa famille au Portugal.

— Que fais-tu là ? s'étonna Agathe.

— Des heures sup...

— Tu aurais pu frapper !

— Pardon... Tout va bien ?

— Oui, oui... On a eu une rude journée, mais ça valait le coup.

— Je sais, ici on ne parle que de ça. Le juge est chez le proc, ça barde !

— M'en parle pas. Tous des lâches !

Soudain, elle remarqua sa tenue. José ne portait pas sa combinaison de travail et gardait la main droite dans la poche d'un anorak noir.

Renan ne décolérait pas. Une demi-heure ! Berthoux et Borga l'avaient coincé une demi-heure ! Tout ça pour expliquer à un abruti de ministre qu'il avait fait son métier dans le plus strict respect des prérogatives qui étaient les siennes. Dire qu'il s'était fait traiter de « cow-boy » ! Mais l'entretien s'était mieux terminé qu'il n'avait débuté et son dessaisissement n'était plus d'actualité.

Il gravit rapidement les marches des trois étages séparant le bureau du proc de son cabinet. Vu l'heure tardive, les couloirs étaient faiblement éclairés et il appréciait de ne croiser aucun des courtisans obséquieux qui s'y pressaient la journée.

Il était maintenant débarrassé de la dernière corvée de ce 25 janvier et allait pouvoir se mettre au travail. Avec gourmandise ! Il comptait bien y passer la nuit et disposait de suffisamment de café et de cigarettes pour tenir un siège. Si les documents saisis étaient aussi explosifs qu'il l'espérait, il lancerait une série de mandats d'arrêt qu'Agathe se ferait une joie de mettre en forme avant le lever du jour. Le premier au nom d'Ernst Blake. Le premier d'une longue série. Il était évident que les livres de comptes lui fourniraient une liste assez complète des personnes qui travaillaient pour la secte, bénéficiaient de ses largesses et occupaient d'importantes fonctions au sein de l'État. De quoi faire sauter vingt fois la République ! Et probablement d'autres pays. Il eut une pensée pour Don Alessandro et regretta qu'il ne soit plus de ce monde pour assister à cette *apocalypse politico-judiciaire*.

Puis il rentrerait chez lui, prendrait un petit déjeuner avec ses *trois femmes* – Isabelle restait jusqu'à dimanche – et enfin, dans la salle de bains, il ferait l'amour avec Camille. Une douzaine d'heures à tenir. Mais il n'était pas pressé, le travail qui l'attendait avec sa *chère Agathe* – cette perle ! – l'excitait tout autant. Il allait enfin résoudre cette énorme affaire de corruption et « envoyer tous les méchants en prison ». Le Saint-Graal était à portée de main.

*Tiens,* se dit-il. *J'avais fermé en sortant...*

En une fraction de seconde, la peur vrilla ses intestins. Il poussa doucement la porte du cabinet, d'un regard, il fit le tour de la pièce et constata que les dossiers avaient disparu. Puis il approcha du bureau de sa greffière et se figea, statufié à la vue de l'horrible spectacle. Son cri se répercuta dans tous les couloirs du tribunal. La rage et la désolation mêlées.

Agathe gisait à même le sol dans une mare de sang.

## 59

*La vertu a bien des prédicateurs et peu de martyrs.*

Claude Adrien Helvétius

*Givors, lundi 4 mars, quinze heures*

Les funérailles d'Agathe Kémana furent célébrées par le primat des Gaules en l'église Notre-Dame de Givors. Il faisait délicieusement tiède pour une journée de mars, mais l'air restait vif. C'est dans ce village ouvrier de la grande banlieue sud de Lyon que ses parents avaient immigré quarante ans plus tôt, pour fuir les massacres dont étaient victimes les membres de leur ethnie.

Le père, la mère, et même la grand-mère occupaient les premiers rangs, avec les cinq frères et les trois sœurs d'Agathe, les nombreuses pièces rapportées et une ribambelle silencieuse de jeunes enfants. Ils ne pleuraient pas, la dignité était leur façon à eux de vaincre la mort et de mépriser les auteurs de ce crime.

Le ban de l'establishment lyonnais s'était massé dans l'église et l'arrière-ban dut se contenter du parvis. Le drapeau français recouvrait le cercueil de la *greffière martyre* – son surnom dans la presse – et sur le coussin en velours grenat, ils pouvaient tous apercevoir la Légion d'honneur décernée à titre posthume que Jean-Pierre Albrard, le nouveau ministre de la Justice, venait d'épingler avec solennité.

Le remaniement était survenu pendant le week-end. Le chef de l'État avait souhaité envoyer un signal fort à l'opinion et à la magistrature blessée par cet acte haïssable, symbole de la corruption qui gangrenait le système, à tous les niveaux.

Sans difficulté, Renan avait imaginé le subterfuge utilisé pour s'emparer du dossier survivaliste : sur ordre de Blake, Louis Kostner avait sommé Interman de trouver un prétexte pour éloigner le juge de son bureau dès son retour de Paris.

Désormais honnis de tous, le procureur Berthoux et le président Borga avaient été suspendus de leurs fonctions dans l'heure suivant la nomination du nouveau garde des Sceaux. Saisi, le CSM leur infligerait des peines sévères s'il était prouvé que l'enquête interne concernant la sécurité du tribunal avait été bâclée. Quant à Philippe Interman, il s'était retiré dans sa villa à Marrakech. D'autres suivraient la voie de l'exil, de la démission ou de la retraite anticipée et pour les moins chanceux, celle des tribunaux. La chasse aux sorcières ne faisait que commencer.

L'enquête de police rondement menée par Loys Grümmel avait permis d'identifier le suspect numéro un de l'affaire : José Toupeira, l'homme d'entretien du tribunal. Hélas, le Portugais avait disparu et un mandat d'arrêt international serait rapidement lancé contre lui. Enfin, aux dernières informations, Sylvain Rivière avait été victime d'un sérieux accident de voiture dimanche dernier sur une route de campagne ; gravement brûlé, il ne marcherait plus jamais.

Mais rien ne ramènerait Agathe et Ernst Blake s'en tirait encore !

Tourmenté par la culpabilité et le chagrin, Renan avait d'abord choisi de ne pas assister aux funérailles mais la famille de sa greffière lui avait témoigné une telle mansuétude qu'il lui fut impossible de rester à l'écart. « C'était son destin, monsieur le juge. Vous n'y êtes pour rien », lui avait dit sa mère au surlendemain de l'assassinat de sa fille. « Elle aimait son métier, oh ça oui ! Et vous étiez un modèle pour elle. Continuez à vous battre, ne la décevez pas ! » avait-elle ajouté d'une voix pleine de compassion.

Alors il était là, au deuxième rang, la main de Camille serrée dans la sienne, et il se mordait les joues pour ne pas verser de larmes.

Sur le chemin du cimetière, il marcha côte à côte avec Jean-Pierre Albrard qui profita du bruit de fond du cortège pour lui dire quelques mots avant qu'ils ne franchissent les grilles de la dernière résidence d'Agathe Kémana.

— Pardon, je sais que ce n'est pas le lieu, il faut cependant que je prenne certaines décisions. La tâche qui m'attend est immense et j'ai besoin d'hommes tels que vous dans mon cabinet.

Mais Renan, toujours sous le coup de l'émotion, ne sut que répondre.

— ... Je ne sais pas, je ne sais même plus ce que je veux...

— Je comprends, prenez votre temps. On en reparlera. Ah... vous serez sans doute satisfait d'apprendre que Louis Kostner ne fait plus partie du premier cercle du président. Je crois même que son cabinet va avoir quelques problèmes avec le fisc, une sombre histoire de comptes à l'étranger...

Le soir, en rentrant quai de Bondy avec Camille qui conduit la Saab, Renan songe à la proposition du ministre. Il n'en a pas encore parlé avec elle. C'est une décision qu'il doit prendre seul.

*Travailler en direct avec le ministre de la Justice...*

S'il accepte, ce sera en mémoire d'Agathe. Pour la venger !

Il se souvient alors du billet retrouvé dans le sous-main de sa greffière lorsqu'il avait rangé ses affaires pour les remettre à sa famille. Un mot de Sénèque recopié de la main d'Agathe et que madame Kémana mère avait laissé à Renan en souvenir. Placé comme il était, elle devait le lire chaque jour.

« Le bon juge condamne le crime sans haïr le criminel. »

## Remerciements

Les auteurs expriment leur chaleureuse reconnaissance et leurs plus vifs remerciements à Yasmine Malafaye pour son minutieux travail de relecture, à Caroline Lépée pour sa confiance, son immense professionnalisme et la remarquable qualité de ses conseils éditoriaux et à Philippe Robinet pour son enthousiasme et son engagement dans ce projet.

Cet ouvrage a été imprimé en France par

CPI
BUSSIÈRE

à Saint-Amand-Montrond (Cher)
en décembre 2012

Les Éditions KERO utilisent des papiers composés de fibres naturelles, renouvelables, recyclables et fabriquées à partir de bois issu de forêts qui adoptent un système d'aménagement durable.

N° d'impression : 124658/4
Dépôt légal : janvier 2013